遊俠傳

학술편수관

시작하는 말

중국의 오랜 역사에 사회의 저류를 형성하면서 지하수의 수맥처럼 흘러온 일군의 인맥이 있다. 바로 유협(遊俠)들이다. '임협(任俠)' 또는 '호협(豪俠)'이라 부르기도 한다. 우리에게는 '협객(俠客)'이라는 단어가 더 익숙하다.

'유협'의 한자를 보면 '유(遊)'는 '즐기다'라는 뜻이고 '협(俠)'은 '의기롭고 호방하다'는 뜻이다. 그러므로 유협은 의협심을 흔쾌하게(즐겁게) 발휘하는 자를 말한다. 의협심이란 강자에 맞서 약자를 도와주는 정의로운 마음을 이르므로 '유협'이란 기본적으로 약자를 도와야 하며 반드시 정의로운 행위이어야 하고 이를 기꺼운 마음으로 흔쾌히 자발적으로 해야 한다는 의미를 지닌다. [*유(遊)를 유(游)로 쓰기도 하는데 그 뜻은 여전히 '놀다, 사귀다'는 것이다.]

이들을 유협, 임협, 호협으로 달리 표기하기는 했으나 그 뜻은 비슷하다. 사전적 의미로 보자면 '유협'은 의리를 중히 여기고 죽음을 가볍게 여기는 사람들을 말하며, '임협'은 체면을 소중히 여기며 강자를 물리치고 약자를 돕는 사람을 말한다. 그리고 '호협'은 호걸스럽고 협기가 있는 사람을 말한다. 결국 공통점은 '협(俠)'으로, 의리와 체면과 호걸스러움을 갖춘 사나이들이다. 이들은 모두 의리를 신봉하며 목숨을 걸고 그것을 실천했다.

이 같은 '유협'들은 야(野)에 있던 사람들이다. 그러나 단순한 서민들과는 완전히 다른 사람들이었다. 서민은 뿔뿔이 흩어진 상태, 즉 조직과 구심점이 없는 사람들이었지만, 이 유협들은 강한 동료 의식과 연대 의식으로 굳게 뭉쳐 있었다. '유협'들은 이와 같은 연대감을 발판으로 제

도적인 규범과는 별개의 사회를 형성하고 있으면서 때로는 제도권(制度圈), 즉 권력에 협조하는가 하면 권력과 대립하기도 하며 오랜 중국의 역사 속에서 살아 꿈틀거리고 있었다.

그들이 비장하고 있는 힘은 매우 강력했다. 그들의 행동 수칙(行動守則)과 의리는 조금도 강요된 것이 아니었다. 그들에게 강요할 수 있는 어떤 힘도 존재하지 않았으며 설사 강요하는 일이 있다고 해도 강요에 의해 행동하지는 않았다. 그들의 행동은 모두가 자발적인 것이었다. 때문에 그들의 존재와 행동 양식에 대해 일반 서민들은 물론 때로는 권력자들까지도 존경을 표했다.

그들은 역사의 표면에 적극적으로 나서기도 했고, 역사의 그늘에서 역사의 흐름을 이끌어 가기도 했다. 따라서 그들 '유협'의 존재를 무시하고서는 중국 역사를 말할 수 없다고 해도 과언이 아니다.

예를 들자면 〈삼국지(三國志)〉의 유비(劉備)와 그를 둘러싼 명장들 역시 유협 출신이었다. 〈삼국지〉의 '선주전(先主傳)'에서는 유비의 젊은 시절의 생활에 대해 이렇게 기록하고 있다.

'유비는 유협들과 교분을 맺었고 연소(年少)한 사람들이 다투어 그를 따랐다.'

그 무렵 유비의 품격에 대해서는 다음과 같이 기록하고 있다.

'유비는 말이 적고 아랫사람에게 관대했으며 희로(喜怒)를 겉으로 나타내지 않았다.'

유비는 그처럼 젊었을 때부터 거물의 품격을 갖추고 있었던 모양이다.

그와 같은 유비를 흠모하여 모여든 '연소한 사람들' 중에 관우(關羽)와 장비(張飛)가 있었다. 유비를 정점으로 한 관우와 장비의 강력한 연대 의식이 연출하는 갖가지 행동들은 〈삼국지〉의 주요 장면인데 이들의 활약상을 재미있게 묘사한 나관중(羅貫中)의 〈삼국지연의〉뿐만 아니라 정사(正史)인 진수(陳壽)의 〈삼국지〉에도 이렇게 기록되어 있다.

'관우와 장비는 선주(先主: 유비)를 보살피며 선주를 위하는 일이라면 아무리 어렵고 위험한 일이라도 마다하지 않았다.'

관우와 장비는 유비를 위하는 일이라면 아무리 어렵고 위험한 일이라도 서슴지 않고 뛰어들었다는 뜻이다.

유비를 정점으로 한 관우와 장비의 이 같은 강력한 결합은 단순한 주종 관계(主從關係)로만 생각한다면 이해하기가 어렵다. 따라서 그들의 결합은 '유협'의 연대 의식으로 이루어진 것이라고 볼 수 있다.

유협들은 그늘진 곳에서 산 사람들이다.

따라서 권력이 안정되고 체제가 다져진 평화로운 시대에는 사회의 표면에 전혀 나타나지 않고 땅 속의 지하수처럼 남들의 눈에 띄지 않게 살아갔다. 하지만 일단 동란(動亂)의 시대가 되면 갑자기 표면으로 나와 난세를 지휘하는 존재가 되곤 했다.

이 '유협'들의 존재에 대해 깊은 공감을 표시한 사람이 역사가 사마천(司馬遷)이다. 그는 유협의 행동 원리를 이렇게 표현하고 있다.

'말한 것은 반드시 행하고 행한 것은 반드시 성과를 올린다(言必信 行必果).'

일단 약속한 것은 반드시 지키고 일단 시작한 일은 단호하게 해낸다는 뜻이다.

사마천은 유협들에 대해 계속해서 이렇게 말하고 있다.

'유협은 그가 행하는 것이 정의에 어긋나는 일일지라도 약속은 반드시 지키고 시작한 일은 반드시 해내며 승낙한 일에는 열성을 다한다. 그리고 자기의 몸을 아끼지 않고 남의 괴로움을 보면 자신의 생사를 생각지 않고 돕는다. 그러면서도 자기의 능력을 자랑하지 않으며 자신이 베푼 덕(惪)을 내세우는 것을 수치로 안다.'

유협들은 곤란한 처지에 놓인 사람을 보면 몸을 아끼지 않고 돕지만 자기의 공을 자랑하거나 은혜를 입혔다는 태도를 취하지 않았다는 것이다. '정의에 어긋나는 일일지라도'라는 말은 권력 즉 체제 쪽의 규범(規範)을 따르지 않았다는 뜻이다. 다시 말하자면 법(法)을 어기면서까지 신의를 지켰다는 이야기이다.

사마천은 이 '유협'들에 대하여 상당히 호의적이었던 모양으로 유협들의 두목 몇 사람의 행적을 기록하면서 그들의 행동을 변호하고 있다.

'그들은 언제나 법을 어기는 행동을 했지만 그러한 행동을 하는 것은 어디까지나 자신의 신조를 관철하기 위해서였다. 또한 그들은 언제나 청렴하고 겸손한 인물이었다. 따라서 그들의 행동은 칭찬할 가치가 있는 것이다. 패거리를 모아서 도당을 만들고 가난한 사람을 혹사하여 부정한 돈을 모으며 상대방이 약하다고 생각되면 괴롭혀서라도 자기의 욕망을 충족시키는 행동은 그들 유협이 가장 수치스럽게 생각하는 것이었다. 그러나 세상 사람들은 이런 좋은 점을 이해하지 못하고 다른 폭력배들과 같이 취급하여 고소(苦笑)하는 적이 있었다. 그것은 실로 슬픈 일이다.'

사마천의 표현을 보면 유협들을 변호하기 위하여 그들을 지나치게 미화(美化)했다는 느낌까지 든다. 그러나 사마천이 실례로 든 유협에 대한 기록을 보면 그의 생각에 수긍이 가기도 한다.

요즘 말로 표현하자면 이들은 사욕을 버리고 명예를 탐내지 않고 사회의 저변에서 권력과 불의의 세계에 대한 견제 세력이 되어 주었던 '사나이 중의 사나이들'이었다.

평역자 김 영 진

차 례

- 제1편 **자객편(刺客編)**

  1. 전제(專諸)
     - 오자서(伍子胥)와 전제(專諸)의 만남 … 13
     - 어지럽게 얽힌 왕통(王統) … 17
     - 어장검(魚腸劍) … 26

  2. 자객(刺客) 형가(荊軻)
     - 신삭(辛朔)의 비기(秘器) … 31
     - 고점리(高漸離)와 구도(狗屠) … 37
     - 전광의 부탁 … 40
     - 거사를 위한 준비 … 46
     - 역수(易水) 강변의 송별연 … 52
     - 실패한 거사(擧事) … 57
     - 연(燕)나라의 멸망(滅亡) … 59

- 제2편 **협객편(俠客編)**

  1. 맹상군(孟嘗君)의 식객(食客) 풍환(馮驩)
     - 아들의 장래를 위한 포석 … 77
     - 후계자로 부상하다 … 80
     - 인간들은 모두 쓸모가 있다 … 85
     - 계명구도(鷄鳴狗盜) … 89
     - 풍환(馮驩)의 안목 … 92
     - 누가 대장부인가? … 96
     - 진정한 협객은 누구인가 … 100

2. 후(侯) 노인의 바둑

- 깨어진 석 집의 승부 … 103
- 신릉군(信陵君) … 106
- 현자는 가볍게 움직이지 않는다 … 111
- 깊고도 깊은 '숨은 뜻' … 117
- 현자는 현자끼리 … 125
- 읽지 못한 마지막 수 … 129

3. 검호 주영(朱英)과 맹인 검객

- 평원군(平原君)의 식객들 … 134
- 뒤바뀐 처지 … 140
- 특별한 길동무 … 143
- 죽은 자와 산 자 … 147
- 이원의 미인계(美人計) … 151
- 여색은 화(禍)의 원인 … 154
- 친구를 찾아서 … 158
- 장님 검객의 솜씨 … 162

4. 장량(張良)과 항백(項伯)

- 약법(約法) 3장(三章) … 164
- 항우의 위약(違約) … 171
- 홍문의 연(鴻門宴) … 185

5. 계포(季布)와 주가(朱家)

- 약속은 꼭 지킨다 … 197
- 천금짜리 사나이 … 202
- 달라진 생각 … 207
- 노예가 되어 팔려 가다 … 211
- 사육 당하고 싶어지다 … 215

○ 협조 관계 … 219
  ○ 주가(朱家) … 224

6. 초나라의 협객 전중(田仲)
  ○ 주가를 닮으려고 하는 사나이 … 227
  ○ 전중이라는 사나이 … 231
  ○ 구애에 실패한 수다쟁이 … 236
  ○ 사랑의 임협도 … 242
  ○ 전중과 극맹(劇孟) … 249

7. 사나이 조군(趙群)의 시대
  ○ 빗나간 심려원모(深慮遠謀) … 252
  ○ 알 수 없는 마음 … 259
  ○ 협(俠)의 정도(正道) … 262
  ○ 모정에 끌려가다 … 266
  ○ 계책으로 체면을 세우다 … 269
  ○ 장문지부(長門之賦) … 276

8. 운 좋은 협객 곽해(郭解)
  ○ 유언을 숨기다 … 278
  ○ 만학으로 미래를 설계하는 사람 … 281
  ○ 신앙으로 변한 점괘 … 286
  ○ 임협의 신사로 변하다 … 291
  ○ 공손홍의 재등장 … 294
  ○ 흔들리는 신앙심 … 299
  ○ 곽해 일가의 붕괴 … 303

제1편 자객편(刺客編)

1. 전제(專諸)
2. 자객(刺客) 형가(荊軻)

제1편 자객편(刺客編)

1. 전제(專諸)

오자서(伍子胥)와 전제(專諸)의 만남

초(楚)나라 사람 오원(伍員)의 자(字)는 자서(子胥)로 흔히들 오자서라고 부른다. 그는 키가 매우 크고 허리가 열 아름이나 되며 눈은 번개처럼 번쩍이고 힘은 산이라도 뽑을 만했다.

그의 상모(相貌)는 참으로 웅장해 보였으며 문무를 겸전한 인물이어서 그야말로 당대의 둘도 없는 영웅이었다.

그는 후에 오(吳)나라의 재상이 되었으나 원래는 초나라를 3대에 걸쳐 섬긴 충신의 자손이었다.

그의 아버지 오사(伍奢)가 초평왕(楚平王: 재위 BC 529~526년)의 태자 건(建)의 태사였을 때 건이 간신 비무기(費無忌)에게 참소를 당했다.

이에 성격이 강직한 오사가 대뜸 초평왕에게 직간했다.

"어찌하여 간사한 무리들 때문에 핏줄인 태자를 의심하십니까?"

이에 초평왕이 대로하여 자신뿐 아니라 그의 큰아들 오상(伍尙)까지 함께 죽음을 당했다.

태자 건이 당한 참소의 내용이 참으로 기막히다. 간신 비무기가 태자의 미움을 받고 있었던 터여서 장차 초평왕이 죽고 태자가 왕이 되면 앞날이 큰일이었다.

그래서 흉계를 꾸몄다. 태자를 진(秦)나라 임금의 여동생과 결혼시키는 일을 추진시켜 놓고 신부를 시아버지인 초평왕에게 바쳤다. 태자에게는 신부를 따라온 여자들 중의 하나를 신부라 속여 결혼시켰다. 그리고 초평왕에게 참소했다.

"태자가 바꿔치기한 것을 알고 반란을 일으킬 준비를 하고 있으니 어서 없애버려야 합니다."

아버지와 형님을 동시에 잃어버린 오자서는 자기를 잡으러 오는 초나라 군사들에게 쫓기어 송(宋)나라로 달아나면서 결심했다.

"능히 초나라를 쳐서 나의 원수를 갚아 주는 나라가 있다면 나는 그 나라의 왕을 섬길 것이다."

이 때 태자 건도 밤을 도와 아슬아슬하게 송나라로 피신했으며 거기서 오자서와 합류했다.

그런데 때마침 송나라에서는 내란이 일어난 상태였기에 오자서는 태자 건을 모시고 정(鄭)나라로 갔다. 하지만 거기서도 오래 머물지 못하고 이번에는 진(晋)나라로 갔다.

그 때 태자 건이 진나라가 정나라를 치려는 계획에 가담하여 중대한 사명을 띠고 다시 정나라에 갔다가 기밀이 누설되는 바람에 정나라 재상인 자산(子産)에게 죽임을 당했다.

때문에 오자서는 허둥지둥 태자 건의 아들 승(勝)을 데리고 남쪽에 있는 오나라로 달아나 소관(昭關)에 이르렀는데 정나라 군사들에게 사로잡힐 뻔했다.

오자서는 하는 수 없이 승과 작별하고 혼자서 달아났다. 달아나다 보니 앞을 양자강이 가로막고 있었다. 그 때 강에 한 어부가 배를 띄워 놓고 있다가 오자서의 위험을 알고 즉시 그를 건네 주었다. 오자서는 강을 건너자 허리에 차고 있던 검을 풀어 그에게 주며 말했다.

"이 검은 백금(百金)의 값어치가 있습니다. 베풀어 주신 은혜에 대한 보답으로 드리는 것이니 받아 주십시오."

그러자 어부는 실로 뜻밖의 대답을 하면서 받지 않았다.

"지금 초나라에는 '오자서를 잡는 자에게는 쌀 5만 섬과 집규(執珪)의 벼슬을 준다'는 포고가 내려져 있습니다. 그까짓 백금짜리 검과 비교나 할 수 있겠습니까."

오나라에 오기까지 오자서는 많은 고초를 겪었다. 병에 시달려 움직이지 못하자 도중에 쉬기도 하고 걸식을 하며 겨우 오나라에 도착했다. 오자서가 오추(吳趨)라는 곳에 당도했는데 그곳에서 오자서는 우연히 한 장사를 보게 되었다. 그 장사는 이마가 넓고 눈은 깊숙하고 목소리는 성난 호랑이와 같았다. 마침 그 장사가 길거리에서 어떤 자와 싸우고 있었는데 좌우의 사람들이 말렸으나 아무런 소용이 없었다.

그 때 어느 집 문 안에서 노파가 부르는 소리가 났다.

"전제야, 그러지 마라."

그 소리를 듣자 장사는 갑자기 겁먹은 얼굴이 되더니 즉시 싸움을 중지하고 그 집 안으로 들어가 버렸다. 오자서가 이상하게 생각하며 곁의 사람들에게 물었다.

"저 장사는 어떤 사람이요?"

"그 사람은 우리 고을의 용사지요. 만 명도 능히 대적할 수 있는 힘을 가졌습니다. 의리를 좋아해서 뭔가 불공평한 일을 보기만 하면 곧 생명을 내놓고 싸웁니다. 조금 전에 문 안에서 부른 노파는 바로 그 사람의 어머니지요."

오자서가 그 집으로 찾아가자 전제는 낯선 손님을 방 안으로 영접하고 찾아온 뜻을 물었다. 오자서는 서슴지 않고 자기의 성명을 밝힌 뒤에 자기 집안의 내력과 오나라에 오게 된 사정을 말했다.

듣고 난 전제가 물었다.

"그런데 귀하신 분께서 이처럼 누추한 곳에 찾아오신 뜻은 무엇입니까?"

오자서가 대답했다.

"그대가 효성이 지극하고 의리를 중하게 여기는 것을 알고 길게 사귀려고 찾아온 것이오."

그리하여 전제와 오자서는 8배(八拜)를 하고 의형제가 되었다. 오자서가 전제보다 두 살이 더 많았다. 그래서 전제는 오자서를 형님이라고 불렀다. 이튿날 아침에 오자서가 전제에게 말했다.

"나는 이제 동생과 작별하고 오나라의 도읍으로 가서 기회를 보아 오왕(吳王)을 섬길까 하네."

그러자 전제가 말했다.

"오왕은 용기를 좋아하지만 교만한 사람입니다. 그러니 공자 광(公子光)과 친분을 갖도록 하십시오. 그는 어진 선비를 대접할 줄 아는 사람이라고 하니 장차 이루는 바가 있으리다."

"알겠네. 동생의 말을 깊이 명심하고 잊지 않으리다."

그로부터 얼마 후 오자서는 마침내 오나라의 도읍 매리성(梅里城)에 당도했다. 그곳은 성곽도 보잘것없고 거리도 엉성했다. 다만 지나다니는 수레 소리만 요란할 뿐이었다.

오자서는 머리를 산발하고 신발을 벗고 얼굴에 진흙을 바른 채 미친 놈 행세를 했다. 퉁소를 불면서 돌아다니며 밥을 빌어먹기도 했다. 그는 퉁소를 불고 노래를 불렀는데 가사는 다음과 같았다.

오자서, 오자서야!
송나라 정나라 떠돌았으나 의지할 곳이 없구나.

천신만고 슬프기만 하네.
아버지 원수 갚지 못하면 살아서 무엇하리!

오자서, 오자서야!
소관 땅을 빠져나오느라 수염과 눈썹이 세었구나.
천만 번 놀라고 무섭던 가슴 슬프기만 하네.
형님 원수 갚지 못하면 살아서 무엇하리!

어지럽게 얽힌 왕통(王統)

오나라의 공자 광은 오왕 제번(諸樊)의 아들이었다. 그러므로 오왕 제번이 죽었을 때 그는 마땅히 아버지의 뒤를 이어 왕위에 올라야 했다. 그런데 오왕 제번은 아버지인 전왕 수몽(壽夢)의 유언에 따라 왕위를 아들에게 전하지 않고 동생에게 물려줘야 했다. 그래서 제번의 동생인 여제(餘祭)가 왕위를 계승했고, 그 다음에는 그의 동생인 이매(夷昧)가 왕위를 이어받았다.

그 후 이매가 죽으니 마지막 동생 계찰(季札)이 왕위를 계승해야 했다. 그러나 계찰은 굳이 사양하며 왕위에 오르지 않았다.

그렇다면 다시 직계를 따져 제번의 아들인 공자 광에게 왕위를 넘겨줘야 했다. 그런데 이매가 죽고 계찰이 즉위를 거부하자 이매의 아들인 왕료(王僚)가 왕위를 탐하여 마침내 오왕이 되었다.

이에 공자 광은 분노했다. 자기 대신 왕이 된 왕료를 죽이겠다고 결심했다.

그러나 모든 신하들은 왕이 된 왕료에게 아첨하며 충성을 바쳤다. 공자 광에게는 의논할 사람마저 없었다.

공자 광은 깊이 결심하고 관상 잘 보는 사람을 널리 수소문했다. 마침내 그가 용한 관상가의 한 사람을 구했으니 그 이름은 피리(被離)였다. 공자 광이 피리에게 말했다.

"그대는 관상을 잘 본다고 하니 널리 초야에 묻혀 있는 호걸들을 찾아내어 나를 돕게 하라."

어느 날이었다. 그 날도 오자서는 퉁소를 불면서 길거리를 지나가고 있었다. 관상쟁이 피리가 그 퉁소 소리를 들은 즉 매우 구슬픈 곡조였다. 잠시 후 퉁소 부는 사람을 본 피리는 크게 놀랐다.

그는 혼잣말로 중얼거렸다.

"내가 많은 사람들의 관상을 봤지만 이런 인물은 처음이로다!"

마침내 피리는 그 낯선 사람 앞에 나아가 공손히 읍하고 그를 자기 집으로 안내하여 윗자리에 앉기를 청했다. 그리고 물었다.

"내가 듣건대 초왕이 충신 오사를 죽이자 그의 아들 오자서는 외국으로 망명했다고 합니다. 혹시 그대가 바로 오자서가 아니시오?"

"……."

오자서는 몸만 약간 굽히고 대답을 하지 않았다.

피리가 다시 말했다.

"나는 그대를 해칠 사람이 아니오. 내가 그대의 얼굴을 보니 풍문에 듣던 오자서의 얼굴과 닮아서 드리는 말씀이오."

오자서는 그제야 자기의 신분을 밝혔다. 그리하여 오자서는 공자 광의 문하에 들어가 그의 보호를 받게 되었으며 그의 주선으로 오왕과 만날 날을 기다리게 되었다.

그 무렵 초나라 국경의 종리(鍾離)라는 마을 사람들은 오나라의 비량씨(卑梁氏) 마을과 인접해 있었으며 다 같이 양잠을 업으로 삼고 있었는데 두 고장의 처녀들이 뽕잎을 서로 빼앗으려고 다툰 사건이 일어났다. 그 이야기를 들은 초나라 평왕은 크게 노했으며 마침내 두 나라가 군사들을 내어 교전하기에 이르렀다.
 오왕은 공자 광에게 명해 초나라를 공격하게 하여 종리와 거소(居巢)의 두 성을 함락시키고 군사들을 철수시켰다.
 그 때 오자서가 공자 광에게 말했다.
 "이 때를 이용해 본격적으로 초나라를 치면 크게 이길 수 있을 것입니다."
 그러자 공자 광이 대답했다.
 "내 말을 달리 듣지는 마오. 선생의 말은 십분 옳소만 계찰이 찬성하지 않을 것이오. 왕도 그의 뜻을 무시할 수 없는 입장에 있소. 그리고 말이지……."
 공자 광은 잠시 말을 끊었다가 계속해서 말했다.
 "사실은 나도 좀 피곤하오. 싸움이 벌어질 때마다 꼭 내가 나가야 되니 그것은 사냥이나 유람을 가는 것과는 다르지 않소. 목숨을 걸고 나가는 것이오. 내 뜻은 아직도 이루어지지 않았는데 줄곧 싸움질이나 하고 있으라는 거요."
 그 순간 오자서는 갑자기 아찔한 현기증을 느꼈다. 공자 광이 지금 무엇을 생각하고 있는지 미처 계산에 넣지 않은 것이다.
 '아, 공자는 왕이 되는 것이 급선무다.'
 때문에 오자서는 오나라 군대로 하여금 초나라를 치게 하여 아버지와 형의 원수 갚는 일은 뒤로 미루기로 했다.
 하루는 공자 광이 은밀하게 오자서와 만나서 물었다.
 "그대는 송과 정 두 나라를 경유해서 여기까지 오셨다고 들었는데 오는 동안에 혹시 그대처럼 재주가 있고 용맹한 분을 보지 못하셨소?"
 오자서가 대답했다.
 "저 같은 사람은 족히 말할 것도 못됩니다. 제가 보기에는 전제라는 사람이 참으로 훌륭한 용사입니다."

그러자 공자 광이 청했다.

"원컨대 그대의 힘을 빌려 그 사람과 사귀고 싶소."

"전제는 이곳에서 멀지 않은 곳에 살고 있습니다. 오늘이라도 사람을 보내 부르면 내일 올 것입니다."

"참으로 재주와 용맹을 겸한 분이라면 내가 직접 찾아가 뵙겠소. 어찌 감히 사람을 시켜 오라 할 수 있겠소."

이튿날이었다. 공자 광은 오자서와 함께 수레를 타고 친히 전제의 집으로 갔다. 전제는 훌륭한 수레가 요란스레 달려오는 것을 보고 길을 비켜 주려고 뒤로 물러섰다. 달려오는 수레 위에서 오자서가 외쳤다.

"동생이여, 형이 다시 왔다."

전제는 황망히 오자서를 맞았다. 수레에서 내린 오자서가 전제의 손을 잡고 말했다.

"이 어른이 바로 오나라의 공자 광이시다. 동생을 만나러 특별히 오셨으니 사양하지 말라."

전제는 공자 광 앞에 나아가서 읍하였다.

"이 몸은 거리의 한낱 보잘것없는 백성입니다. 무슨 일로 이처럼 찾아주셨습니까?"

전제를 따라 집 안으로 들어간 공자 광은 먼저 전제에게 절하고 사모하는 뜻을 나타냈다. 전제가 답배(答拜)하자 공자 광은 많은 황금과 비단을 예물로 내놓았다.

그러나 전제는 굳이 사양하면서 받지 않았다. 오자서가 곁에서 힘써 권하자 그제야 마지못해 예물을 받았다. 하지만 전제는 그런 일을 달갑게 여기지 않았다.

"비천한 농부가 어찌 감히 공자님과 사귈 수 있겠습니까. 소인이 그냥 농사나 지으며 살도록 내버려 두옵소서."
 전제는 교제를 피하려고 했다. 의리를 중히 여기는 데다 용기도 있는 가난한 사람이 권위 있는 귀인과 사귀게 되면 언젠가는 몸으로 보답하지 않으면 안 된다는 것을 잘 알고 있었기 때문이었다.
 "그대는 무슨 말을 그리 하시오. 어진 이를 만나 서로 흉금을 터놓고 사귀는 데 무슨 귀천의 차이가 있을 것이며 그대같이 어진 이가 초야에 묻혀 있다면 얼마나 아까운 일이오."
 전제의 태도가 그럴수록 공자 광은 더욱 예의를 갖추어 전제를 대했고 때에 따라 많은 선물을 보내 주기도 했다.
 하지만 전제는 그 때마다 받지 않고 선물을 되돌려 보냈다. 그러던 어느 날이었다. 자기가 없는 사이에 공자가 보낸 진귀한 과일 하나를 철모르는 어린 자식이 그만 먹어 버리고 말았다. 밖에 나갔다가 돌아온 전제는 어린 아이를 안아 올려 물끄러미 바라보며 탄식했다.
 "네가 이 아비를 죽이려는구나."
 그 뒤로부터 전제는 공자가 보내는 선물을 모두 받았으며 용무가 있어 도읍으로 올라갈 때는 잊지 않고 공자의 저택을 찾았다. 그러나 그가 답례하는 일은 결코 없었다. 그렇게 하는 것이 그 무렵 협도(俠徒)의 불문율이었다. 은혜는 그때그때 조금씩 갚는 것이 아니라 나중에 한꺼번에 크게 갚는다는 것이다.
 어느 날 공자 광이 오자서에게 말했다.
 "이제 전제로 하여 오왕을 처치할 때가 된 것 같은데 어찌하면 좋겠소?"
 오자서가 대답했다.
 "사람이 기러기를 맘대로 부릴 수 없는 것은 기러기에게 날개가 있기 때문입니다. 그러니 기러기를 잡으려면 반드시 그 날개부터 없애야 합니다. 제가 듣건대 왕료의 아들 공자 경기(慶忌)는 몸이 쇠처럼 강해서 능히 한 주먹에 맹수를 때려눕힌다고 합니다. 왕료는 늘 곁에 공자 경기를 데리고 있어서 손쓰기가 어렵습니다. 더구나 왕료의 외숙인 개여(蓋餘)와 촉용(燭庸) 두 사람이 지금 오나라의 병권을 다 잡고 있습니다. 공자께서 왕료를 꼭 죽일 생각이라면 먼저 공자 경기와 개여·촉용 이 세 사람부터 제거하십시오. 그래야만 가히 이 대사를 도모할 수 있을 것입니다."

공자 광은 오자서의 말을 듣고 한동안 넋을 잃은 것처럼 앉아 있다가 이윽고 작은 소리로 말했다.

"옳은 말씀이오. 그대의 말대로 어느 정도 일이 된 연후에 다시 모셔다가 상의하겠소."

주나라 경왕 4년. 초평왕이 병을 얻어 위독하게 되었다. 그는 영윤 낭아와 공자 신(申)을 탑전으로 불러들여 유언하고는 세상을 떠났다.

"나의 왕위를 태자 진(珍)에게 물려준다. 그대들은 충성을 다하라."

그리하여 태자 진이 초나라 왕위에 즉위하니 그가 바로 초소왕(楚昭王)이다.

이 때 오자서는 초평왕이 죽었다는 소문을 듣자 주먹으로 가슴을 치며 방성통곡했다. 그런 모습을 본 공자 광이 의아해하며 물었다.

"초평왕은 그대의 원수가 아니오? 원수가 죽었으니 통쾌할 텐데 어째서 그토록 슬퍼하며 통곡을 하시오?"

오자서가 대답했다.

"저는 초왕의 죽음 때문에 통곡하는 것이 아닙니다. 제 손으로 그놈의 목을 베어 초나라 성 위에 높이 걸고 저의 한을 설치(雪恥)하기도 전에 그놈이 방 안에서 와석종신(臥席終身)한 것이 원통해서 우는 것입니다."

오자서의 대답을 듣자 공자 광은 연신 찬탄하기를 마지않았다.

오자서는 초평왕이 죽기 전에 그 원수를 갚지 못한 것이 한이 되어 삼일 밤낮을 잠 한숨 자지 못했다. 그는 마침내 한 계책을 생각해 내고 공자 광에게 갔다.

"공자께서는 큰 뜻을 품고 있으면서도 어째서 그 기회를 노리지 않으십니까?"

공자 광이 대답했다.

"밤낮으로 그걸 생각하고 있지만 기회가 오지 않는구려."

오자서가 다시 말했다.

"지금 초나라는 임금이 죽어서 조정 신하들은 경황이 없을 것입니다. 공자께서는 즉시 오왕에게 국상 중인 초나라를 쳐서 속히 천하의 패권을 잡으라고 하십시오."

공자 광이 반문했다.

"오왕이 만일 나를 대장으로 삼아 출전시키면 어찌하오?"

"공자께서는 바야흐로 전쟁 준비가 무르익어 갈 때 문득 병을 칭탁하시고 자리에 누우소서. 운신조차 하기 어려운 중병이어야 합니다. 그러면 왕은 공자를 출전시키지 못할 것입니다. 그런 연후에 공자께서 왕에게 개여와 촉용을 대장으로 삼으라고 천거하십시오. 그리고 다시 정과 위 두 나라로 공자 경기를 보내 함께 초나라를 치도록 교섭하라는 계략을 왕께 내십시오. 그러면 단번에 오왕의 세 날개를 제거할 수 있으니 그 때는 오왕의 목숨이 우리 손 안에 있게 될 것입니다."

"참으로 하늘이 그대를 나에게 주셨는가 보오."

공자 광이 감탄하기를 마지않았다.

모든 일은 오자서의 계책대로 진행되었다. 개여와 촉용 두 장수는 군사 2만 명을 거느리고 초나라를 향해 수륙(水陸) 양면으로 동시에 진격했다. 오나라 군대는 즉시 초나라의 잠읍(潛邑) 땅을 포위했다. 그러나 초나라의 좌사마 심윤술(沈尹戌)과 좌윤 백극완(伯郤宛)이 이끄는 구원군이 왔기에 싸움은 오군에게 불리하게 전개 되었다.

이에 오왕 왕료는 서둘러 자기 아들인 공자 경기를 급히 정과 위 두 나라로 보냈다. 그리하여 공자 광은 공자 경기와 개여·촉용 세 사람을 모두 국외로 보내는 데 성공했다. 오왕 왕료의 날개를 모두 다 끊은 셈이었다.

그 날 전제는 오랜만에 집으로 돌아갔다. 전제는 늙은 어머니를 뵙고 울기만 했다.

어머니가 말했다.

"무엇이 그리 슬퍼서 우느냐? 공자가 너에게 일을 맡기시더냐? 우리 집 식구는 그 공자로부터 많은 은혜를 입었다. 그러니 마땅히 보답해야 한다. 어찌 충(忠)과 효(孝)를 겸전할 수 있으리요. 너는 조금도 나를 염려하지 말고 일을 이루어 후세에 이름을 남기도록 해라. 그러면 나 또한 죽어서 썩지 않을 것이다."

말을 마친 어머니가 전제에게 청했다.

"시원한 물이 먹고 싶구나. 냇가에 가서 물을 한 그릇만 떠다 다오."

어머니의 분부를 받은 전제는 냇가에 가서 맑은 물을 떠 가지고 집으로 돌아왔다. 그런데 문을 열어 보니 어머니가 보이지 않았다.

전제가 아내에게 물었다.

"어머니는 어디 계시오?"

"조금 전에 몹시 곤하다면서 뒷방으로 가셨습니다. 그리고 한숨 잘 테니 떠들지 말라고 하셨습니다."

전제는 더럭 의심이 났다. 급히 문을 열고 뒷방으로 들어갔다. 늙은 어머니는 목을 매고 침상 위에 죽어 있었다.

전제는 크게 통곡하고 어머니를 염하여 서문 밖에 장사 지냈다. 그러고 나서 그는 아내에게 말했다.

"우리가 공자로부터 큰 은혜를 입었건만 내가 아직 죽음으로 그 은공에 보답하지 못한 것은 늙으신 어머니 때문이었소. 이제 어머니가 세상을 떠나셨으니 나는 곧 공자를 위해 급한 일을 할 것이오. 내가 죽더라도 당신과 아들은 공자께서 특별히 보호해 줄 것이니 나를 붙들지 마오."

전제는 밖으로 뛰쳐나가 그 길로 공자 광에게 가서 어머니가 자결하셨다고 말했다. 공자 광은 전제를 십분 위로한 뒤에 오왕 왕료를 죽이는 일에 대해 상의했다.

전제가 말했다.

"일을 성취하려면 무엇보다도 먼저 제가 왕 가까이 갈 수 있는 방법을 찾는 것이 중요합니다. 왕이 궁성 깊숙한 곳에 있는 한 저로서는 아무래도 손을 쓰기가 어려울 것 같습니다. 그러니 왕을 궁성에서 나오게 하여 제가 가까이 갈 수 있는 기회를 만들어 주십시오."

이에 공자 광은 다음날 궁으로 가서 오왕을 배알하고 말했다.

"대왕께서 염려해 주신 덕분에 소신의 병이 완치되었습니다. 대왕께서 윤허만 내리시면 소신이 군사들을 이끌고 개여와 촉용 두 공자를 구하러 가고자 하옵니다."

오왕은 그 말을 듣자 크게 기뻐하며 흔쾌히 허락했다.

"과연 공자이시오. 내가 그대를 믿으니 준비가 되는 대로 즉시 출병하도록 하오."

곧 전국에 징집령이 내려지고 장정들이 속속 도읍으로 올라왔다. 도읍은 다시 한 번 전쟁 분위기에 휩싸였다.

공자 광은 지체하지 않고 다음 단계의 공작에 들어갔다. 이 공작이야말로 공자 광에게 가장 중요한 갈림길이었다.

공자 광은 다시 입궐하여 왕에게 말했다.

"이제 출전 준비는 순조롭게 진행되고 있으며 적을 무찔러 두 공자를 구출할 계책도 이미 마련되어 있습니다. 신의 병이 쾌차하여 다시 싸움에 임하게 된 것을 자축하고 중신과 빈객들을 초청하여 위축된 조정의 사기를 북돋우기 위해 성대한 축하연을 베풀고자 합니다. 만일 대왕께서 신의 뜻을 어여삐 여기시어 친히 납시어 주신다면 연회석은 그지없는 영광의 자리가 될 것이옵니다. 바라옵건대 부디 청허해 주시옵소서."

공자의 병이 나았고 게다가 출진을 앞둔 공자의 청이었기에 오왕 왕료는 흔연히 쾌락했다.

"그럼 과인이 내일 형님 부중으로 가리다."

공자 광은 집으로 돌아와 그 날 밤에 무사들을 굴실(窟室) 속에 매복시킨 다음 오자서에게 부탁했다.

"내일 무사들 백 명을 거느리고 밖에서 도와주오."

동시에 공자 광의 부중에서는 요리사들이 밤을 새워 가며 잔치 준비를 서둘렀다.

어장검(魚腸劍)

다음날 의심 많은 오왕 왕료는 옷 속에다 갑옷을 세 겹이나 겹쳐 입고서 앞뒤로 군대를 거느리고 공자 광의 부중으로 갔다. 거리에는 근위병들이 양편으로 늘어서 있었으며 경계가 매우 삼엄했다.

어가가 당도하자 공자 광은 즉시 절뚝거리며 나가서 오왕 왕료를 영접하여 당(堂) 위로 모셨다.

이 때의 광경을 〈사기(史記)〉는 이렇게 적고 있다.

'왕의 호위병들을 궁성에서 광의 집까지 도열시키고 문과 당하 좌우에 모두 왕의 친척들을 협립(夾立)시켰으며 장피(長鈹)를 들게 했다.'

협립이란 길을 사이에 두고 양쪽에 늘어 서는 것을 말한다. 장피란 날이 있는 긴 창이다.

이윽고 연회가 시작되었는데 시중꾼들이 오왕 왕료에게 음식을 바칠 때는 근위병들이 뜰 아래에서 먼저 온몸을 조사했다. 그렇게 한 후에 시중꾼들은 무릎으로 걸어서 왕료 앞으로 나아가야만 했다. 실로 물샐틈 없는 경호였다.

어쨌든 연회석의 분위기는 서서히 무르익어 갔다. 모두들 흥겹게 술을 마시며 담소를 나누었는데 음악이 연주되고 연회석 가운데에 있는 무대에서 젊은 미녀들이 춤을 추기 시작하자 분위기는 한껏 고조되었다.

연달아 술병과 안주들이 들어가고 빈 그릇들이 줄을 이어 나오는 가운데 시중꾼들의 발걸음은 더욱 빨라졌다.

웃는 얼굴로 왕과 빈객들을 환대하며 좌중의 분위기를 살펴보던 공자 광은 이윽고 잔에 술을 가득 부어 오왕 왕료에게 공손히 바치고 나서 말했다.

"죄송합니다. 잠시 볼일을 보고 오겠습니다."

"좋도록 하시지요."

공자 광은 자리에서 천천히 일어나더니 안으로 들어갔다.

전제는 그 때까지 주방에 있으면서 공자 광의 움직임을 주시하고 있다가 광이 자리를 뜨자 구운 생선이 놓인 커다란 은쟁반을 두 손으로 받쳐 들고 연회석으로 들어섰다. 근위병들은 다른 하인들과 마찬가지로 전제의 몸을 샅샅이 수색했다. 하지만 예리한 비수가 구운 생선의 뱃속에 들어 있을 줄은 아무도 몰랐다.

전제는 생선이 놓인 은쟁반을 들고 호위병들 틈에 끼어 무릎으로 걸어 들어갔다. 그는 왕료 앞에 쟁반을 내려놓고 손으로 생선을 뜯는 체했다. 다음 순간 번개같이 생선 뱃속에 있는 비수를 꺼내 오왕 왕료의 가슴을 찔렀다. 전제의 손놀림이 워낙 빠르기도 했지만 찌르는 힘도 대단했다. 게다가 비수 또한 월나라의 검공(劍工) 구야자(歐冶子)가 만든 천하의 명검이었다. 날카로운 비수는 단번에 세 겹이나 되는 갑옷을 꿰뚫으며 오왕 왕료의 가슴을 찔렀다. 칼끝은 왕료의 등 뒤까지 삐져나왔다.

"악!"

오왕 왕료는 크게 외마디 비명을 지르며 반쯤 일어나다 말고 앞으로 고꾸라졌다.

"저놈 잡아라!"

"모반이다!"

연회석은 삽시간에 아수라장이 되고 말았다. 크게 놀란 좌우 근위병들은 일제히 칼과 창으로 전제를 베고 찔러 고깃덩어리로 만들어 버리고 말았다. 하지만 왕은 이미 숨을 거둔 뒤였다.

그 때 공자 광과 오자서가 지하실에 매복시켰던 무사들을 거느리고 나타나며 소리쳤다.

"이놈들 꼼짝 마라!"

갑옷을 입은 무사들은 연회석으로 쳐들어가 닥치는 대로 군사들을 베고 찔렀다. 광 또한 누구 못지않게 뛰어난 무사였다. 그가 단번에 근위병들 대여섯 명을 베고 나자 그 곳에 있던 사람들은 무서움에 떨며 비로소 조용해졌다.

공자 광은 당상에 우뚝 서서 큰 소리로 외쳤다.

"모두들 진정하고 내 말을 들어라. 계찰 공자가 왕위를 사양했으니 제번왕의 맏아들인 내가 왕통을 잇는 것이 마땅한 데도 요가 감히 왕위에 오른 것은 찬탈이나 다름없다. 그래서 역적을 주멸하고 왕통을 바로 세운 것이니 이의가 있는 자들은 말하라. 내가 그 이치를 말해 주겠다. 그래도 납득이 가지 않는다고 말하는 자들은 역적의 무리이니 이 자리에서 베어 버리겠다."

 이의를 제기하는 자는 한 사람도 없었다. 모두들 벌벌 떨며 엎드려 있다가 누가 먼저인지도 모르게 소리를 질렀다.

 "대왕 만세!"

 그러자 연회석은 갑자기 만세 소리로 가득 찼다.

 공자 광이 이어서 초나라 출정을 위해 징집한 군사들을 이끌고 왕궁으로 쳐들어가 요왕의 측근과 지지자들을 죽이고 왕위에 오르니 그가 곧 오나라 왕 합려(闔閭)이다.

 합려는 전제의 시체를 거두어 정중히 장사 지내고 그의 유족들을 도읍으로 불러올려 풍족한 생활을 할 수 있도록 배려해 주었다. 그리고 전제의 큰아들에게는 성인이 된 뒤에 상경 벼슬을 내리기로 약속했다.

 요왕을 찌른 칼에는 '어장검'이라는 이름이 붙여졌다. 생선의 뱃속에 숨겨져 큰일을 했다고 해서 붙여진 이름이었다.

 그로부터 많은 세월이 흐른 뒤, 정확히 말해서 오자서가 오나라로 망명한 지 16년 후에 오나라는 10만 대군을 일으켜 초나라의 도읍 영도성을 함락시켰다. 오자서가 그들의 힘을 빌려 아버지와 형의 원수를 갚은 것이다.

 오왕 합려는 장화대(章華臺)에다 크게 잔치를 벌이고 모든 신하들과 함께 즐겼다. 악공들은 일제히 음악을 울리고 궁녀들은 너울너울 춤을 추었다. 그러나 오자서만은 눈물을 흘리고 있었다.

 오왕 합려가 물었다.

 "경은 어찌하여 함께 즐기지 않고 눈물을 흘리는가?"

 "대왕께서는 신에게 초평왕의 무덤을 파서 그 관을 열고 그 송장의 목을 참하도록 해 주십시오. 그래야만 신은 원한이 풀리겠습니다."

"그간 경은 과인을 위해 많은 공을 세웠소. 내 어찌 썩은 시체 하나를 아끼어 경의 소원을 풀어 주지 못하겠소."

오왕 합려는 허락했다.

오자서는 초평왕의 무덤이 동문 밖 요대호(寥臺湖)에 있다는 말을 듣자 본부군을 거느리고 그곳으로 갔다.

군사들이 땅을 파니 석판(石板)이 나왔고 석판을 들어내니 층계 밑에 관이 놓여 있었다.

시체를 끌어냈는데 완연히 살아 있는 모습이었다. 관 속을 수은으로 채우고 그 속에 시체를 담가 두었기 때문에 피부에 상한 곳이 없었다.

오자서는 시체를 보자 가슴속에 맺혔던 원한이 하늘을 찌를 듯 치솟았다. 그는 구리쇠로 만든 구절편(九節鞭)을 들어 초평왕의 시체를 3백 번이나 쳤다. 시체의 살은 흩어지고 뼈는 부서졌다. 오자서는 다시 발로 초평왕의 시체를 밟고 손으로 눈을 뽑으며 내뱉었다.

"네 이놈, 생전에 이런 못된 눈을 가졌기 때문에 충신을 못 알아보고 간신의 말을 믿어 나의 부친과 형님을 죽였으니 원통하고 원통하다."

그리고 눈알이 빠진 초평왕의 목을 끊고 시체는 벌판에 버렸다. '굴묘편시(掘墓鞭屍)'라는 말이 이 사건으로 인해 생겼다.

이 때 오자서의 옛 친구였던 초나라 사람 신포서(申包胥)는 피란 중에 이 소식을 듣고 오자서에게 사람을 보내 복수 방법이 너무 지나쳐 천리에 어긋난다고 비난했다.

그러자 오자서는 '날은 저물고 갈 길은 멀어서 거꾸로 일을 했노라.'라는 대답을 보냈다. 할 일은 많고 시간은 없으니 이치에 어긋나는 짓을 한다는 '일모도원(日暮途遠) 도행역시(倒行逆施)'라는 말이 이러한 일에서 생겼다.

2. 자객(刺客) 형가(荊軻)

신삭(辛朔)의 비기(秘器)

사람들은 '자객(刺客)'이라는 말이 나오면 대개 2천 2백여 년 전에 죽은 형가(荊軻)를 제일 먼저 생각한다. 진(秦)나라의 시황제(始皇帝)가 역사상 드문 강렬한 성격의 소유자였기 때문에 그를 척살하려던 형가의 장렬함도 한층 돋보이기 때문일 것이다.

도연명(陶淵明)은 형가에 대한 다음과 같은 시를 남겼다.

애석하도다, 검술을 멀리하여
기공(奇功), 끝내 그르치도다
그 사람 이미 가고 없건만
천년을 두고 흐르는 정 그윽하도다

형가는 위(衛)나라 사람이며 조상은 제(齊)나라 사람이었다.

그는 독서와 검술을 좋아했기에 그 동안 익힌 기예(技藝)를 내세워 위나라의 원군(元君)에게 정책을 진언하며 설득했으나 들어 주지 않자 위나라를 떠나 버렸다. 그 후 진나라는 위나라를 공략하여 동군(東郡)을 설치하고 위나라 원군 일족을 야왕(野王: 하남성 심양현)으로 강제 이주시켜 버렸다.

위나라는 주(周)나라 무왕(武王)의 동생인 강숙(康淑)을 시조로 하는 내력 있는 나라였다. 영토는 현재의 하북성(河北省) 북부이며 중국의 중심 지대인 '중원(中原)' 지방이었다. 물론 문화도 발달되었고 백성들은 자기가 위나라 사람이라는 사실에 긍지를 갖고 있었다.

위나라의 최초의 수도인 조가(朝歌)는 은허의 땅이라고 일컬어졌으니 그곳은 바로 중국 문명의 발상지라고 할 수 있다. 그 후 위나라의 수도는 제구(帝丘)로 옮겨졌다.

그러나 그러한 위나라도 전국 시대(戰國時代)에는 약소국으로 전락했으며 형가가 살았던 시대(전국 시대 말기로 기원전 3세기 무렵)에는 위(魏)나라의 속국이 되었다. 그리고 이 위(魏)나라는 나중에 대립 항쟁을 계속해 오던 한(韓), 조(趙), 연(燕), 초(楚), 제(濟) 등과 함께 진왕(秦王) 정(政)에 의해 멸망했다. 기원전 242년에 있었던 일이다.

진(秦)나라 사람들은 원래 싸움은 잘했지만 문화의 빛이 닿지 않은 중국 대륙 서북쪽의 변경에서 살던 촌사람들이었다. 그런데 전국 시대 초기에 상앙(商鞅)이라는 명신이 정치를 개혁하여 진나라를 강대국으로 만들었으며 이윽고 천하를 통일하는 위업을 이루었다. 속되게 말하자면 야만인들이 문화 국가들을 점령하는 데 성공한 것이다.

형가는 그즈음 여러 나라를 두루 돌아다니고 있었는데 검술을 익히기 위해서였다. 그 때의 그는 마치 무엇에 홀리기라도 한 것처럼 열심히 여러 가지 검술을 배우고 익혔다.

검술에 능한 사람이 있다는 말을 들으면 천 리 길도 마다 않고 찾아가 예물을 바치고 가르침을 받았다. 그러나 검술을 닦아 나가는 동안 차츰 격검(擊劍: 적을 물리치거나 자기를 보호하기 위한 장검의 무술)에 의문을 품게 되었다.

조(趙)나라의 도성 유차(楡次)에 들렀을 때이다. 그는 그 고장의 유명한 검호(劍豪)로 알려져 있는 개섭(蓋聶)이라는 사람의 도장을 찾아갔다. 항상 그랬던 것처럼 검술에 대한 가르침을 받기 위해서였다.

이 때 형가는 그와 검술을 겨루기 전에 의문으로 생각하고 있던 점에 대해서 불쑥 물었다.

"칼 한 자루를 휘둘러 열 명의 적을 쓰러뜨리는 것은 매우 어려운 일이라고 합니다. 그런데 막상 싸움이 벌어지게 되면 수천 또는 수만 명이나 되는 사람들이 맞부딪치게 됩니다. 그러니 아무리 검술에 능해진다 해도 얼마나 큰 효과를 볼 수가 있겠습니까?"

그 말을 들은 개섭의 안색이 단번에 변했다. 그가 화를 내며 두 눈을 부릅뜨고 노려보자 형가는 아무런 말도 없이 고개를 숙인 뒤에 그 자리에서 물러갔다.

그로부터 얼마 후 개섭의 식객들 중 하나가 권했다.

"선생님, 형가를 다시 부르는 것이 어떻겠습니까? 그에게 대답을 해주지 않으셨으니까요."

그러자 개섭이 대답했다.

"그래야겠지요. 하지만 그는 이미 이 거리에 없을 거요. 내가 그렇게 노려보았으니 이미 달아났을 겁니다."

그의 생각은 틀리지 않았다. 형가는 숙소에서 계산을 끝낸 뒤 마차에 올라 유차의 거리를 떠나고 있었다. 하지만 거리를 벗어나는 지점에 이르렀을 때 형가를 태운 마차가 멎었다. 수레의 덜컹거리는 소리와 말굽 소리에 섞이어 누군가가 그를 부르는 소리가 갑자기 들려 왔기 때문이었다.

"형공(荊公), 형공!"

형가가 의아해 돌아보자 마차를 쫓아온 사나이가 가쁘게 숨을 몰아쉬면서 자기 소개를 했다.

"저는 신삭(辛朔)이라고 하는 무술을 수련하는 사람입니다."

"아, 네. 아까 개섭 선생의 도장에서 뵌 분이군요. 그런데 무슨 일로?"

형가는 그 청년의 얼굴을 기억하고 있었다. 개섭의 도장 안에는 그때 수십 명의 제자와 식객들이 있었는데 그중에서 유난히 눈에 띈 얼굴이었기 때문이다. 그는 유난히 짙은 눈썹과 형형한 눈을 가지고 있었다.
"그렇습니다. 그 자리에 있었습니다. 그리고 선생의 의견은 이치에 맞는 말씀이라고 생각합니다."
"칼 한 자루만 가지고 부리는 검술은 전장에서 별로 쓸모가 없다는 저의 의견 말인가요?"
형가가 반문하자 신삭이라는 사나이가 빠르게 대답했다.
"그렇습니다. 저는 검술이라는 것은 전장에서 필요한 것이 아니라 불의의 사고 또는 긴급할 때의 호신을 위한 것이라고 생각하고 있습니다."
"그래요? 당신은 무술인답지 않은 말씀을 하시는군요."
우습게도 이야기는 갑자기 이상한 방향으로 흘러가고 있었다. '격검은 전쟁터에서 쓸모가 크다'라는 말은 검객들이 자신을 선전할 때 항상 늘어놓는 말이다. 그런데 신삭은 그것을 부정하는 말을 하고 있다.
그로부터 얼마 후에 패왕(霸王)이 된 항우(項羽)는 격검을 습득하는 시간이 더디다 하여 숙부에게 야단을 맞았을 때 엉뚱한 소리를 한 적이 있다.
"한 사람만을 상대하는 검술은 배울 만한 것이 못 됩니다. 저는 만인을 상대로 싸우는 방법을 배우고 싶은 것입니다."

냉정하게 생각해 보면 그 말은 엉뚱한 소리가 아니라 사실이다. 검술로 입신하려는 사람들은 그 같은 사실을 인정하려 하지 않는다. 따라서 형가의 말을 들은 개섭이 화를 내며 노려본 것도 말하자면 검객으로서는 당연한 노여움이다.
신삭이 다시 예기치 않은 말을 했다.
"당신에게 보여 드리고 싶은 것이 있습니다."
"예?"

형가는 반문하며 수레 아래로 내려섰다.

모르긴 해도 그 사람은 자기가 스스로 고심해서 만든 어떤 재주를 형가에게 보여 주려는 것 같았다. 그렇다면 관심을 가져 주어야 마땅하다.

그들이 있는 길가에는 비슷한 크기의 소나무들이 가로수로 심어져 있었다. 형가의 대답을 기다리지도 않고 한 되들이 크기의 되를 꺼내 든 신삭은 양 다리를 벌리면서 허리를 약간 낮추는 자세를 취했다. 한 되들이라고 하지만 전국 시대의 그것은 지방에 따라 조금씩 차이가 있었으며 대체로 현재의 한 홉 정도였으므로 손바닥에 올려놓을 수 있는 크기에 불과했다.

'도대체 무엇을 보여 주겠다는 거지?' 생각하는 순간 신삭은 왼손을 가슴 높이로 올리고는 그 손바닥에 되를 얹었다. 그리고 오른손을 되에 대는가 했더니 튕기는 것처럼 빠르게 떼었다. 손만 뗀 것이 아니라 그 오른손을 번개 같은 속도로 움직였다.

보통 사람들의 눈에는 그러한 동작이 갑자기 가시에 찔려 팔을 움찔한 것처럼 보였다. 하지만 오랫동안 무술을 수련한 형가의 눈에는 그 오른팔에 혼신의 힘을 응축시켜 움직이는 모습이 역력하게 보였다.

'으응?'

신삭은 같은 동작을 되풀이했다. 그의 손가락이 되에 닿을 때마다 오른손이 마치 경련을 일으키는 것처럼 움직였다.

형가는 자기도 모르게 그 같은 동작의 횟수를 세기 시작했다. 모두 16회였다.

신삭은 이윽고 동작을 멈추었는데 그의 왼손 위에는 처음과 다름없이 되가 놓여 있었다. 하지만 되는 처음에 보았던 모양이 아니었다. 높이가 절반 정도로 줄어들어 있었다.

형가의 시선은 길 건너편에 있는 소나무 줄기로 옮겨갔다. 거기에는 두 치 정도의 길이를 가진 나무못이 나란히 한 줄로 꽂혀 있었다. 세어 보니 모두 16개였다.

"아아……."

형가는 비로소 크게 놀랐다.

어디서나 볼 수 있는 되의 윗부분이 끝을 뾰족하게 깎은 나무못들로 조립되어 있었던 것이다. 되는 어디서나 흔히 볼 수 있는 물건이다. 하지만 그것의 반 정도가 표창(鏢槍)으로 변할 것이라는 생각은 아무도 할 수 없는 것이었다.

"참으로 놀라운 비기(秘器)요. 그 되를 만드느라고 고생깨나 하셨겠소."

형가가 감탄하며 말하자 신삭이 대답했다.

"아닙니다. 되를 만든 사람은 저의 형입니다. 저는 이것을 사용하는 기량을 닦았을 뿐입니다."

"호오, 형제분이 함께 만든 비기였군요. 어쨌든 그런 놀라운 비기를 보여 주셔서 고맙소."

형가가 고개를 숙이며 말하자 신삭이 담담한 어조로 말했다.

"몸에 촌철(寸鐵)을 지니지 못하게 되는 경우에도 호신할 수 있는 방법은 있는 법이지요."

결코 자기의 재주를 자랑하고 있는 얼굴은 아니었다. 그리고 그처럼 격렬하게 몸을 놀린 후였는데 호흡은 전혀 흐트러지지 않은 상태였다.

"하지만 유감입니다. 아무리 봐도 그것은 야전을 위한 무술은 아닌 것 같군요. 제가 익히고 있는 격검처럼."

"그렇습니다."

신삭은 소나무 줄기에 꽂힌 16개의 나무못들을 재빨리 뽑더니 절반 크기로 줄어든 되의 사방에 4개씩 꽂았다. 그러자 되의 높이는 원래 크기로 복원되었는데 표면이 매끈하여 조립한 흔적이 없었다. 신삭은 되를 품 속에 넣으며 한 번 더 이상한 소리를 했다.

"저, 매우 엉뚱한 질문입니다만, 형공의 무술이나 저의 무기로 호신용 이상의 결과를 얻을 수 있는 방법은 없을까요? 저는 저의 표창술로 좀 더 큰 공을 이루고 싶습니다."

"예?"

형가는 잠시 뭔가 생각하다가 이윽고 잔잔한 미소를 머금으며 말했다.

"억지로 답을 찾자면 있겠지요. 스무 명의 병사들을 쓰러뜨리는 대신 한 명의 장수를 쓰러뜨리는 것입니다. 즉 질로써 양을 대신하는 것이지요. 하지만 몇 겹으로 에워싼 호위대를 뚫고 들어가 적의 장수를 죽이는 것은 거의 불가능한 일이니 그것은 맞는 답이 될 수 없습니다."

"그…, 그렇겠군요. 저도 그렇게 생각합니다. 제가 공연한 소리를 했습니다."

신삭은 이윽고 작별 인사를 했다.

"그러면 형공, 이만 실례하겠습니다. 인연이 있다면 다시 만나게 될 것입니다."

인사를 끝내더니 몸을 돌려 왔던 길을 재빨리 달려가기 시작했다. 형가를 만나러 쫓아왔을 때처럼 빨랐다.

형가로서는 전혀 예상하지 못했던 우연한 조우였다. 따라서 형가는 신삭 때문에 자기 운명이 변하게 되리라는 것도 전혀 알 수 없었다.

고점리(高漸離)와 구도(狗屠)

협객들은 대개 싸우기를 좋아하는 사람들이라고 알려져 있다. 하지만 형가는 어떤 경우에도 싸우는 것을 싫어했다.

형가는 여행을 계속하다가 '한단지몽(邯鄲之夢: 한단에서 잠을 자다가 꿈 속에서 80년의 부귀영화를 누렸으나 깨어 보니 밥 짓는 동안이었다는 뜻으로 인생과 영화가 덧없음을 이르는 말)'으로 유명한 조(趙)나라의 도읍 한단에 머물게 되었는데 이 때 노구천(魯句踐)이라는 자와 '박(博)'이라는 놀이를 한 적이 있었다. '박'은 그 글자를 보면 알 수 있듯이 일종의 노름인데 송대(宋代)에 쇠퇴했기 때문에 자세한 방법은 전해지지 않고 있다. 다만 젓가락 6개로 6개의 말들을 밀고 나가는 사람들의 모습이 그려져 있는 당시의 그림으로 미루어 보아 현재의 주사위 놀이와 비슷한 노름일 것이라고 짐작할 뿐이다.

어쨌든 이 노름의 규칙 때문에 두 사람 사이에 입씨름이 벌어졌는데 〈사기〉에는 이렇게 기록되어 있다.

'화가 난 노구천이 화를 내며 꾸짖자 형가는 묵묵히 그 자리를 피한 후 두 번 다시 나타나지 않았다.'

노름을 하는 곳이었으니 노구천은 많은 사람들 앞에서 소리를 질렀다. 당한 사람 입장에서는 이만저만 창피한 일이 아니었다. 웬만한 협객이었다면 판을 걷어차고 상대방의 멱살을 잡았어야 마땅하다. 하지만 형가는 잠자코 그 자리를 피했다고 하니 매우 놀라운 일이다.

형가는 그 후 조나라를 떠나 연(燕)나라로 향했다.

전국 시대의 연은 물자가 매우 풍족한 나라였다. 요동(遼東)이나 조선과 무역을 했기 때문에 살림이 윤택했다.

연나라에는 당시에 전광(田光)이라는 의협(義俠)의 선비가 있었으며 많은 식객들을 돌봐 주고 있었다.

그는 처사(處士)였다. 처사란 선비이면서도 조정에 나가 벼슬을 하지 않고 초야에 묻혀 사는 재야 인사를 말한다. 당시의 선비란 독서를 일

삼으며 그것을 벼슬 할 수 있는 수단으로 삼았던 시대였으니 전광은 괴짜 선비였던 셈이다.

형가가 연나라에 오자 전광은 범용(凡庸)한 인물이 아니라는 것을 알아보고 진심으로 접대했다.

전광의 집에 머물게 되자 의식주는 불편하지 않게 되었다. 더욱이 그는 이곳에서 소중한 친구 둘을 얻었다.

한 사람은 고점리라는 축(筑)의 달인이었다. 축은 비파와 비슷한 악기로 머리 부분은 가늘고 어깨 부분은 둥글다. 대로 만든 채로 현을 타는데 현은 5현, 13현, 21현의 세 가지가 있었다.

또 한 사람은 개를 잡는 백정이어서 사람들은 그를 구도(狗屠)라고 불렀다.

형가는 매일같이 축의 달인 고점리를 만나 개백정 구도와 함께 어울려 술을 마셨다. 고점리가 축을 연주하면 형가는 그 소리에 맞추어 노래를 부르고 구도는 손뼉을 치며 장단을 맞추었다. 그런데 이렇게 함께 즐기고 있다가 형가가 갑자기 울기 시작하면 나머지 두 사람도 함께 울음을 터뜨리곤 했다. 그들은 이렇게 희로애락을 함께할 정도로 서로 공감했으며 호흡이 잘 맞았다.

형가가 울었던 이유는 협객이라고 자부하는 자에게는 뭔가 큰 사명이 있다는 생각이 드는데 구체적으로 무엇을 어떻게 해야 할지 모르기 때문이었다. 얼마 전까지는 무적의 검호가 되어 '공공의 적(진나라)'의 군대에 큰 타격을 주겠다는 생각을 가지고 있었다. 하지만 뒤늦게 검술의 한계를 깨닫게 되어 그의 상심은 커졌으며 검술을 익히는 일도 게을리하기 시작했다.

악사인 고점리는 형가의 노래를 듣고 있다가 마음이 격해지면 자기가 먼저 눈물을 흘리기도 했다. 형가를 경애해 마지않았던 구도는 동물적인 후각으로 감정의 기복을 알아차려 그의 슬픔과 답답한 심사를 함께 나누었다.

어느 날 전광의 집에 그의 친구인 국무(鞠武)라는 사람이 찾아왔다. 국무는 태부(太傅) 지위에 있었는데 태자를 모시고 가르치는 교육 담당 고위직이다.
"태자께서 공을 만나 의논하고 싶은 이야기가 있다고 하오."
"잘 알겠소."
전광은 짧게 대답하고는 즉시 태자의 궁전으로 향했다.
전광은 그 날 늦은 밤이 되어서야 초췌한 모습이 되어 돌아왔는데 비척거리며 형가의 방 안으로 들어서더니 낮은 목소리로 말했다.
"당신에게 부탁할 일이 있소."
그러자 형가는 조금도 망설이지 않고 대답했다.
"오늘까지 베풀어 주신 정의에 보답할 길이 없어 괴로워하던 중입니다. 선생님께서 시키시는 일이라면 무슨 일이건 마다하지 않겠습니다."

전광의 부탁

전광이 형가에게 말한 이야기의 내용은 다음과 같았다.

연나라 태자 단(丹)은 어렸을 때 볼모가 되어 조나라의 도읍 한단에 머물고 있었다. 전국 시대에는 약소국이 강대국에 배반하지 않겠다는 보증으로 왕자를 볼모로 보내는 일이 많았다.
시황제(始皇帝)의 아버지인 진(秦)나라의 장양왕(莊襄王)도 왕자였던 시절에는 조(趙)나라의 볼모였는데 한단의 상인 여불위(呂不韋)가 언젠가는 그가 진나라 왕이 될지 모른다는 생각으로 그를 돌봐 주고 있었다.
　어느 날 장양왕은 여불위의 아름다운 애첩을 보고 단번에 반해 그를 자기에게 달라고 간청했다. 일설에 의하면 여불위가 그 여인을 진상했다고도 하는데 이 여인이 낳은 아이의 이름이 정(政)이며 그는 훗날 진나라의 시황제가 되었다. 그런데 여불위의 애첩은 장양왕의 품 안으로 갈 때 이미 임신한 몸이었다. 따라서 시황제는 여불위의 자식이니 진나라의 왕통을 이어받은 사람이라고 말할 수 없다.
　어쨌든 시황제가 되기 전의 정은 조나라에서 볼모의 아들로 태어났는데 연나라의 태자 단도 같은 무렵에 볼모가 되어 조나라에 와 있었다. 나이나 신세가 비슷했기 때문에 두 아이의 사이는 매우 가까워졌다.
　진나라의 장양왕이 죽자 그 때 13살이었던 정은 진나라의 왕이 되었다.
　그 후 진나라는 강국이 되었고 당시의 관례에 따라 연나라에 볼모를 요구했다. 연나라에서는 진왕과 어렸을 때의 친구이기도 한 태자 단을 볼모로 보냈다.
　그런데 진왕 정은 죽마지우(竹馬之友)인 단을 냉정하게 대했다. 때문에 단은 마음이 편치 않았다.
　'저놈은 자기도 볼모였던 적이 있으면서도 볼모를 동정할 줄 모른다. 옛 친구인 나를 동정하기는커녕 오히려 남들보다도 더 혹독하게 대하고 있다.'
　생각할수록 단의 증오심은 깊어졌다.
　볼모의 신세가 되어 쓰라린 경험을 한 사람은 그러한 생활에 익숙해져 성격이 원만해지는 경우도 있지만 반대로 자신도 모르게 지나친 집념에 빠져 버리는 경우도 있다. 연나라의 태자 단은 후자의 경우이다.
　단은 결국 진나라에서 탈출하여 고국으로 돌아왔으며 그 때부터 진왕 정에게 복수하고 말겠다는 일념이 머리 속에서 떠나지 않았다.

당시 진나라는 욱일승천(旭日昇天)의 기세로 천하를 휩쓸고 있었으며 연나라는 반대로 쇠퇴해 가고 있었다. 양국의 국력 차이가 너무나 크게 벌어지고 있었기 때문에 보통 방법으로는 태자 단의 비원(悲願)을 이룰 수가 없었다.

진나라의 군대는 제(齊)·초(楚)·삼진(三晉: 韓·魏·趙)을 치고 차츰 제후들의 영토를 잠식하면서 바야흐로 연나라의 국경 지대에까지 이르렀다.

연나라의 왕과 신하들은 전전긍긍하며 화가 미칠 것을 두려워하고 있었다. 화평파와 타협파가 많은 중에 태자 단은 말할 것도 없이 몇 명 되지도 않는 주전파의 우두머리였다. 원한이 뼈에 사무쳐 있었기 때문에 어떻게 해서라도 앙갚음을 하려고 생각하고 있었다.

그러나 초강대국이 된 진나라에게 정면으로 항거한다면 연나라로서는 멸망의 길을 재촉하게 될 뿐이었다.

태부 국무는 기회가 있을 때마다 태자 단을 달래며 이렇게 말했다.

"진나라의 영토는 천하를 덮을 정도이며 한·위·조에 위협을 주고 있습니다. 북쪽으로는 감천산(甘泉山)과 곡구(谷口)의 요새가 있고 경수(涇水)와 위수(渭水) 유역의 비옥한 평야가 있습니다. 그리고 파수(巴水)·한수(漢水) 유역의 풍요한 지역을 독점하고 있으며 서쪽으로는 농(隴)과 촉(蜀)의 산악 지대가 있고 동쪽으로는 함곡관으로 이어지는 효산의 자연적인 요새에 둘러싸여 있는 데다 인구는 많고 군사들은 정예하며 양식도 여유가 있습니다. 진나라가 군대를 일으켜 나온다면 만리장성 남쪽 역수(易水) 이북에 위치하고 있는 우리 나라도 안전하다고 할 수는 없습니다. 그러니 전하께서는 모욕을 당했다는 유감이 있다 해도 그 일로 해서 그의 비위를 건드리면 안 됩니다."

물론 국무는 측근에서 태자를 모시고 있는 까닭으로 진왕에 대한 태자의 원한이 얼마나 깊은 것인지도 잘 알고 있었다. 때문에 될 수만 있다면 그의 복수를 돕고 싶었지만 그것은 너무나 위험천만한 일이었다.
 그 무렵 진나라의 장군 번오기(樊於期)라는 자가 진왕의 노여움을 사게 되어 연나라로 망명해 왔다. 태자는 그를 자기 궁전에 숨겨 주었다. 그렇게 하여 진왕에게 작은 분풀이라도 하겠다는 생각에서였다.
 그러나 그것 역시 매우 위험한 짓이었다. 때문에 국무가 충고했다.
 "그렇게 하시면 안 됩니다. 포악한 진왕이 우리 연나라에 대한 노여움을 더해 가고 있는 것만으로도 근심되는 일인데 하물며 그가 번 장군의 은신처를 알게 된다면 그것은 마치 굶주린 호랑이가 다니는 길목에 고깃덩어리를 놓아두는 것과 같은 일이 됩니다. 반드시 끔찍한 재난이 오게 될 것입니다. 관중이나 안영의 지모를 가지고도 대책을 세울 수 없게 될 것입니다. 그러니 전하께서는 아무쪼록 빨리 번 장군을 흉노의 땅으로 보내시어 진나라가 트집 잡을 일이 없게 하십시오. 그런 뒤에 서쪽의 삼진과 동맹을 맺고 남쪽의 제·초와 연합전선을 펴면서 북쪽의 흉노와 화목한다면 비로소 계책을 세울 수 있게 될 것입니다."
 그러자 태자 단은 신경질적으로 반대했다.
 "태부의 방책대로 한다면 시일만 헛되게 보내는 결과를 얻을 뿐입니다. 나는 진왕에 대한 분노로 인해 잠시도 잠자코 있을 수가 없습니다. 또한 번 장군에 대해서 말하자면 그는 쫓기는 처지가 되었지만 천하에 몸 둘 곳이 없어 이 단에게 의지하러 온 것입니다. 강국 진나라가 두려워 가엾은 친구를 흉노에게 보내는 일은 내가 살아서 숨을 쉬고 있는 이상 절대로 할 수 없습니다."
 태자 단은 진나라의 힘이 날이 갈수록 강해지고 있었으므로 초조한 마음을 걷잡을 수가 없었다. 때문에 그는 다시 말했다.
 "내가 품고 있는 원한은 오직 진왕 한 사람에 대한 것이지 진나라에 대한 것이 아닙니다. 따라서 즉효를 볼 수 있는 방책을 취하고자 합니다. 누군가가 기책(奇策)으로 진왕을 제압할 수만 있다면 나의 원한을 풀고 우리 연나라도 기사회생할 수 있는 기회를 얻을 수 있을 것이라고 생각합니다."

"방금 기책이라고 말씀하셨습니까?"

국무가 크게 놀라며 반문했다. 단이 말하는 기책이라는 것은 요즈음의 말로 하자면 테러였기 때문이다.

국무는 긴 한숨을 내쉬며 한동안 침묵을 지키다가 이윽고 입을 열어 말했다.

"진왕을 상대로 하는 기책은 보통 사람이 행하기에는 너무나 위험한 일입니다. 우리 조정에 있는 문무백관들 중에서는 적임자를 찾을 수가 없습니다. 하지만 그렇게 하겠다고 이미 결심하셨다면 전광이라는 분을 만나 의논해 보십시오. 그는 처사이기는 합니다만 생각이 깊고 침착하며 용기가 있는 사람입니다."

그러자 단은 다급한 목소리로 간청했다.

"그분을 만날 수 있도록 태부께서 애를 좀 써 주시오."

국무가 전광의 집을 방문하여 그러한 뜻을 전하고 함께 태자의 궁전으로 가게 된 것은 이러한 경위 때문이었다.

전광이 궁전 안으로 들어가자 태자는 몸소 마중을 나와 각행(却行)하여 그를 안내했다. '각행'이란 뒷걸음질친다는 뜻으로, 귀빈에게 엉덩이를 보여서는 안 되기 때문에 그처럼 거북한 동작을 취하며 걷는 것인데, 그것은 최고의 예법이었다. 더욱이 태자는 무릎을 꿇은 채 전광이 앉을 자리의 먼지를 손수 털어 주기까지 하면서 극진한 예를 다해 간절하게 말했다.

"연나라와 진나라는 공존할 수 없는 사이입니다. 원컨대 선생께서는 이러한 사실을 고려해 주십시오."

그러자 전광은 머리를 조아리며 말했다.
"전하께서는 먼저 제 얼굴에 깊이 팬 주름과 하얀 수염을 보아 주시기 바랍니다. 기기(騏驥: 명마)도 혈기가 왕성할 때는 하루에 능히 천리를 달리지만 나이가 들어 노쇠해지면 노마(駑馬: 걸음이 느린 말)에게도 당해 내지 못한다 합니다. 전하께서는 제가 젊었을 때의 이야기를 들으셨을 뿐 저의 정기가 이미 쇠한 것을 모르실 것입니다. 이렇게 늙은 몸이 어찌 그 같은 기책을 행할 수 있겠사옵니까? 그러므로 저를 대신할 수 있는 사람을 추천하고자 합니다."
전광이 거기까지 말하고 입을 다물자 형가가 물었다.
"그래서 선생은 누구를 추천하셨습니까?"
형가는 전광이 자기를 찾아온 이유를 짐작할 수 있었다. 그러자 전광은 숨을 한 번 크게 들이쉰 다음 형가의 눈을 보면서 되물었다.
"바로 당신을 추천했소이다. 그러니 태자의 궁전에 가지 않겠소?"
형가는 서슴지 않고 대답했다.
"그렇게 하겠습니다."
그러자 전광은 얼굴에 미소를 띠었다.
"고맙소. 정말로…. 그런데 말이오…."
전광은 자리에서 일어나더니 말을 이었다.
"내가 듣기로는 덕이 있는 사람은 어떤 행동을 할 때 남이 의심을 품게 해서는 안 된다고 하오. 그런데 내가 물러날 때 태자께서는 문 앞까지 나를 배웅하면서 이렇게 말씀하셨소. '이 단이 한 말이나 선생이 하신 말씀이나 모두 다 국가의 대사이니 누설하지 말아 주십시오'라고 말이오. 그러니 태자는 나를 의심하고 있는 것이오. 허허, 이 전광이 비밀을 입 밖에 낼지도 모른다는 의심을 받게 될 줄 누가 알았겠소. 의협(義俠) 남아라고 불리던 전광이라는 이름도 이제는 땅바닥에 떨어진 것이오. 하지만 어떤 일을 하는데 남이 의심을 품게 한다면 절개와 의협이 있는 사람이라고 할 수 없소. 형공, 태자의 궁전에 가시게 되면 그분에게 분명히 말씀드려 주시기 바라오. 전광과 사이에 오고간 이야기가 바깥에 누설될 염려는 절대로 없다고 말이오."

바로 그 순간 형가는 '아앗!' 하고 소리를 질렀다. 천천히 문 앞으로 걸어가던 전광이 갑자기 지팡이 대신 짚고 있던 칼집에서 칼을 뽑아 스스로 자기의 목을 찔렀기 때문이었다.

거사를 위한 준비

형가가 태자 단을 만나 전광이 죽었다는 소식을 전하자 단은 그가 죽은 쪽을 향해 두 번 절하고 난 다음 무릎을 꿇고 눈물을 흘리며 말했다.

"내가 전광 선생에게 '누설하지 말라'고 경계하는 말을 한 이유는 국가 대사에 관한 큰일을 탈 없이 성취시키기 위해서였소. 그런데 전광 선생께서 죽음으로써 비밀을 지키는 방법을 택하다니. 나는 이런 일이 생길 것이라고는 전혀 생각지 못했소. 전광 선생께서는 나의 어리석음을 알지 못하고 내가 그대와 만나 이야기할 수 있는 기회를 만들어 주셨습니다. 이것은 하늘이 우리 연나라를 가엾게 여기시며 고립무원(孤立無援)이 된 나를 버리지 않는 증거입니다."

형가가 자리에 앉자 태자는 이윽고 마음을 진정시키며 고개를 숙인 뒤에 자기 계획에 대해서 말하기 시작했다.

"진왕은 탐욕스럽기 짝이 없어 그의 욕심은 만족을 모르고 있습니다. 천하의 모든 땅을 점령하고 그 땅의 군주들을 모두 신하로 삼으려 하고 있습니다. 진나라 군대는 이미 한왕을 포로로 삼았으며 그의 영토를 모두 거두어들이는 한편 계속해서 군대를 내어 남으로는 초나라를 치고 북으로는 조나라에 육박하고 있습니다. 또 장군 왕전은 수십만이나 되는 군대를 거느리고 장수에서 업(鄴)에 이르고 장군 이신(李信)은 태원(太原)과 운중(雲中)으로 진출하고 있습니다. 조나라는 틀림없이 진나라에게 굴복하고 말 것입니다. 그렇게 되면 전화(戰火)가 우리 연나라에까지 미치게 될 것입니다. 우리 연나라는 약소국이어서 거국적으로 항전한다 해도 강대국인 진나라 군대를 물리칠 수 있는 힘이 없습니다. 게다가 여러 영주들이 잇달아 진에 항복하고 있기 때문에 공수동맹책(攻守同盟策)을 취하고 싶어도 이제는 상대가 없는 판국입니다. 이렇게 된 이상 천하의 용사를 사절로 삼아 진나라로 파견하여 옛날에 조말(曹沫)이 제나라의 환공(桓公)을 위협하여 그들이 점령한 땅의 반환을 요구한 것과 같은 비상 수단을 강구할 수밖에 없습니다."

조말은 뛰어난 무예와 용맹을 가진 노(魯)나라의 장군으로 대국인 제(齊)나라 군대와 세 번 싸워 세 번 모두 졌지만 용맹한 인사를 좋아한 노의 장공(莊公)은 그를 파면하지 않았다. 뒤에 조말은 가(柯) 땅에서 있었던 회맹의 석상에서 제나라의 환공을 협박하여 잃었던 땅을 돌려받았다.

그것은 기원전 681년에 있었던 일이다. 따라서 형가의 시대에서 거슬러 올라가자면 450년 전이나 되는 먼 옛날에 있었던 일이었지만 조말이라는 이름은 용사의 본보기로 그 때까지도 전해 내려오고 있었다.

단은 형가에게 조말이 했었던 것과 같은 아슬아슬한 일을 해내라고 암시하고 있었다. 단은 계속해서 말했다.

"만일 진왕이 제후들의 땅을 반환하라는 요구에 응하지 않으면 칼로 그를 찔러 죽이는 겁니다. 그렇게 되면 지금 진의 여러 장수들은 대개 전선으로 나가 있는 형편이니 진의 국내는 커다란 혼란에 빠지게 될 것입니다. 그 틈을 타서 제후들이 동맹을 맺는다면 진나라를 쳐부술 수 있을 것입니다. 그렇게 되는 것이 내가 가장 바라는 바입니다. 그래서 그러한 사명을 맡길 용사를 오랫동안 찾고 있었습니다. 그러니 형공, 아무쪼록 잘 생각하시고 그 일을 맡아 주시기 바랍니다."

잠시 후 형가는 일단 거절했다.

"그것은 너무나 큰 국가의 중대사입니다. 신과 같은 어리석은 사람으로서는 사명을 다하지 못할 일이라고 생각됩니다."

물론 이처럼 겸손한 태도를 보이는 것은 일종의 형식이며 예의였다. 태자 단이 주장하는 이론은 제법 정연한 것 같았지만 그것은 올바른 방책이 아니었으며 성공할 가능성도 너무나 희박하다고 형가는 생각했다. 하지만 그는 많은 사람들이 존경하는 협객이었으며 전광이 자결까지 한 마당이었기에 단의 부탁을 거절한다는 것은 생각할 수도 없는 일이었다. 그는 태자의 궁전 안으로 들어서면서 이미 각오를 하고 있었다.

당연한 일이지만 단은 형가 앞으로 다가가서 다시 절하고 겸양하지 말라고 청하며 물러나지 않았다.

"그대에게 간곡히 청하오. 그대는 나를 버리지 마오. 원컨대 사양하지 마오."

형가는 거듭 거절했다. 태자는 세 번씩이나 애걸하다시피 청했다. 그제야 비로소 형가가 승낙하자 단은 크게 기뻐하며 형가에게 상경(上卿) 벼슬과 저택을 주었다.

다음날부터 태자 단은 매일같이 그의 저택으로 찾아오는 형가를 위로하는 한편 태뢰(太牢: 소·돼지·양 등으로 만든 궁중 요리)를 대접하고 진귀한 물품과 타고 다닐 수레와 미녀들을 제공했으며 형가가 원하는 일이라면 무엇이나 다 들어 주었다.

아무래도 죽게 될 가능성이 큰 인간이니 살아 있는 동안 마음껏 호사를 누리게 해 주려는 것이었으며 형가도 별로 사양하는 기색을 보이지 않았다.

어쨌든 그러는 동안 제법 많은 시간이 지나갔는데 형가는 도무지 움직일 기미를 보이지 않았다. 그 동안 진나라의 장군 왕전(王剪)은 조나라 땅을 짓밟고 조왕 천(遷)을 사로잡아 끌고 갔다. 이어서 군대를 북쪽으로 돌려 종횡무진으로 공략을 계속하면서 연나라의 남방 국경 지대까지 이르렀으며 드디어 역수(易水)를 사이에 두고 연나라 군대와 대치하게 되었다.

어느 날 태자 단은 형가에게 말했다.

"진나라의 군대가 당장이라도 역수를 건너 쳐들어올지 모릅니다. 그렇게 되면 당신을 돌보고 싶어도 돌볼 수 없게 될지도 모릅니다."

그것은 은근한 재촉이었다.

기책을 행하기 위해 어렵게 구한 용사가 산해진미와 미녀들에 정신을 빼앗겨 일어날 생각을 하지 않거나 죽음을 두려워하기 시작하면 큰일이다. 그래서 은근히 결행하라고 재촉한 것이다. 그러자 형가가 대답했다.

"그 일에 대해서는 이미 생각해 둔 것이 있습니다."

"오, 그렇소?"

"태자께서 그런 말씀을 하시지 않았어도 신이 찾아뵈어야겠다고 생각하고 있던 중입니다. 제가 사절로 간다고 해도 진왕이 만나 줄 것이라는 보장은 없습니다. 그렇게 되면 그를 찌를 수 있는 기회도 생기지 않을 것입니다. 때문에 진왕이 알현을 허용할 방법을 찾고 있었습니다."

"아, 그래요? 그래서 찾았습니까?"

"그렇습니다. 진왕에게 두 가지 물건을 진상하러 왔다고 하면 반드시 알현이 허용될 것입니다."

"그게 도대체 뭐요?"

"번오기 장군의 수급(首級)과 독항(督亢)의 지도(地圖)입니다."

"아니, 뭐라고?"

태자 단은 크게 당황하면서 말했다.

"형공, 그건 안 되오. 독항의 지도는 내줄 수 있지만 번 장군은 절대로 안 되오. 그는 궁지에 몰린 새와 같은 가엾은 사람이오. 더욱이 나에게는 손님이오. 그러니 다른 방법을 찾아 주시기 바라오."

"네. 그렇게 하겠습니다."

형가는 일단 대답했다. 하지만 진왕을 알현하려면 그 둘 중 하나만 빠져도 될 수 없는 일이었다.

독항은 하북성(河北省) 탁현(涿縣) 동남방에 위치한 땅으로 연나라에서 제일 비옥한 땅이며 이 땅의 지도를 진상한다는 것은 그 토지를 양도하겠다는 것이니 진왕이 좋아하지 않을 수 없는 선물이다. 따라서 번오기 장군의 수급을 얻는 것이 문제였다.

형가는 단이 절대로 허락하지 않을 것이라고 생각되자 은밀하게 번오기 장군을 찾아가 물었다.

"장군에 대한 진나라의 조치는 너무나 가혹했다고 생각합니다. 양친은 말할 것도 없고 일가권속들이 모두 극형에 처해졌다니…. 더욱이 요즘 들려오는 소문에 의하면 장군의 목에 황금 1천 근과 땅 1만 호의 현상이 걸려 있다고 하니 이 일을 장차 어쩔 셈이십니까?"

번오기는 하늘을 우러러보며 길게 탄식하고 눈물을 글썽이면서 말했다.

"그 일을 생각할 때마다 어떻게 해야 좋을지 그것을 몰라 이렇게 뼈에 사무치는 아픔 속에서 나날을 보내고 있는 중이오."

그러자 형가가 자못 진지해진 얼굴로 말했다.

"지금 당장 연나라의 근심을 덜고 장군의 원수도 갚을 수 있는 간단한 방법이 있습니다."

"예? 그게 도대체 뭡니까? 어서 말씀해 주시오"

번오기가 바싹 다가앉으며 재촉했다. 하지만 형가는 주저할 뿐 차마 말을 못했다.

"형공께서는 어째서 대답이 없으시오?"

"계책은 있으나 말씀드리기가 힘들구려."

"그게 도대체 무슨 말씀이오? 진나라에 복수만 할 수 있다면 나는 몸이 부서지고 뼈가 가루가 되더라도 아까울 것이 없소. 그런데 무엇을 말하기가 어렵단 말이요?"

그제야 형가가 말했다.

"내가 장군의 목을 얻어 진왕에게 바치러 가고자 합니다. 그러면 진왕은 반드시 크게 기뻐하며 저를 만나 줄 것입니다. 그러면 제가 왼손으로 진왕의 소매를 붙잡고 오른손으로 그의 가슴을 찌르는 것입니다. 그렇게 하면 장군의 원수도 갚을 수 있고 연나라가 그에게 받아 왔던 굴욕도 씻을 수 있습니다. 그러니 장군의 목을 저에게 주시겠습니까?"

"옳거니!"

번 장군은 부르짖듯이 탄성을 토하고는 계속해서 말했다.

"바로 그거요. 그렇게 하면 두 가지 일이 모두 해결되겠구려. 아아, 밤낮을 가리지 않고 절치부심해 왔는데 당신 덕분에 내가 무엇을 해야 하는지 비로소 알게 되었소이다."

말을 마친 그는 칼을 뽑아 스스로 자기 목을 쳤다. 전광이 그랬던 것처럼. 그 소식을 들은 태자 단은 급히 수레를 타고 달려와 시체 위에 엎드려 서럽게 울었다. 그러나 이미 벌어진 일이었기에 형가는 번오기의 목을 상자 안에 넣고 그것을 봉했다.

형가가 태자에게 물었다.

"좋은 비수를 구해 두셨습니까?"

"그렇소."

진나라의 궁정에서는 외국의 사절은 물론 중신이라 할지라도 무기를 휴대할 수 없게 되어 있었다.

때문에 형가는 독항의 지도 두루마리를 진왕 앞에서 펼쳐 보일 때 두루마리 마지막에 감추어 두었던 비수를 들어 찌른다는 계획을 세워 두었다. 따라서 비수는 두루마리 속에 감출 수 있는 작은 크기여야 했다.

단은 이미 '서부인(徐夫人)의 비수'라는 길이 1척 8촌의 단검을 1백금을 주고 입수해 놓은 상태였다. '서부인'은 그 단검의 주인 이름이라는 설도 있고 단검을 만든 도공(刀工)의 이름이라는 설도 있었다.

어쨌든 매우 예리한 비수였으며 두루마리 지도 속에 감쪽같이 숨길 수 있는 크기였다. 태자 단은 공인에게 명해 그 비수의 날에 독약을 바르게 했다. 그리고 사형수들을 데려다 시험해 보았더니 실오라기 같은 상처를 입히기만 해도 맹독이 단번에 전신으로 퍼져 금방 죽었다. 살아남은 자들은 하나도 없었다.

드디어 모든 준비가 끝난 것이다.

역수(易水) 강변의 송별연

그 무렵 연나라에 진무양(秦舞陽)이라는 이름을 가진 한 용사가 있었는데 태자 단이 그를 부사(副使)로 데리고 가면 어떻겠느냐고 말했다.

진무양은 열세 살 때 이미 살인을 한 적이 있는 인물이었기에 그 곳 사람들은 누구나 그를 두려워하며 정면으로 시선을 마주치려 하지 않았다. 하지만 형가의 눈에는 그가 애송이로밖에 보이지 않았다. 그는 어딘지 모르게 침착성이 없고 굳건한 기상도 없어 보였기에 형가는 처음 보자마자 머리를 저으며 중얼거렸다.

"저런 애송이들이 항상 실패의 원인을 만든다."

그런데 형가는 진나라를 향해 즉시 출발하려 하지 않았다. 동행할 사람을 기다리고 있었기 때문이었다. 그 사람의 집이 먼 곳에 있어 그 때까지 도착하지 않았기 때문에 여장을 갖춘 채 대기하고 있었다. 그가 기다리는 사람은 검호 개섭을 만나러 유차에 갔을 때 우연히 잠깐 만났던 사나이 신삭이었다.

형가는 태자 단으로부터 기책을 행해 달라는 부탁을 받은 직후 유차로 사람을 보내 그를 데려오게 했다. 며칠 전에 심부름을 간 사람이 그곳에서 출발하기에 앞서 보내 온 편지의 내용을 통해 신삭이 곧 도착할 것이라는 사실을 알고 있었다.

출발할 시각이 지나자 기다리다 지친 태자는 형가가 혹시 변심이라도 했는가 싶어서 또 말했다.

"형공께서는 혹시 다른 생각이라도 있으십니까? 그렇다면 진무양을 먼저 출발시킬까요?"

형가는 답답하다는 듯이 태자의 얼굴을 바라보며 말했다.

"태자께서는 도대체 어떻게 하시자는 겁니까? 더벅머리 애송이는 그곳으로 먼저 떠나거나 저와 함께 떠나거나 아무 짝에도 쓸모가 없습니다. 신이 지금 이곳에 있는 이유는 데리고 갈 사람을 기다리고 있기 때문입니다."

그로부터 얼마 후에 드디어 신삭이 왔다. 그런데 그는 그 동안 딴사람으로 변해 있었다. 볼은 푹 꺼지고 몸뚱이는 비쩍 마른 매우 초라한 몰골이었다. 유차의 소나무 길에서 보여 주었던 늠름한 무술인의 모습은 그 어디에서도 찾아볼 수가 없었다.

"오랜만에 다시 뵙습니다, 형공. 정말로 반갑습니다."

그는 더 이상 말을 잇지 못하고 흐느껴 울기만 했다.

"도대체 어찌 된 일이오? 신공……."

형가가 너무나 이상하여 묻자 신삭은 더듬거리는 목소리로 대답했다.
"저는 그 동안 이렇게 폐인이 되고 말았습니다. 그래서 무술도 버렸지요."
"허어, 그렇게 된 까닭이나 먼저 들어 봅시다."
형가가 재촉했다.
"형님이 갑자기 죽고 말았습니다. 이제 나무못으로 되를 조립할 수 있는 사람은 이 세상 어디에도 없습니다. 그리고 우리 형제가 가지고 있던 여러 개의 되는 지난번에 있었던 전란 때 모두 써 버리고 말았습니다."
신삭은 이렇게 말하고는 다시 흐느껴 울었다.
"허어, 그런 일이 있었군요."
형가는 더 이상 듣지 않아도 그 후에 벌어진 일들을 알 수 있을 것 같았다.
신삭은 정교하게 만든 그 나무못들을 날리는 재주에만 온갖 정성을 쏟으며 몰두했던 표창의 달인이었다. 그리고 그 나무못을 만든 사람은 그의 형이었다. 그런데 제작자가 갑자기 죽어 버리자 그가 만든 무기를 사용하던 사람으로서는 어찌할 방도를 찾지 못한 것이다. 하물며 그 무기는 다른 사람은 흉내도 내지 못할 기술로 만들어진 것이었다.
세상의 모든 일에 신경을 쓰지 않고 오직 한 가지 나무못(표창)을 던지는 일에만 몰두하고 있었던 신삭이었던 만큼 그 비기를 영원히 잃게 되었을 때의 낙담은 필설로는 표현할 수 없을 정도였다. 무엇보다도 그는 정신적으로 재기 불능의 타격을 받아 몸이 그처럼 망가졌다.
"내 집에서 편히 지내며 쉬도록 하시오."
형가는 그를 이렇게 위로할 수밖에 없었다.
하지만 사실은 형가 자신의 실망도 무척이나 컸다.
그는 신삭을 만나면 동행해 달라고 부탁한 뒤에 독항의 지도를 넣을 상자나 번 장군의 수급을 넣을 상자의 한 부분을 그의 나무못들로 조립할 생각을 하고 있었다. 그렇게 하여 형가는 두루마리 지도 속에 감춘 단검으로 공격하고 신삭은 그 나무못들로 이중 공격을 가하면 진왕의 목숨을 빼앗는 것은 충분히 가능한 일이라고 생각하고 있었다. 그런데 그러한 계획이 물거품이 되고 말았다.

하지만 형가는 스스로에게 타일렀다.

"실패한다 해도 반드시 해야 한다. 약소국들을 위해 야만인들을 대표하는 폭군 진왕을 없애려는 것이니 그것은 누군가가 꼭 해야 하는 일이다. 성공하건 실패하건 그런 일을 한 사람이 있었다는 사실을 후세에 남기는 것이 중요하다."

형가는 그렇게 생각을 바꾸기로 했다. 태자 단은 원한에 사무쳐 진왕을 없애려는 것이다. 그런데 공교롭게도 그것은 형가가 오래 전부터 찾으려고 애썼던 협객의 사명과 일치했다. 때문에 형가는 그것을 하늘이 내려 주신 놀라운 인연이라고 생각했다. 크게 기대했던 신삭의 비기를 이용하지 못하게 된 일도 그런 관점에서 생각해 보니 그다지 대수로운 일이 아니었다. 지엽적인 일에 불과하다고 생각하며 쉽게 잊을 수 있었다.

형가는 즉시 태자의 궁전으로 가서 태자 단에게 말했다.

"제가 기다리던 사람이 오기는 했지만 그와 함께 갈 수 없는 사정이 생겼습니다. 이만 작별하고 진무양과 함께 떠나겠습니다."

그 날 태자와 주변 사람들은 모두 흰 상복을 입고 형가를 전송했다. 사지로 뛰어드는 사람에 대한 작별의 표시였으며 형가 역시 살아서 돌아올 것이라는 생각은 하지 않았다.

역수 강변에 이른 그들은 흙을 쌓아 올린 다음 거기에 보(菩)라는 향초(香草)를 꽂아 놓고 도조신(道祖神: 길 떠나는 사람을 보호하는 신)에게 제사를 올렸다.

이어서 송별연이 벌어졌다. 고점리가 축을 연주하자 형가가 화답했는데 형가의 음성은 반음이 낮은 단조의 비창한 가락이었다. 사람들은 모두 눈물을 흘리며 닦을 줄을 몰랐다. 형가는 천천히 걸으며 즉흥적으로 노래를 불렀다.

"바람은 쓸쓸하고 역수는 차구나.
대장부 한 번 떠나면 다시 오지 않으리."

형가는 처음에는 비통한 느낌을 강조하는 '변징(變徵)'이라는 곡조로 노래하고 다음에는 격앙된 감정을 표현하는 '우성(羽聲)'으로 다시 한 번 노래했다. 격앙되어 노래하자 두 사람 모두 두 눈이 부릅떠졌고 머리털이 뻣뻣하게 곤두서는 바람에 머리에 쓴 관(冠)들이 위로 밀려 올라가는 듯했다.

맨 뒷줄에 서 있던 구도가 곡성을 터뜨리며 소리쳤다.
"아, 형가여, 가슴이 너무나 아파서 견딜 수가 없구나. 견딜 수가 없구나."
계속해서 소리 지르며 주먹으로 강변의 모래밭을 쳤다.
그러나 그 때 가장 고통스러워한 사람은 자기 비기를 믿고 있었던 형가에게 도움을 줄 수 없게 된 신삭이었다. 갑자기 형이 죽는 불상사가 없었다면 신삭은 그 때 형가의 옆에 서 있었을 것이다. 그리고 형가는 그처럼 비창한 가락으로 노래하지 않았을 것이다.

신삭은 맨 뒷줄에 서 있었다. 아는 사람들이 없었으므로 송별객들 뒤에 조용히 있었다. 곁에서 구도가 몸부림치면서 통곡했기 때문에 그는 오히려 작은 소리로 울 수도 없었다. 그래서 두 눈에 그렁그렁하게 눈물이 고였지만 소리는 내지 않았다.

송별연이 끝나자 형가는 드디어 마차를 타고 진나라를 향해 떠났는데 그는 두 번 다시 뒤돌아보지 않았다.

실패한 거사(擧事)

진나라에 입국한 형가는 계획했던 대로 진왕의 총신인 중서자(中庶子: 궁내부 대신) 몽가(蒙嘉)에게 천금의 뇌물을 주면서 진왕 알현을 주선해 달라고 부탁했다.

몽가는 형가를 위해 진왕 앞에 나아가 말했다.

"연왕은 충심으로 대왕의 위엄에 떨고 있으며 군대를 내어 우리 나라에 거역하려는 생각은 추호도 없다고 합니다. 그들은 진심으로 항복하고 다른 제후들의 서열에 끼어 우리의 군현들과 마찬가지로 공납을 바치며 선조의 종묘를 지키기 원하고 있습니다. 연왕은 대왕을 두려워한 나머지 스스로 말씀을 올리기가 어려워 삼가 번오기의 목을 베어 상자에 넣어 봉했으며 연왕이 보낸 사자가 지금 그것과 함께 독항의 지도를 가지고 와서 어전 뜰에 엎드려 대왕을 뵙고자 합니다. 그러니 대왕께서 잠시 인견해 주시기 바랍니다."

그러자 진왕은 크게 기뻐하며 최고의 국빈을 맞이하는 의관을 갖추고 함양궁(咸陽宮)에서 사자들을 인견했다. 그리하여 형가는 소금에 절인 번 장군의 목이 담긴 상자를 받들고 진무양은 지도가 들어 있는 상자를 든 채 천천히 나아가 옥좌 아래에 이르렀다. 그런데 진왕의 어전 섬돌 아래까지 왔을 때 진무양의 안색이 갑자기 창백해지면서 부들부들 떨기 시작했다.

늘어서 있던 신하들이 수상하게 여기자 형가는 침착하게 말했다.

"이 사람은 북방의 오랑캐 땅에 살던 사람이라 아직까지 귀하신 분을 배알한 적이 없습니다. 그래서 너무 두려운 나머지 이렇게 떨고 있는 것입니다. 그러니 눈에 거슬리시겠지만 잠시만 참아 주십시오."

그 때 진왕이 형가에게 말했다.

"지도를 먼저 가지고 오라."

"예."

형가는 진무양이 들고 있던 지도를 받아 들고 진왕에게 나아가 바쳤다. 진왕이 천천히 두루마리 지도를 펴 나가자 맨 안쪽에서 비수가 나타났다. 바로 그 순간 형가가 오른손으로 단검을 움켜쥐고 왼손으로 진왕의 소매를 잡은 채 힘껏 찔렀다. 그러나 도신(刀身)이 짧아 칼끝이 진왕의 몸에 닿지 않았다.

"앗……."

진왕은 깜짝 놀라 뒤로 물러서며 벌떡 일어섰다. 형가는 진왕을 앞으로 끌어당기려고 그의 옷소매를 잡아끌었다. 그러나 옷소매만 뜯겨 나갔다. 이 때가 5월 초순이라 진왕이 얇은 홑옷만 입었기 때문에 쉽사리 소매만 찢겨져 나갔던 것이다.

다급해진 진왕은 기둥 사이로 몸을 피했다. 원래 진나라의 국법에는 1촌(寸)의 칼도 정전 안으로 가지고 들어오지 못하게 되어 있었다. 그래서 이 때에도 칼과 창을 든 시랑(侍郎)과 숙위관(宿衛官)들은 모두 다 정전 뜰에 늘어서 있었다. 그들은 진왕의 분부가 없기에 감히 정전 안으로 들어가지 못했다. 창졸간에 일어난 변이었기에 진왕도 그들을 불러들일 겨를이 없었다.

전내(殿內)의 모든 시신들이 맨주먹으로 형가에게 달려들었다.

형가는 덤벼드는 그들을 닥치는 대로 쳐서 거꾸러뜨렸다. 이 때 시의(侍醫) 하무차(夏無且)가 들고 있던 약낭(藥囊)으로 형가를 쳤다. 형가가 분연히 팔을 휘두르자 약낭이 떨어졌다.

비록 형가가 용감하기는 했지만 앞뒤에서 덤벼드는 많은 시신들을 상대하는 동안에 진왕과 거리가 멀어졌다. 그 사이에 진왕은 비로소 칼자루를 잡았다. 언제나 허리에 차고 있는 녹로(鹿盧)라는 보검이었다. 그 보검은 길이가 8척으로 진왕이 황급히 뽑으려 했으나 워낙 길어서 칼집에서 잘 빠지지 않았다.

그 때 내시 조고(趙高)가 진왕을 향해 급히 외쳤다.

"칼집을 등 뒤로 차고서 검을 뽑으시옵소서."

그 말을 들은 진왕이 그대로 하자 마침내 검은 완전히 빠져나오고 칼집만 등 뒤에 떨어졌다. 진왕의 힘은 형가보다 못하지 않았다. 더구나 그는 이제 검을 쥔 몸이었다. 그는 쏜살같이 달려가 검을 들어 형가를 쳤다. 검은 형가의 넓적다리를 베었고 서 있을 수 없게 된 형가는 진왕을 향해 비수를 던졌다. 하지만 진왕은 그것을 피했고 비수는 구리기둥에 박히고 말았다.

진왕이 재차 형가를 내리쳤기에 형가는 여러 군데에 중상을 입었다. 만신창이가 된 형가는 이윽고 기둥에 기대어 웃으며 다리를 괴고 편히 앉더니 진왕을 바라보며 말했다.

"내가 일을 성사시키지 못한 것은 왕을 죽이지 않고 위협만 하여 빼앗은 연나라의 땅을 반환하겠다는 약속을 받아 태자에게 보고하려 했기 때문이다."

그 순간 다시 날아든 진왕의 검이 형가의 미간을 갈랐다. 거기서 흘러내린 피가 형가의 눈으로 들어갔다.

연(燕)나라의 멸망(滅亡)

이튿날 아침 조회 때 진왕은 논공행상을 했다. 첫째로 하무차에게 황금 2백 일(鎰)을 하사하고 내시 조고에게는 황금 1백 일을 하사했다. 그 다음에 형가에게 덤벼들었던 모든 시신들의 상처를 낱낱이 조사한 뒤에 그 경중에 따라 상을 주었다. 또 계하에서 진무양을 쳐 죽인 낭중들에게도 상을 내렸다.
 그리고 형가를 접견하라고 아뢴 몽가를 잡아들여 능지처참하고 몽 씨 일족을 다 죽였다. 이 때 몽오의 아들 몽무(蒙武)만은 변방의 장수로 가 있었기 때문에 이 일을 전혀 몰랐다. 그래서 몽 씨 일족 중에서 살아남은 자는 몽무 한 사람뿐이었다.

 〈사기〉의 '진황본기(秦皇本紀)'에는 형가를 해체했다고 기록되어 있다. 해체란 수족을 토막 내는 형벌을 말하는데 진왕의 노여움은 그렇게 하는 것으로도 풀어지지 않았다. 그리하여 장군 왕전에게 칙령을 내려 연나라를 공격하게 하였다.
 연나라 태자 단은 형가가 실패하고 죽었다는 소식을 듣자 너무나 분해서 땅을 치며 통곡했다. 그러던 중 진나라 군대가 쳐들어온다는 보고를 받자 연나라 군사들을 모두 거느리고 역수 서쪽으로 나아가 진나라 군사들과 싸웠다.
 그러나 미약한 연나라 군대가 강한 진나라 군대를 당할 수는 없었다. 마침내 크게 패했으며 태자 단은 하는 수 없이 계성(薊城: 지금의 북경)으로 달아났으며 태부 국무는 달아나다가 진나라 군사들에게 잡혀 죽었다.
 진나라 대장 왕전은 즉시 계성을 포위하고 맹공격했다. 그 해 10월에 계성은 마침내 함몰당하고 말았다.
 연왕 희(燕王喜)는 아들인 태자 단을 원망했다.
 "오늘날 나라와 집안이 망하게 된 것은 다 너 때문이다."
 그러자 태자 단이 아버지에게 말했다.
 "성 안에는 아직도 정병 2만 명이 남아 있습니다. 요동(遼東)으로 가기만 하면 강물을 앞에 놓고 높은 산을 등지고 다시 나라를 세울 수 있습니다. 부왕은 주저하지 마시고 속히 떠날 준비를 하십시오."

연왕 희는 하는 수 없이 전거에 올라 동문을 열고 달아났다. 태자 단은 연왕 희를 호위하며 동쪽으로 요동을 향해 달려 마침내 평양에 도읍을 정했다.

한편 진군의 대장 왕전은 여러 해 동안 전투를 계속하느라 과로해 병이 났다. 그래서 진왕에게 자기는 늙어서 이만 물러나야겠다고 표장을 보냈다. 그러자 진왕이 분부했다.

"과인은 연나라 태자 단에게 반드시 원수를 갚아야겠다. 그러나 대장 왕전은 이제 너무 늙었다. 그러니 장수 이신(李信)을 새로운 대장으로 삼아 즉시 연나라로 보내 달아난 연왕 부자를 뒤쫓게 하라."

연왕 희는 진나라 대장 이신이 군대를 거느리고 요동으로 온다는 보고를 받자 사신을 대왕(代王)에게 보내 구원해 달라고 청했다.

조나라가 망할 때 조왕 천(遷)의 형인 공자 가(嘉)는 자기를 따르는 사람들을 이끌고 대 땅으로 들어가 조나라의 사직을 지키며 스스로 대왕(代王)이라 칭하고 있었다. 그런데 그가 보낸 답장의 내용은 다음과 같았다.

'진나라 군대가 왕을 치러 가는 이유는 태자 단에게 원수를 갚기 위해서입니다. 대왕은 태자 단을 죽이고 진나라에 사과하시오. 그래야만 진나라 왕은 노여움을 풀 것이고 동시에 대왕도 조상의 종묘를 유지할 수 있을 것입니다.'

연왕 희는 크게 고민했다. 태자 단은 그런 낌새를 눈치 채고 죽임을 당할까 봐 두려워 연수(衍水)의 섬 도화도(桃花島)로 달아나 숨었다.

드디어 진나라 대장 이신은 수산(首山) 땅까지 와서 군대를 둔쳤다. 이에 연왕 희는 크게 겁을 먹고 도화도로 사람을 보내 진나라 군대와 사생결단을 하겠다는 속임수를 써서 태자 단을 소환했다.

태자 단은 그런 줄로만 믿고 사자를 따라 부왕에게 돌아왔다. 그 날 밤이었다. 연왕 희는 다시 보게 되어 반갑다면서 태자 단에게 술을 듬뿍 먹였다. 이윽고 태자 단은 크게 취해 자리에 쓰러졌다. 그러자 연왕은 가죽끈으로 자기 아들의 목을 졸라 죽였다.

이튿날 연왕 희는 태자 단의 머리를 진나라 군대에게 보내고 나서 그제야 가슴을 치며 큰 소리로 통곡했다.

진나라의 대장 이신은 연왕 희의 사죄하는 글과 태자 단의 머리를 함양으로 보냈다. 하지만 진왕은 다시 군사들을 동원하여 연나라를 공격했으며 그로부터 5년 후에 마침내 연나라를 멸망시키고 왕을 포로로 하였다. 그 다음 해에 진왕은 드디어 천하를 통일하고 시황제라 칭했다.

태자 단이 자객을 보내 저항하는 사건이 없었더라도 진나라는 연나라를 멸망시켰을 것이다. 하지만 만일 그 때 형가의 비수가 진왕의 몸을 찔렀다면 중국의 역사는 바뀌었을 것이다.

형가의 친구인 고점리는 세상이 진나라의 것이 된 뒤부터는 이름을 바꾸고 송자(宋子)라는 곳에서 남의 집 하인이 되어 천한 일을 하고 있었다. 진나라 군사들이 태자 단과 형가의 무리를 엄중하게 추적하고 있었기 때문이다.

하지만 세월이 흐르는 동안 고점리는 하는 일도 고될 뿐만 아니라 너무나 외로워서 견딜 수가 없었다. 그는 주인집 당상에서 축을 치는 손님이 있으면 그 주위를 맴돌면서 떠나지를 못했다. 그리고 번번이 이렇게 중얼거렸다.

"저분은 잘 칠 때도 있지만 서툴 때가 더 많다."

그러자 그런 소리를 들은 한 종이 주인에게 고자질을 했다.

"저 하인놈은 제법 음악을 아는 모양인지 축을 치는 손님들이 있으면 듣고 난 뒤에 점수를 매깁니다. 건방지게 말입니다."

이에 주인은 고점리를 불러 축을 치게 했다. 그 자리에 있던 손님들도 모두 술을 권하며 연주하기를 청했다.

그러자 고점리는 이윽고 축을 치면서 노래를 부르기 시작했는데 그 소리를 듣고 눈물을 흘리지 않는 사람이 없었다. 그러한 소문을 들은 송자 고을 사람들은 잇달아 그를 초대하여 그가 치는 축 소리를 듣게 되었다.

소문은 급기야 진나라 시황제의 귀에까지 들어갔다. 시황제는 그를 불러 궁전에서 축을 치게 했다.

그런데 진의 궁전에 고점리의 얼굴을 아는 자가 있어 상관에게 고했다.

"저 사람이 바로 형가의 친구인 고점리입니다."

하지만 그의 재능을 아깝게 여긴 시황제는 그를 죽일 수가 없어 장님으로 만든 뒤에 축을 뜯게 했다.

일단 축을 치면 당대에 겨룰 자가 없는 달인이었기에 시황제는 날이 갈수록 점점 더 그를 가까이 하게 되었다.

그러던 어느 날 고점리는 시황제의 부름이 있자 축 속에 납덩어리를 넣어 두었다가 그것으로 시황제를 쳐서 죽이려고 했다. 형가의 원수를 갚으려고 했던 것이다.

하지만 그는 장님이었다. 때문에 겨냥이 빗나가 시황제의 몸을 건드리지도 못한 채 시종 무관들에게 잡히고 말았다. 그러자 시황제는 마침내 고점리를 칼로 베어 죽이게 했으며 그 때부터 여러 제후의 나라에서 온 사람들을 가까이에 두지 않았다.

형가에 대한 이야기에는 전광과 번오기가 자살하고 태자 단은 아버지 손에 죽임을 당하고 고점리는 주살당하는 실로 슬픈 내용들이 담겨 있다. 하지만 신삭에 대한 내용은 그것들과 좀 다르다. 형의 갑작스러운 죽음으로 인해 폐인이 되었던 신삭은 형가의 장거에 감동하였을 뿐더러 특히 역수 강변에서 나눈 이별에 큰 감동을 받아 새로운 인간으로 다시 태어났다.

신삭은 분발하여 쇠로 만든 표창을 연구하였는데 후일에 한 유파(流派)를 이루는 성공을 거두었다.

그는 형가가 진나라로 출발하기 직전에 연나라에 들어왔기 때문에 그가 형가의 도당이라는 사실은 알려지지 않았다. 형가도 그와 알게 된 경위에 대해 누구에게도 말하지 않았다. 따라서 진나라 군사들의 규찰(糾察)도 그에게는 미치지 않았다.

덕분에 그는 장수(長壽)를 누리면서 진나라가 멸망하는 것을 두 눈으로 똑똑히 보았다. 그는 한(漢)나라 초기까지 살았다.

그는 가끔 젊은이들을 모아 놓고 형가에 대한 이야기를 들려 주고는 했지만 그 이야기 속에 자신에 대한 부분은 말하지 않았다.

유차의 거리를 떠나는 형가를 쫓아가 '칼 한 자루를 가지고 부리는 검술은 전장에서 별로 쓸모가 없다는 선생의 의견은 이치에 닿는 말씀입니다'라는 공연한 말을 했기 때문에 그는 검술 수련을 소홀히 하게 되었고 그것이 결국 진왕을 암살하는 데 실패하는 결과로 이어지게 되었다는 사실을 어슴푸레하게나마 알고 있었기 때문인지도 모른다.

노구천은 형가가 진왕을 죽이려 했다는 말을 듣자 남몰래 탄식하며 중얼거렸다.

"아아, 애석하구나! 그가 계속해서 검술을 익히지 않은 것이며 또한 내가 사람을 알아보지 못했음이 너무나 컸도다. 전날에 내가 그를 꾸짖었을 때 그는 오히려 나를 사람이라고 여기지 않았을 것이다."

매우 유감스럽게도 형가와 함께 어깨동무를 하고 술을 마시러 다녔던 개백정 구도에 관한 이야기는 어느 기록에서도 찾아볼 수가 없다.

전제와 형가의 이야기를 끝내면서 〈사기〉의 '자객열전(刺客列傳)'에 소개된 나머지 자객 세 사람 조말·예양·섭정에 대한 이야기를 간단히 소개한다.

조말(曹沫)은 노(魯)나라 사람인데 뛰어난 용맹으로 노나라 왕 장공(莊公)을 섬기고 있었다. 장공은 용맹한 인사를 좋아했다. 조말은 노나라 장군이 되어 제나라 군대와 싸웠으나 세 번 싸워 세 번 모두 패하고 말았다. 두려움을 느낀 장공은 수읍의 땅을 내주고 화친을 맺었으나 조말은 여전히 장군으로 두었다.

제(齊)나라 환공(桓公)은 노나라 장공과 가(柯)의 땅에서 회맹할 것을 청했다. 환공과 장공이 단상에서 회맹 의식을 행하고 있을 때 조말은 비수를 들고 환공을 협박했다. 환공의 측근들은 감히 손을 쓸 수가 없었다.

환공이 물었다.

"무엇을 원하는가?"

조말이 대답했다.

"제나라는 강하고 노나라는 약합니다. 더구나 대국인 귀국이 노나라를 침략하는 것은 너무 지나칩니다. 지금 노나라의 성벽은 무너지고 제나라의 국경은 노나라의 수도를 압박하고 있습니다. 이러한 사태에 대해 대왕께서는 재고해 주시기 바랍니다."

"빼앗은 노나라 땅을 모두 돌려주도록 하라."

이러한 환공의 선언이 있자 조말은 비수를 던지고 단에서 내려와 뭇 신하들이 즐비하게 늘어서 있는 곳으로 가서 북쪽을 향해 신하의 예를 취했다. 그 사이 안색 한 번 변치 않고 어조 또한 변하지 않았다. 은근히 화가 난 환공은 조금 전에 선언한 약속을 파기하려 했다.

그러자 제나라의 명재상 관중(管仲)이 나서서 말했다.

"안 됩니다. 조그만 이익을 탐내어 그에 만족한다면 제후들 사이에서 신의를 잃을 뿐만 아니라 천하 사람들의 성원까지도 잃을 것입니다. 차라리 돌려주는 것이 좋습니다."

그리하여 환공이 노나라를 침략해 빼앗은 땅을 반환하니 조말이 세 번 싸워 잃은 땅을 모두 되찾은 셈이 되었다.

그로부터 167년 후에 오나라에서 전제(專諸)의 사건이 일어났다. 그리고 그로부터 70년 후에 진(晋)나라에서 예양(豫讓)의 사건이 일어났다.

예양(豫讓)은 진(晉)나라 사람으로 원래 진나라의 범 씨(氾氏)와 중행 씨(中行氏)를 섬겼다. 그러나 아무도 그를 인정해 주지 않았기에 거기서 떠나 지백(智伯)을 섬겼다. 지백은 그를 주목하여 예를 다해 후대했다.

지백이 조양자(趙襄子)를 치자 조양자는 동료인 한강자(韓康子)·위환자(魏桓子)와 공모하여 지백을 멸망시키고 그의 자손들도 전멸시킨 뒤에 지백의 땅을 세 조각으로 쪼개어 나누어 가졌다. 지백에 대한 원한이 골수에까지 사무쳤던 조양자는 지백의 두개골에 옻칠을 하여 음기(飮器: 대개 술잔을 말하는데 요강이라는 설도 있음)로 쓰기까지 했다.

산 속으로 도망친 예양은 이렇게 말했다.

"아아, 대장부란 자기를 인정해 준 사람을 위해 죽는 법이며 여자는 자기를 기쁘게 해 준 사람을 위해 얼굴을 다듬는 법이다. 주공(主公: 지백을 가리킴)은 나를 인정해 주었다. 나는 반드시 그를 위해 복수를 하고 말 것이다. 죽더라도 주공이 베풀어 주신 은혜에 보답할 수만 있다면 내 혼백은 부끄럽지 않을 것이다."

예양은 이름을 바꾸고 죄수로 가장하여 조양자의 궁중으로 들어가 뒷간의 벽에 칠을 하는 일을 했다. 그는 비수를 몸에 품고 있다가 때를 보아 조양자를 찔러 죽이려고 했다. 그러던 어느 날 조양자가 뒷간에 들어섰는데 갑자기 가슴이 두근거렸다. 벽에 칠을 하고 있는 죄수가 수상하게 생각되어 그를 잡아 문초했더니 품 안에서 비수가 나왔다.

"너는 웬 놈이냐?"

"나는 예양이라 하오."

"비수는 왜 품고 있었느냐?"

"주공의 원수를 갚으려고 품고 있었소."

측근들은 그를 죽이려고 했으나 조양자가 말렸다.

"이 사람은 충성스런 사람이다. 내가 조심하여 피하면 그만이다. 지백은 죽고 또 자손도 없으니 가신이 그의 원수를 갚겠다는 것은 당연한 일이 아니냐. 이 사람이야 말로 천하에 드문 의인이다."

조양자는 그를 석방하여 돌려보내 주었다.

그런데 예양은 얼마 후 이번에는 몸에 옻칠을 하여 문둥이로 가장하고 숯을 삼켜 반벙어리가 되어 누가 보아도 알아보지 못하게 한 다음 번화가에서 걸식을 하고 다녔는데 그의 아내도 그를 알아보지 못했다.

그러던 어느 날 길에서 친구를 만났는데 그 친구는 예양을 알아보고 말했다.

"그대는 예양이 아닌가?"

"그렇다."

친구는 눈물을 흘리며 말했다.

"그대만한 재능을 지녔다면 위질(委質: 벼슬을 처음 하는 사람이 죽기를 맹세하고 주군에게 예물을 바치는 것)하고 조양자를 섬긴다면 조양자는 반드시 그대를 예우할 것이다. 그대를 가깝게 두고 예우하면 그대는 뜻을 이룰 수 있으니 오히려 좋은 일이 아닌가. 그런데 무엇 때문에 하필이면 몸에 그토록 끔찍한 고통을 주면서까지 조양자에게 복수를 하겠다는 것인가?"

 "가신의 예를 갖추어 사람을 섬기면서 한편으로 그 사람을 죽이려 하는 것은 두 마음을 품고 주군을 섬기는 것이다. 물론 내가 하려는 일은 매우 어려운 일이라는 것을 알고 있다. 그래도 그 일을 하려는 이유는 천하 후세를 위해 사람의 신하로서 두 마음을 품고 섬기는 사람들에게 수치가 무엇인가를 보여 주기 위해서이다."

 이렇게 말한 예양은 표연히 그곳을 떠났다.

 그로부터 얼마 후 조양자가 외출한다는 말을 미리 전해들은 예양은 그가 지나가게 될 길목인 다리 밑에 숨어서 기다리고 있었다. 이윽고 조양자가 다리 앞에 이르렀을 때 말이 갑자기 놀라 뛰었다. 조양자가 말했다.

 "틀림없이 예양 때문일 것이다."

 사람들을 보내 알아보게 했더니 과연 예양이었다. 조양자는 예양을 크게 꾸짖었다.

 "그대는 전에 범 씨와 중행 씨를 섬기지 않았는가. 지백이 그들을 모두 멸망시켰는데 그대는 그들의 원수를 갚기는커녕 오히려 충성을 맹세하고 지백의 가신이 되었다. 지백도 지금은 죽어서 세상에 없다. 그런데 이번에는 어째서 그토록 집요하게 지백의 원수를 갚으려는 것인가?"

 "범 씨와 중행 씨를 섬긴 것은 사실입니다만 그들은 모두 저를 평범한 사람으로 대우해 줄 뿐이었습니다. 그래서 저 또한 평범한 사람으로서 그것에 대한 보답을 했을 뿐입니다. 그러나 지백 님은 저를 국사(國士)로서 대우해 주었습니다. 그래서 저도 국사로서 보답하려는 것입니다."

 조양자는 한숨을 쉬고는 눈물을 흘리면서 말했다.

 "아아, 예양이여! 이제 지백을 위한 그대의 충성은 다 이루어졌다. 그리고 나 또한 그대에 대한 용서가 이미 한계에 이르렀다. 그대는 스스로 결정하여 조처하라. 나는 이젠 그대를 석방하지 않을 것이다."

조양자는 군사들에게 명해 예양자를 포위하게 했다. 그러자 예양이 말했다.

"명군은 남의 장점을 발휘할 수 있게 하고 충신은 이름 때문에 죽는 의리를 터득하고 있다고 합니다. 지난번에 귀공께서는 관대하게도 저를 용서해 주었으므로 천하의 사람들은 모두 귀공의 훌륭함을 칭찬했습니다. 물론 오늘의 일에 대해 저는 극형을 각오하고 있습니다. 하지만 원컨대 귀공의 옷을 내려 주신다면 그것을 베어 원수를 갚겠다는 뜻을 이루고자 합니다. 그렇게만 한다면 죽어도 여한이 없겠습니다. 감히 부탁드릴 처지가 못 됩니다만 저의 심중을 헤아려 주십시오."

조양자는 그러한 명분에 일리가 있다고 느껴 사람을 보내 옷 한 벌을 가지고 오게 하여 예양에게 건네주었다.

예양은 검을 빼어 들더니 세 번 덤벼들어 치고 나서 말했다.

"이로써 저승에 가서 지백 님을 만날 수 있다."

말을 마치자 그는 검 위에 엎어져 스스로 목숨을 끊었다. 그가 죽었다는 소문을 듣자 조나라의 뜻있는 이들이 모두 눈물을 흘렸다고 한다.

그로부터 40년 후에 지(軹: 하남성 제원현 남쪽) 지방에서 섭정(聶政)의 사건이 일어났다.

섭정(聶政)은 지(軹) 땅의 심정(深井) 사람이다. 그는 사람을 죽였기 때문에 복수를 피하기 위해 어머니와 누님을 모시고 제나라로 가서 백정으로 살아가고 있었다.

그 후 상당한 세월이 흐르고 난 뒤의 일이다. 한(韓)나라의 애후(哀侯)를 섬기고 있던 엄중자(嚴仲子)가 한나라 재상 협루(俠累)와 사이가 나빠지자 그에게 살해될 것을 두려워하여 망명길에 올랐다. 그는 협루를 죽여 원수 갚아 줄 사람을 찾으면서 제나라에 당도했다.

제나라의 어떤 사람이 엄중자에게 말했다.

"섭정이라는 용감한 사람이 있는데 원수를 피해 백정 노릇을 하며 숨어 있습니다."

그 말을 들은 엄중자는 섭정의 집을 방문하여 교제를 청하고 몇 차례 내왕했다. 엄중자는 섭정의 집을 방문할 때마다 주효(酒肴)를 준비하여 친히 그것을 섭정의 어머니에게 권했다. 어느 날 술이 얼큰해지자 엄중자는 1백 일(鎰)의 황금을 드리면서 섭정 어머니의 장수를 축원했다. 섭정은 너무나 과분한 선물을 하는 그의 후의에 한편 놀라고 한편 괴이하게 여겨 사양했다. 엄중자가 그래도 권하자 섭정은 다시 사양하며 말했다.

"저에게는 다행히도 노모가 계십니다. 집이 가난하여 비록 타향에서 백정 일을 하고 있습니다만 조석으로 연하고 맛있는 음식을 구하여 어머니를 모실 수 있습니다. 부모 공양은 그것으로 충분하니 구태여 상공으로부터 선물을 받을 필요는 없습니다."

엄중자는 사람들을 나가게 하고 섭정에게 작은 소리로 말했다.

"나에게 원수가 있는데 그 원수를 갚아 줄 사람을 구하기 위해 여러 나라를 두루 돌아다녀 보았습니다. 그런데 제나라에 와서 듣자니 그대의 의기가 매우 높다 하였습니다. 하지만 백금(百金)을 선사하는 이유는 이것을 어머님에게 바치고 그대와 사귈 수 있으면 해서입니다. 달리 부탁이 있어서 드리는 것은 아닙니다."

섭정이 말했다.

"제가 뜻을 버리고 몸을 더럽히며 시정에서 백정 일 하기를 서슴지 않는 까닭은 노모를 잘 모시기 원하기 때문입니다. 노모가 살아 계시는 동안에는 제 몸을 남을 위해 쓰고 싶은 생각이 없습니다."

엄중자가 다시 받아 달라고 권했으나 섭정은 끝내 받으려 하지 않았다. 그래도 엄중자는 끝까지 빈객과 주인 사이의 예의를 다 갖추고 떠났다.

다시 상당한 세월이 흐른 뒤에 섭정의 어머니가 죽었다. 장사를 마치고 상복을 벗은 후에 섭정이 말했다.

"아아, 나는 한낱 시정의 식칼을 든 백정일 뿐이다. 그러나 엄중자는 제후의 재상이 아닌가. 그런 분이 천리를 멀다 않고 일부러 방문하여 나와 사귀어 주셨다. 그런데 나의 접대는 무엇이었던가? 별다른 공로를 세운 것도 아닌데 엄중자는 황금을 주면서 어머님의 장수를 축원해 주셨다. 나는 비록 그것을 받지는 않았지만 그렇게까지 나를 예우해 준 것은 마음 속으로 나를 인정해 주었기 때문이다. 그처럼 훌륭한 현인이 크게 분해하면서 원수를 갚기 위해 나처럼 보잘것없는 시골 사람을 가까이 하고 신뢰해 주었다. 그런 데도 나는 잠자코 있기만 하지 않았던가. 또 부탁을 받았을 적에 나는 다만 늙으신 어머니 때문이라는 핑계를 대며 사양했었다. 이제 어머니는 돌아가셨다. 나는 나를 알아준 사람을 위해 일을 해야겠다."

그리하여 섭정은 위나라의 도읍 복양으로 엄중자를 찾아갔다.

"전날에 상공께 이 몸을 맡기지 않은 것은 단지 어머니가 생존해 계셨기 때문이었습니다. 지금은 어머니가 천명을 다하고 돌아가셔서 이 세상에 안 계십니다. 상공께서 원수를 갚고자 하는 사람이 누구입니까? 원컨대 제가 그 일을 대신 하게 해 주십시오."

엄중자는 소상하게 사정을 설명했다.

"나의 원수는 한나라 재상 협루라는 자입니다. 협루는 왕의 숙부로서 그 일족의 세력은 참으로 대단하며 사람들은 많고 저택의 경비는 엄중합니다. 내가 사람들을 시켜 암살하고자 여러 번 시도해 보았으나 지금까지 성공하지 못 했습니다. 지금 그대가 고맙게도 나를 버리지 않았으니 수레와 기마 그리고 혈기 왕성한 장사(壯士)들을 동원하여 그대에게 도움이 되도록 준비시키겠습니다."

섭정이 그 말을 듣고 고개를 저으면서 말했다

"한나라와 위나라 사이의 거리는 별로 멀지 않습니다. 지금 다른 나라의 재상으로 더구나 그 나라 왕의 친척인 사람을 죽이려는 경우에는 사람의 수가 많으면 안 됩니다. 사람들이 많으면 생포되는 자가 없을 수 없으며 그들의 입에서 암살 계획이 누설될 것은 불문가지입니다. 그렇게 되면 한나라 사람들은 모두 상공을 원수로 여기게 될 것입니다. 실로 위태로운 일입니다."

그리하여 섭정은 수레나 장사의 무리 등을 거절하고 검을 지팡이 삼아 혼자서 길을 떠나 한나라에 도착했다.

한나라 재상 협루는 때마침 청사에 앉아 있었다. 그의 주위에는 무기를 들고 호위하는 자들이 매우 많았으나 섭정은 번개같이 다가가서 검을 뽑아 협루를 찔러 죽였다. 측근들은 대혼란에 빠졌다. 섭정은 크게 고함을 지르며 수십 명을 살해한 후에 자기의 얼굴 가죽을 벗기고 눈을 후벼내고 창자를 꺼낸 후 그대로 죽었다.

조정에서 섭정의 시체를 번화가에 내다 걸고 그의 신원을 물었으나 그가 누구인지 아는 사람이 아무도 없었다. 현상금을 더 늘리어 재상 협루를 죽인 자의 이름을 대는 사람에게 천금을 주기로 했으나 도무지 알 길이 없었다.

섭정의 누님인 섭영(聶榮)도 그 소문을 들었다.

"어떤 사람이 한나라 재상을 칼로 찔러 죽였는데 그 범인이 누구인지 모른다고 한다. 한나라 조정에서 살인자의 성명을 알아내기 위해 그 시체를 장터에 내어 놓고 천금의 현상을 걸었단다."

섭영은 소문을 듣자 몹시 슬퍼하며 말했다.

"그 시체는 내 동생일 것이다. 아아, 엄중자가 내 동생을 알아주었구나."

그리고 곧바로 길을 떠나 한나라의 시장터로 가 보았더니 그 시체는 역시 섭정이었다. 섭영은 시체 위에 엎드려 곡을 하고 나서 슬픈 목소리로 말했다.

"이 시체는 심정(深井) 마을에서 살던 섭정이라는 사람입니다."

길을 지나던 사람들이나 거기에 있던 사람들이 모두 말했다.

"이 사람은 우리 나라의 재상을 죽인 사람으로 왕은 천금이나 걸고 그의 이름을 알려 하고 있습니다. 부인은 듣지 못했는지 모르겠으나 어째서 일부러 찾아와서 그를 안다고 합니까?'

섭영이 대답했다.

"알고 있습니다. 하지만 섭정이 먼지를 마시면서 일하는 시정의 백정으로 전락한 것은 늙으신 어머니가 살아 계셨고 그 때는 저도 아직 시집을 가지 않았기 때문이었습니다. 그 후에 어머니는 천수를 다하여 돌아가셨고 저도 시집을 갔습니다. 엄중자가 제 동생을 시궁창 속에서 끌어올려 주고 사귀며 많은 은혜를 베풀어 주셨습니다. 이럴 때는 어떻게 해야 되겠습니까? 대장부라면 자기를 알아주는 사람을 위해 죽는 것이 마땅합니다. 그리고 동생은 지금 내가 살아 있기 때문에 자신의 몸에 심한 상처를 입혀 내가 죄에 연좌되지 않도록 해 주었습니다. 하지만 죽게 되는 것이 두려워 훌륭한 동생의 이름을 세상에 알리지 않다니 저는 그럴 수가 없습니다."

섭영의 그런 말은 한나라 사람들을 깜짝 놀라게 했다. 말을 마친 그녀는 하늘을 향해 큰 소리로 동생의 이름을 세 번 부르고는 몹시 슬퍼하다가 동생의 시체 곁에서 죽었다. 다른 나라 사람들도 그 소문을 듣고는 모두 입을 모아 말했다.

"섭정만 훌륭한 것이 아니라 그의 누님 또한 열녀로다."

비록 그렇다고는 하지만 그 누님이 참을성 없이 시체의 신원을 공개하는 위험도 개의치 않고 천 리 길의 험로를 무릅쓰고 달려올 줄 알았다거나 또 이름을 나란히 드러낸 누님이 동생과 함께 한나라의 장터 광장에서 죽으리라는 것을 섭정이 통찰했다면 목숨을 바치면서까지 엄중자를 돕지 않았을지도 모른다.
　어쨌든 그로부터 220년 후에 앞에서 두 번째로 소개한 '형가의 사건'이 진나라에서 일어났다.

제2편 협객편(俠客編)

1. 맹상군(孟嘗君)의 식객(食客) 풍환(馮驩)
2. 후(侯) 노인의 바둑
3. 검호 주영(朱英)과 맹인 검객
4. 장량(張良)과 항백(項伯)
5. 계포(季布)와 주가(朱家)
6. 초나라의 협객 전중(田仲)
7. 사나이 조군(趙群)의 시대
8. 운 좋은 협객 곽해(郭解)

제2편 협객편(俠客編)

1. 맹상군(孟嘗君)의 식객(食客) 풍환(馮驩)

아들의 장래를 위한 포석

어떤 여인이 아이를 낳았는데 아버지 되는 사람이 명령했다.
"그 애를 당장 갖다 버려라."
어머니 되는 여인은 난산을 겪으며 힘들게 얻은 그 아이를 어떻게 해서라도 훌륭하게 키우겠다고 결심했다. 하지만 겉으로는 아버지 되는 사람의 명령에 따르는 척하며 대답했다.
"예. 그렇게 하겠습니다."
그 여인의 이름은 관(寬)이며 이 때의 핏덩어리는 후일 맹상군으로 널리 알려진 인물이 되었다. 그런데 아버지 되는 사람은 이 때 왜 자기 자식을 갖다 버리라고 명령했을까?
당시의 사람들은 5월 5일에 태어나는 아이는 상서롭지 못한 자식이어서 장차 부모를 해치게 되니 갖다 버려야 한다는 이상한 믿음을 가지고 있었다. 5월은 악월(惡月)이고 5일은 흉일(凶日)이기 때문이었다.
누가 그런 이상한 소리를 처음 했는지는 알 수 없는 일이지만 그 때 살았던 사람들은 매우 진지하게 믿으며 조금도 의심하지 않았기 때문에 그 날에 태어난 아이를 버렸다. 그 아이와 인연이 잘못된 것을 슬퍼하면서.

맹상군은 바로 그 운명의 날인 5월 5일에 태어났다.

그는 기원전 3세기 무렵의 사람인데 그 같은 미신은 그 후에도 꽤 오랫동안 성했다고 한다.

한(漢)나라의 명신인 호광(胡廣)도 5월 5일에 태어났으며 호리병박 안에 담겨 강에 버려졌다고 한다. 북송(北宋)의 휘종황제(徽宗皇帝)도 5월 5일에 태어났는데 그는 버려지지 않았으며 대신 생일을 10월 10일로 바꾸었다고 한다.

맹상군의 아버지는 성은 전(田)이며 이름은 영(嬰)이다. 그는 제(齊)나라 선왕(宣王)의 이복동생으로 선왕 시대에 제나라의 재상이 되었고 선왕이 죽은 후에는 설(薛) 땅의 영주가 되었으며 정곽군(靖郭君)이라고 불리었다.

이 정곽군 전영에게는 맹상군 외에도 40여 명이나 되는 자식들이 있었다. 당시에는 '자식'이라고 했을 경우 딸은 포함되지 않았다. 그리고 왕족이었으니 당연히 후궁들이 많았을 것이다.

맹상군의 어머니도 그중의 한 사람이겠지만 〈사기〉에 그녀를 '천첩(賤妾)'이라고 기술하고 있는 것으로 보아 정실이 아닌 것은 물론 많은 소실들 중에서도 극히 신분이 낮은 출신이었을 것이라고 생각된다. 따라서 그녀가 자신의 결심을 실천한다는 것은 매우 힘든 일이었다.

아이를 아무도 모르게 산 속의 오두막집에서 키운다면 간단한 일일지도 모른다. 하지만 그렇게 키우면 의미가 없다. 언젠가 자기 자식을 떳떳하게 세상에 내놓겠다는 생각을 가지고 있었기 때문이다. 그것도 정곽군 전영의 아들로 당당하게 내세우겠다는 생각이었다.

산 속의 오두막에 틀어박혀 남의 눈에 띄지 않게 키우면 명령을 위반한 사실은 드러나지 않겠지만 훗날 그 자식이 세상에 나왔을 때에 '과

연 그 때의 그 아이인지 알게 뭐냐?'라는 말을 듣게 될 것이 뻔했다.
 따라서 영주의 아들이라는 것을 모두들 알고 있지만 영주의 눈에는 띄지 않게 키워야 했다. 즉 모르고 있는 것은 아비인 전영뿐이고 온동네 사람들은 모두 알고 있는 셈이다.
 그러려면 설(薛) 사람들을 모두 자기편으로 만들어야 했다.
 관은 모든 사람에게 고분고분하게 굴었다. 절대로 남의 반감을 사서는 안 되기 때문이었다.
 하지만 그렇게 하면 타인의 동정이나 호감은 살 수 있겠지만 그것만으로는 마음을 놓을 수 없는 일이었다. 때문에 그녀는 이런 생각을 했다.
 '입을 막을 돈이 필요하다.'
 천첩이라는 것으로 보아 알 수 있듯이 그녀는 천한 집안에서 태어났다. 하지만 천하다는 것은 신분상으로만 그렇다는 말이었다. 전국 시대 말기에도 신분은 중하게 여겼지만 명(名)과 실(實)의 사이는 이미 크게 벌어지고 있었다.
 천한 친정이었지만 상류층이 할 수 없는 일들도 마구 할 수 있을 정도였기 때문에 실질적으로는 매우 유복했다. 관이 아버지에게 말했다.
 "돈을 좀 더 버셔야겠어요."
 "허, 애가 갑자기 왜 이러나. 도대체 무슨 일로 그러느냐?"
 아버지는 고개를 갸우뚱했다.
 "이 아이 때문이에요. 설 땅에 사는 사람들 모두에게 입막음할 돈을 주셔야겠어요."
 "입막음할 돈?"
 아버지는 쉽게 납득이 가지 않았지만 돈을 더 버는 것은 그다지 어려운 일이 아니었다.
 관은 아버지를 다그쳤을 뿐만 아니라 자기도 돈을 불리기 위해 힘썼다. 그녀도 이재(理財)에는 상당한 재능이 있었던 것 같다.

하지만 돈놀이나 장사를 하더라도 그 고장 사람을 상대로 하는 것은 피했다. 거래를 하다가 원한을 살 염려가 있었기 때문이다. 그 고장 사람들과는 무슨 일이 있어도 의좋게 지내야만 했다.

그래도 돈을 빌리러 오는 이웃 사람이 있으면 관은 곤혹스러운 표정을 지었지만 이윽고 마음을 고쳐먹은 듯이 이렇게 말하곤 했다.

"그토록 형편이 딱하시다면 도와드려야지요. 하지만 저는 같은 고향 사람에게는 이자를 받지 않습니다. 그냥 빌려 드리는 것으로 하겠습니다."

어디까지나 겸손을 잃지 않으며 주의 깊게 말을 골라서 했다. 그래서 원한을 사기는커녕 시원스럽게 베푸는 사람이라는 소문이 나게 되었다.

후계자로 부상하다

때도 운도 모두 좋았던지 관의 친정은 장사가 번창하여 그녀 자신도 믿을 수 없을 정도로 큰 부자가 되었다.

"다 이 아이 덕분이에요. 길상(吉祥)을 타고난 아이니까요."

관의 작전이기도 했지만 그녀가 입버릇이 되다시피 되풀이해서 말하는 사이에 그녀의 아버지나 주위 사람들도 그 말이 맞다고 믿게 되었다.

맹상군이란 그의 시호이고 본명은 문(文)이다. 제왕의 일족이니 성은 말할 것도 없이 전(田)이다.

"문은 머리가 제법 좋아요."

남들 앞에서 관은 그렇게 지나가는 말처럼 말하고는 했다. 자식 자랑하는 팔불출은 남의 반감을 사기 쉽다는 것을 알고 있었기 때문이다.

남모르게 도움을 받는 탓으로 그녀의 말이라면 무슨 일이건 고분고분 잘 듣는 사람들을 시켜 은밀하게 소문을 퍼뜨렸다.

"관이 낳은 애는 보기 드문 신동이다. 일전에는 이러이러한 일이 있었다."

이런 식으로 구체적인 이야기까지 곁들여 소문을 냈다.

"설의 땅에 기린아(麒麟兒)가 있다."

그러자 언젠가부터 많은 사람들이 그렇게 믿게 되었다.

소문이 났을 정도는 아니었다 할지라도 후일 맹상군이 된 전문은 확실히 보통 수준이 넘는 지능을 가지고 있었다.

관의 훌륭한 점은 남들이 칭찬하고 치켜세우는 바람에 아들이 우쭐거려서는 안 된다는 생각이었다.

"이 모든 것이 다 여러 사람들이 너를 아껴 준 덕택이란다."

이런 사고방식을 철저히 심어주었다.

현명한 관이었기에 그녀가 가장 열심히 입막음 돈을 뿌려 온 사람들은 정곽군을 둘러싼 사람들이었다. 바로 40여 명 되는 문의 이복형제들 그리고 그의 어머니들이었다.

"설에 기린아가 있도다. 바로 정곽군의 아들 전문."

이 소문은 이윽고 당사자인 정곽군의 귀에까지 들어가게 되었다.

"고얀 것! 그 핏덩어리를 내다 버리라고 그렇게 일렀는 데도."

전영은 당연히 화를 냈다.

하지만 그의 화를 부채질하려는 사람은 없었다. 측근에 있는 자들은 하나같이 명령을 어긴 관을 비난하지 않았다.

"이 기회에 부자가 대면하게 되기를 바랍니다."

비난은커녕 이렇게 권했다.

〈사기〉의 '맹상군 열전'에는 이렇게 기술되어 있다.

'그의 모(母), 형제의 힘으로 그 아들 문으로 하여금 전영을 만나게 했다.'

전문의 어머니가 이복형제들의 주선으로 자기 아들을 아버지와 대면하도록 했다는 이야기이다.

이것은 범상한 일이 아니다.

영주 집안의 이복형제란 후계자 자리를 둘러싸고 서로 경쟁 관계에 있는 형제들이다. 그런 이복형제들이 부자 대면을 주선했다고 할 만큼 꾸준히 뿌려 온 입막음 돈이 관의 예상대로 효과를 본 것이다.

'전문은 기린아'라는 평판을 들을 후 전영도 전문을 한번 만나 봤으면 하는 생각이 들었다.

대망의 부자 대면의 날을 앞두고 관은 아들 문을 충분히 교육시켜 놓았다. 현대식으로 말하자면 면접시험의 예상 문제 같은 것을 만들어 무슨 말이 나오든 척척 대답할 수 있도록 훈련시킨 것이다.

드디어 모자가 불려오자 전영은 먼저 관에게 힐문했다.

"나는 이 아이를 버리라고 분명히 일렀는데 어째서 키웠는가?"

관은 슬쩍 아들에게 눈짓을 했다.

"아버지."

전문은 아버지의 눈을 똑바로 쳐다보며 말했다.

"5월에 태어난 아이를 키우지 않는 것은 어째서입니까?"

"허, 네가 따지려 드는구나. 자고로 5월에 난 자식은 그 키가 방문 높이로 자라게 되면 그 부모를 해친다는 말이 전해져 내려오고 있기 때문이니라."

그러자 전문이 말했다.

"그렇다면 조금도 걱정하실 일이 못 됩니다. 그 문의 높이를 높이면 되지 않습니까? 아무리 성장해도 거기에 닿지 못하게 말입니다. 그러면 마음을 놓으실 수 있을 것입니다."

듣고 있던 정곽군이 말했다.

"알았으니 너는 그만 나가라."
못 당하겠다고 생각했기 때문이었다. 그는 속으로 혀를 내둘렀다.
'역시 기린아라는 평을 들을 만한 아이로구나.'
그 무렵 정곽군의 후궁들 사이에서는 사치 풍조가 심했다. 그는 어느덧 나이가 늙어 애첩들이 이것저것 값비싼 노리개들을 사달라고 졸라대는 것이 귀찮아지기 시작했다. 그런데 실은 첩실들의 그런 사치스러운 분위기는 관이 남몰래 부추긴 습관들이었다.
그녀에게는 꿍꿍이속이 있었다.
늙은 전영이 몸도 마음도 다 지친 끝에 손수 해 오던 일을 누구에겐가 넘겨주려는 생각을 먹게 만들려는 속셈이었다.
자기의 고민을 정확히 알아 맞추어 조언을 할 수 있는 자식이 있으면 영주는 그 인물에게 일을 맡기고 싶어질 것이다.
관의 계획은 용의주도했다. 전문의 '아들의 아들은?'으로 시작되는 유명한 간언은 그런 때를 겨냥한 것처럼 적시에 나오게 되어 있었다.

어느 날 정곽군이 혼자 산책을 즐기고 있을 때 전문이 다가와서 불쑥 물었다.
"아버지, 아들의 아들은 뭐라고 합니까?"
"아닌 밤중에 홍두깨처럼 그게 무슨 소리냐?"
정곽군은 속으로 '얘가 또 무슨 소리를 하려는 건가?' 생각하면서 어쨌든 묻는 말에 대답을 했다.
"물어보나마나지. 손자가 아니냐?"
"그럼 손자의 손자는요?"
"현손(玄孫)이라 하지."
"현손의 현손은 뭐라고 합니까?"

"거기까지야 어떻게 알겠느냐?"

"모르시겠지요. 너무나 먼 훗날의 일이니까요."

전문은 우선 그렇게 말한 뒤에 아버지에게 정성껏 간(諫)했다.

그것은 전문의 어머니가 가르친 것은 아니다. 그런 말을 할 수 있도록 의식적으로 길렀기 때문에 한 것이다.

"요사이 네 아버지에게 무슨 근심거리가 있으신 것 같더라. 누군가 곁에서 돕는 말씀이라도 해 드린다면 모든 것이 잘 풀릴 것 같기도 한데."

관은 자기가 그렇게 혼자 중얼거리면 아들이 어떻게 반응할 것인지 환히 알고 있었다.

전문의 간언은 그녀가 생각하고 있던 대로였다.

"아버지는 제나라 3대의 왕을 모셔 오셨습니다. 그 동안 제나라의 영토는 조금도 넓어지지 않았습니다. 그런데 아버지 개인의 재산은 계속해서 불어나 수만 금의 부를 쌓았습니다. 하지만 문하에는 현자(賢者)가 한 사람도 없습니다. 예로부터 장군의 집안에는 장군의 후계자가 있고 재상의 집안에서 재상이 나온다고 들었습니다만 우리 집안은 지금 어떻게 되어 있습니까? 아버지의 후궁들은 비단옷을 질질 끌면서 다니고 있는데 선비나 무사들은 짧고 허름한 옷조차 제대로 입지 못하고 있습니다. 하인들은 쌀밥이나 고기를 먹다가 남기고 있는데 선비나 무사들은 지게미나 쌀겨도 배불리 못 먹고 있습니다. 그렇게 돈을 쌓아두었다가 그것을 알 수도 없는 자손들 중의 누군가에게 물려주실 작정이십니까? 나라의 꼴이 점점 우습게 되어가고 있는 것을 모르십니까? 저는 도무지 이해할 수가 없습니다."

정곽군은 아들의 말뜻을 이해할 수 있었다. 그 말이 옳다고 여겨졌다.

"그래, 네 말은 알아듣겠다. 그런데 어떻게 해야 좋단 말이냐. 너 같으면 어떻게 하겠느냐?"

"우선 선비와 무사들을 길러야 합니다. 그것이 첫 번째로 해야 할 일입니다."

"갑작스럽게 양성할 수는 없지 않으냐?"

"천하에 인재들은 많습니다. 우리 땅에 없다면 다른 데서 초빙하면 됩니다. 예를 다한다면 인재들은 저절로 모여들 것입니다."

"그렇다면 그 일은 너에게 맡길 테니 소신껏 해 보아라."

어느 시대를 막론하고 인재들을 많이 모은 자가 우위에 서게 된다.

40여 명의 형제 경쟁자들이 있었지만 그들은 어머니가 적당히 구슬리고 있었기에 전문은 그 때부터 손님 접대역을 맡아 천하의 영재들을 모으게 되었다.

설 땅의 영주 후계자는 이미 결정된 것이나 다름없었다.

후계자 자리를 승계하는 과정에 별다른 시비도 없었다.

전문의 명성이 각지에 널리 알려져 있기 때문에 정곽군도 그를 후계자로 지정하지 않을 수 없었다. 그렇게 되어 전문은 정곽군이 살아 있는 동안에 차기 영주 자리를 공식적으로 인정받았다.

이윽고 전영이 죽자 그 시호를 정곽군(靖郭君)이라 하고 전문이 뒤를 이어 설공(薛公)의 작위를 이어받아 맹상군(孟嘗君)이 되었다.

인간들은 모두 쓸모가 있다

전국 시대 말기는 중국 역사상 특히 주목해야 할 시대였다.

황하 중류의 유역을 중원이라 부르고 그것을 천하로 삼으려는 관념이 차츰 변하기 시작했다. 세상이 넓어진 것이다.

그러나 아무리 넓어져도 세상은 하나의 천하이며 그것은 한 사람의 왕자(王者)가 통일해야 한다는 생각에는 변함이 없었다. 천하를 손아귀에 쥐려는 자는 유능한 인물들을 자기 진영에 모으지 않으면 안 된다.

선비나 무사들도 차츰 자기가 태어난 땅의 주인을 모셔야 한다는 고집을 버리기 시작했다.

'전국(戰國)'이라는 이름으로 보면 피비린내 나는 바람이 멈출 날 없었다는 느낌을 주지만 사실은 상당히 안정된 면도 있었다. 전쟁을 하거나 동맹을 맺어 제후(諸侯)들의 나라와 나라 사이에 왕래가 빈번해지고 사람들은 국제적인 감각을 익히게 되었다.

자기 의견을 왕이 받아들이지 않았을 뿐만 아니라 추방까지 당하자 각지를 방랑하던 끝에 멱라(汨羅)에 몸을 던져 자살한 초(楚)나라의 대신 굴원(屈原)의 이야기는 매우 유명하다.

굴원의 전기를 쓴 사마천(司馬遷)은 의문을 제기하고 있다.

'그 재능으로 제후들에게 유세했더라면 어느 나라에서나 기꺼이 맞아들였을 터인데 어째서 그렇게 되었을까?'

초나라에서 중용되지 않으면 진(秦)나라로 가고 거기서도 신통치 않으면 위(魏)나라로 가는 식으로 유능한 인사가 여러 나라를 후조처럼 이리저리 옮겨 다니는 것은 당시로서는 예사로운 일이었다. 굴원처럼 자기 나라만을 고집하는 사람은 예외였다.

"어느 땅의 누구누구는 손님을 대우하는 것이 매우 정중하다."

이런 평판이 나면 각지를 돌아다니던 인사들은 모두 그리로 몰려가서 머무르게 된다.

맹상군 전문은 설의 영주가 되었지만 제(齊)나라의 한 중신에 지나지 않았다.

그러나 출세를 위해 이리저리 옮겨 다니는 선비나 무사들로서는 자기 몸을 의지할 가문이 크건 작건 또 그 격이 높건 낮건 관계없이 대우가 좋으냐 나쁘냐 하는 것이 중요했다.

집안이 크면 클수록 거들먹거리며 식객을 얕잡아 보는 경향이 많다.

만약 그런 기색이 엿보이면 분연히 자리를 차고 일어나 그곳을 떠나는 것이 당시의 예법이었다. 따라서 작은 땅의 영주라 하여 전문을 찾는 인재들이 적다거나 아니면 삼류 인사밖에 찾아오지 않는 일은 없었다.

같은 시대의 다른 제후나 영주들에 비해 맹상군이 손님을 접대하는 방법은 월등하게 좋았다. 절대로 남의 반감을 사서는 안 된다고 어머니로부터 골수에 사무치도록 배웠기 때문이다.

"네가 살아남아 이렇게 지낼 수 있는 것은 모두 여러 사람들의 덕택이라는 것을 알아야 한다."

철이 들기 전부터 그는 어머니가 그렇게 타이르는 소리를 들으며 자라났다.

맹상군이 영주가 된 지 몇 년 후에 어머니 관은 세상을 떠났다. 그녀는 안심하고 죽을 수 있었다. 이제 자식에게 더 가르칠 것이 없었다.

관은 자기의 자식을 세상에 내놓기 위해 남들을 잘 대우했다. 그런 방법밖에 없었기 때문에 필사적으로 남을 위해 봉사했던 것이다.

하지만 맹상군이 손님에게 정성을 다하는 것은 뚜렷한 목적이 있어서가 아니라 몸에 밴 습성 때문이었다. 보기에 따라서 그는 그를 지도한 어머니보다 뛰어난 호스트였다고 말할 수 있다.

작은 영주인 그는 인재들을 모아 천하를 통일하겠다는 따위의 거창한 야망을 품고 있지는 않았다. 40여 명의 형제들을 물리치고 정곽군의 후계자가 되었지만 그는 그 이상의 것은 바라지 않았다.

설의 영주라는 지위마저도 그의 어머니가 바란 것일 뿐 그는 깔려진 레일 위를 마냥 달리기만 했는데 도착해 보니 그 자리가 기다리고 있었던 것이다.

맹상군은 방문객이 있으면 만나서 물었다.

"어디 출신이신지요? 친척 되는 분은 몇 분이나 계신지요?"

병풍 뒤에서는 서기가 그 일문일답을 기록했으며 방문객이 돌아가기도 전에 즉시 그 친척들에게 급사를 파견하여 예물을 선사하곤 했다.

그처럼 빈틈없는 처리 방법은 그의 정성이 겉치레가 아니라는 것을 말해 주었다. 때문에 깎아내리는 자도 있었다.

"확실히 맹상군은 손님을 후하게 대접하기는 하지만 사람을 가리지 않는 것이 결점이란 말이야. 죄인이나 도망자까지 찾아오거든."

맹상군은 그런 비평을 듣자 웃으면서 말했다.

"나는 손님을 가리지 않는다. 인간이란 누구나 어딘가에 쓸모가 있는 법이니까."

측근이 고개를 갸우뚱하자 구체적으로 말했다.

"극단적으로 말하자면 도둑질을 잘 한다거나 남의 흉내를 잘 내는 것도 재능이 아니겠는가."

그런 연유로 해서 설 땅에는 실로 다채로운 인재들이 맹상군에게 의지하려고 찾아왔다.

전날에는 기린아라는 평판이 그의 아버지 귀에 들어갔듯이 손님을 대우하는 현인이라는 평판이 제후들에게도 널리 알려지게 되었다.

극히 국제적이었던 전국 말기에는 어느 나라에서나 출신지에 구애받지 않고 인재를 등용했다. 특히 후진국인 진나라가 그랬다. 진이 부국강병을 이룬 것은 대부분 타국 출신 대신들의 역량 덕택이다.

맹상군이 현인이라는 말을 들은 진의 소왕(昭王)이 맹상군을 만나 보고자 동생을 볼모로 제나라에 보내고 그를 진나라로 초청하려 한 일이 있었다.

그러나 그 때 그는 가지 않았다.

"진은 호랑(虎狼: 범과 이리)과 같은 나라이니 가시지 않는 것이 좋겠습니다."

식객들 중 한 사람이 충고했기 때문이다.
 그러나 후일에 맹상군은 그 욕심 많고 잔인한 호랑의 나라로 가게 되었다.

계명구도(鷄鳴狗盜)

 진나라의 소왕은 처음에는 진심으로 맹상군을 재상의 자리에 앉혀야겠다고 생각했다. 그래서 예를 다하여 초빙했다.
 식객들 중에 첩보에 능한 자가 있어 진왕의 진의를 파악할 수 있었기 때문에 맹상군은 뒤늦게나마 가기로 했던 것이다.
 그는 천하에 둘도 없는 보물이라고 하는 호백구를 예물로 진상했다.
 그것은 여우 겨드랑이의 흰 털가죽들을 모아 만든 옷이다. 여우 한 마리에서 나오는 그 털가죽은 불과 한 줌도 안 된다. 그러므로 가죽옷 한 벌을 만들려면 수천 마리의 여우를 잡아야 한다.
 진왕은 맹상군을 재상으로 기용하여 국정 개혁을 단행하려고 했다.
 그러나 진나라에도 개혁 반대파는 당연히 있었다.
 "맹상군은 총명할 뿐더러 제왕의 일족이 아닙니까. 만일 우리 진나라의 재상이 된다면 반드시 제나라의 이해를 먼저 생각하고 우리 진나라의 일은 뒤로 미룰 것입니다. 우리로서는 매우 위험스러운 일입니다."
 진왕도 그럴싸한 말이라고 생각했다.
 "그러면 재상은 이미 딴 사람으로 임명했다 하고 그를 돌려보내도록 하지."
 "아닙니다. 그래서는 안 됩니다. 우리 나라에서 쓸 수 없는 이상 다른 나라에서도 맹상군의 재주를 이용하지 못하도록 해야 합니다."
 "그렇다면 이 방법밖에 없겠군."

진나라 소왕이 목을 자르는 시늉을 해 보였다.

그렇게 되어 맹상군의 목숨은 풍전등화의 위기에 처했다.

동행한 그의 식객들 중에 정보 수집의 명수가 있어 그러한 사실을 포착했지만 때는 이미 늦어 맹상군 일행은 역관에 갇혀 자유롭게 움직일 수 없는 처지가 되고 말았다.

"어떻게 한다?"

맹상군은 턱을 쓰다듬으면서 식객들에게 물었다.

식객들 중에서 진나라의 일에 매우 정통한 사람이 있었다.

"지금 진왕의 뜻을 뒤집을 수 있는 사람은 왕이 총애하고 있는 행희(幸姬)뿐입니다. 욕심이 많은 여자이긴 하지만 그녀의 힘을 빌 수밖에 없습니다."

"그럼 제가 한번 가 볼까요?"

구변으로 사람 설득하는 것으로는 둘째가라면 서러워할 친구가 나섰다.

그런데 이 변설가를 만난 행희는 이렇게 말했다.

"나도 그 호백구를 갖고 싶다네."

그러나 호백구는 천하에 유일무이한 물건이었다. 세상에 한 벌밖에 없는데 그것은 이미 진왕에게 진상했다.

"어떻게 한다?"

맹상군은 손가락으로 턱을 툭툭 치면서 일동을 둘러보았다.

진나라에서 취직해 눌러앉을 작정이었으므로 동행을 희망한 식객들은 모두 데리고 온 처지였다.

맹상군이 '어떻게 한다?' 한마디만 하면 누군가가 반드시 어떤 방책을 생각해 내게 마련이었다. 그러나 이 문제는 방책을 만들기가 불가능에 가까운 경우였기에 모두 속수무책일 수밖에 없었다.

그런데 말석에서 나서는 자가 있었다.

"주제넘습니다만……."

도둑질도 재능이라고 맹상군이 말한 적이 있는데 바로 그 사나이가 도둑 출신이었다.

"제가 가서 훔쳐 오지요."

도둑질에는 도사인 그가 말했다.

그는 개 흉내를 내면서 담을 넘어 들어가는 특기를 갖고 있었다. 이른바 '구도(狗盜)의 무리'였다. 그는 곧 궁중의 창고로 몰래 들어가 맹상군이 진상한 호백구를 잽싸게 훔쳐냈다.

설득의 명수가 그것을 행희에게 갖다 바쳤고 그녀는 약속한 대로 왕을 구슬렸기에 맹상군은 자유로운 몸이 되었다.

"어차피 진왕은 신하들의 간언에 따라 또 마음이 변할 것이니 서둘러 도망치자."

맹상군 일행은 즉시 길을 떠났다.

그들이 국경의 관문인 함곡관(函谷關)에 닿은 것은 밤이 깊어서였다.

진나라의 관문은 닭이 홰를 치는 계명(鷄鳴: 닭의 울음) 때까지 문을 열지 않았다.

굳게 닫힌 두터운 관문이 그들의 앞길을 가로막고 있었다.

유난히 발달한 청각을 지니고 있는 식객들 중의 한 사람이 그 때 수십 리 밖에서 밤길을 달려오는 추격대의 말발굽 소리를 듣고 당황하여 보고했다.

"진왕의 추격대가 쫓아옵니다. 우물쭈물할 때가 아닙니다."

맹상군의 손이 턱께로 올라가자 이번에는 성대 모사의 명수가 나섰다.

"저한테 맡기십시오."

그는 입술에 손가락을 갖다 대고 닭이 우는 소리를 냈다.

놀랍게도 여기저기에서 진짜 닭들이 홰를 치며 따라 울기 시작했다.

그러자 관문이 열렸고 맹상군 일행은 아슬아슬하게 추격대를 뿌리치고 국경을 넘을 수 있었다.

이것이 유명한 '계명구도(鷄鳴狗盜)'의 일화이다. 무엇이든 한 가지 재간에 뛰어난 자는 언제 어디서 어떤 일에든 도움이 될 수 있다. '계명구도'는 그러한 의미를 갖는 말이다.

풍환(馮驩)의 안목

맹상군은 도망자이건 죄인이건 가리지 않고 그들을 잘 돌봐주었다.

맹상군은 제왕과도 때로는 적대하기도 하고 때로는 가깝게 지내기도 했다. 전국 시대에는 그런 일이 예사였다.

그의 적들이 두려워한 것은 맹상군에게는 식객이 많다는 사실이었다.

그들 중에 어떤 비상한 재능을 가진 자가 있을지 알 수가 없었다.

그런데 그의 식객들은 대개 계명구도, 설득의 명수, 염탐꾼, 뛰어난 청각 소유자라는 식으로 재능이 이름 대신 불리는 일이 많았으며 이름 석 자가 분명히 전해진 예는 드물다.

그런 의미에서 볼 때 풍환은 이름이 전해져 오는 예외적인 식객들 중의 한 사람이었다.

그가 처음에 다 떨어진 짚신을 끌고 찾아왔을 때 맹상군이 물었다.

"선생은 저에게 무엇을 가르쳐 주시려고 이렇게 먼 길을 찾아오셨습니까?"

"이곳 영주는 인재를 좋아하신다고 하기에 가난한 이 몸을 의탁하려고 찾아왔을 뿐입니다."

'어쩐지 마음에 걸리는 사나이다.'

맹상군은 이런 생각이 들었다.

하도 식객들이 많기 때문에 맹상군의 집에는 그들을 위한 세 채의 숙사가 마련되어 있었다.

최상의 식객을 위한 숙사가 '대사(代舍)', 중급 식객을 위한 숙사가 '행사(幸舍)', 그리고 제일 하급 식객이 머무는 숙사가 '전사(傳舍)'였다.

풍환은 남루한 옷차림을 하고 있었기에 집사는 맹상군에게 물어보지도 않고 그를 전사에 들도록 했다. 맹상군도 좀 두고 보자는 생각이었다.

열흘이 지났을 때 맹상군이 숙사 책임자에게 물었다.

"그 사람은 어떻게 지내고 있는가?"

"네, 그 자는 띠(茅)로 자루를 감은 보잘것없는 칼을 두드리며 '장검이여, 돌아가지 않겠느냐, 여기선 생선도 먹을 수 없지 않으냐'라는 노래를 부르고 있었습니다."

"그래……?"

맹상군은 잠시 생각하다가 이렇게 지시했다.

"그러면 행사로 옮기게."

대우의 정도를 한 급 올린 것이다. 행사에 들면 밥상에 생선이 나온다. 그러나 풍환은 여전히 장검에 뺨을 비벼대며 노래를 부르고 있다는 것이었다.

"장검이여, 돌아가지 않겠느냐. 출입하려 해도 수레가 없지 않으냐."

그것을 안 맹상군은 그를 1등 숙사인 대사로 옮겨 주었다. 대사의 식객들은 출입할 때 수레를 쓸 수 있었다.

그 수레 속에서도 풍환은 칼을 두드리며 노래 부르기를 그치지 않았다.

"장검이여, 돌아가지 않겠느냐. 있어 봤자 일가의 주인이 될 수 없지 않으냐……."

숙사의 책임자로부터 그 말을 듣자 맹상군은 이맛살을 찌푸렸다.

"주제를 모르는 놈이군."

풍환은 그곳에서 1년 동안이나 하는 일도 없이 유유히 밥만 축내고 있었다. 뿐만 아니라 3천 명이나 되는 식객들을 먹이고 있는데 거의가 풍환과 같은 비생산적인 밥보들만 모여 있기 때문에 맹상군의 살림살이는 웬만큼 벅찬 일이 아니었다.

정곽군으로부터 상속받은 영지 외에도 어머니로부터 물려받은 막대한 유산이 있었지만 그것이 눈에 띄게 줄어들었다.

그렇다고 해서 식객들을 쫓아낼 수도 없었다. 맹상군은 왕이 자기를 어려워하는 것은 많은 식객들 때문이라는 사실을 알고 있었다.

그래서 맹상군은 이식(利殖)을 꾀하기로 했다. 영지의 백성들에게 돈을 빌려주고 이자를 받기로 한 것이다. 그러나 양반의 장삿속이니 잘될 까닭이 없었다. 누구든 사람을 보내어 원리금(元利金)을 채근해서 거둬들일 필요가 있었다.

당시에는 빚돈을 독촉하고 거둬들이는 일은 선비나 무사가 할 일이 아니라는 풍조가 있었다. 그러므로 식객들에게 그런 일을 시키면 화를 내면서 떠나버릴 염려도 있었다.

"풍환을 보내도록 하시지요."

숙사의 책임자가 권했다.

〈사기〉에는 숙사의 책임자가 그를 추천한 이유가 기술되어 있다.

'무타기능(無他技能: 달리 재주가 없으니까).'

무위도식하고 있는 풍환을 볼 때마다 숙사 책임자는 울화를 참고 있었는지도 모른다.

풍환은 군말 없이 승낙하더니 각 고을로 돌아다니며 이자를 10만 전(錢)이나 거둬들였는데 물론 그것은 받을 이자의 일부에 지나지 않았다. 그런데 그는 그 돈으로 술과 고기를 사들여 크게 잔치를 벌였다.

"이자를 낼 수 있는 사람이나 낼 수 없는 사람이나 모두 차용증서를 갖고 모여라. 내가 크게 한턱 낼 것이다."

풍환은 잔치 분위기가 한창 고조되었을 때, 지불 능력이 있는 자는 갚을 날짜를 다시 약속하고, 가난해서 도저히 갚을 능력이 없는 사람들의 증서는 모아서 모두 불태워 버렸다.

그 일이 끝나자 모두들 마음껏 먹고 마시라고 권하고는 얼큰해진 얼굴로 말했다.

"맹상군께서 여러분에게 돈을 빌려 주시는 이유는 밑천이 없는 사람도 일을 할 수 있게 하려는 생각 때문이고 이자를 받으시는 것은 수많은 식객들을 대접할 돈이 없기 때문이오. 그러나 이젠 다 끝났소. 우리의 군공(君公)이신 맹상군은 이렇게 고맙고 훌륭한 분이시니 꿈에서라도 배반하면 안 될 것이오."

맹상군은 풍환이 증서를 제멋대로 태워 버렸다는 이야기를 듣자 화가 나서 그를 불러들였다.

"나는 3천 명의 식객들 대접할 돈을 만들기 위해 돈을 빌려 주고 있는 것이지 심심풀이로 그런 짓을 하고 있는 것이 아니오. 그런데 선생은 돈을 거둬 가지고는 고기와 술을 사서 한판 벌인 데다 증서까지 태워 버렸다니 도대체 어찌 된 일이오?"

풍환은 대답했다.

"술자리를 벌이지 않으면 그들이 모두 모이지를 않습니다. 그리고 동전 한 푼 없는 사람에게 10년 동안 재촉해 봤자 이자만 늘어나지 빚을 받아 낼 수는 없습니다. 심하게 다그치면 도망을 치거나 제 손으로 증서를 찢어버릴 것이니 제가 태워버리는 것과 무엇이 다릅니까? 그리고 증서를 태워버린 일로 하여 군공(君公)의 명성이 더욱 높아질 것은 틀림이 없습니다. 만일 태워버리지 않았더라면 저 군공은 백성을 사랑하지 않는다는 비난을 듣게 될지도 모릅니다. 또 백성들로서는 빚을 갚지 못해서 찜찜할 것이니 서로 간에 좋은 일이 하나도 없습니다. 같은 값이면 저는 백성이 군공에게 친근감과 감사하는 마음을 갖도록 하는 한편 군공의 평판이 높아지기를 바랐기에 그렇게 했던 것입니다. 제가 한 일에 잘못된 점이라도 있습니까?"

풍환이 당당하게 변명하자 맹상군은 무릎을 치며 감사했다.

누가 대장부인가?

맹상군은 과연 협기(俠氣)의 대장부였을까.

남을 위해 목숨 바치기를 두려워하지 않는 것이 협기라면 맹상군은 걸맞지 않는 인물이다. 그는 식객들을 먹여 살리고 그 때문에 재산을 내던졌다. 그러나 목숨까지 내던진 것은 아니다.

그가 행운을 타고난 인물이라는 데에는 이의가 없다. 그가 역모의 뜻을 품고 있다는 의심을 받았을 때 '맹상군은 결백하다. 나는 내 목숨을 바쳐 그것을 맹세한다!'라고 소리치면서 궁문 앞에서 스스로 목을 친 사람이 있었다.

제왕이 놀라 다시 조사를 시켜 본 결과 과연 맹상군에게는 그런 사실이 없다고 판명되었다. 자결한 사람은 맹상군의 식객도 아니었다. 다만 간접적으로 은혜를 입었을 따름이었다.

이름도 밝혀지지 않았지만 역사책의 한구석에 소리 없이 등장하여 한 줄기 선혈을 뿌리고 간 인물이야말로 협기를 가진 대장부인 것이다.

구도(狗盜)만 해도 그렇다. 진나라의 궁중 창고에 몰래 들어갔다가 잡히는 날이면 틀림없이 육시의 형벌을 받았을 것이다. 그 창고에서 호백구를 훔쳐 낸 사람은 죽음을 각오하고 했을 것이다. 더구나 자신의 이익을 위해서가 아니고 맹상군의 목숨을 살리기 위해서였다. 그것도 역시 협기의 표본과 같은 경우가 아니겠는가.

풍환 또한 그렇다. 차용증서를 태워버린 사건은 잘못하면 참수를 당할지도 모를 행위이다. 전국 시대의 인간들은 성질이 거칠었다. 화가 나면 무슨 짓을 할지 몰랐다. 맹상군이라 할지라도 예외는 아니다.

'계명구도' 덕분에 진나라에서 무사히 탈출한 맹상군 일행은 도중에 조나라 영토를 통과하게 되었다. 조나라 사람들은 맹상군의 현명함을 전해 들었기에 그의 얼굴을 보기 위해 길을 메우다시피 모여들었다.

그런데 그들의 기대에 반해 맹상군은 체구가 작은 초라한 사나이였다.

"설의 영주는 체구가 당당한 위장부(偉丈夫)인 줄 알았더니 저게 뭐야? 땅딸보잖아?"

이렇게 입을 놀린 구경꾼이 있었다. 맹상군은 그 말을 듣자 동행한 식객과 함께 수레에서 뛰어내려 닥치는 대로 그들에게 칼을 휘둘렀다.

'수백 명을 살해하여 결국 한 고을을 멸하고 떠나가다.'

〈사기〉는 이렇게 기술하고 있다.

어처구니없는 일이지만 그것이 당시의 기풍이었다.

그러므로 풍환이 차용증서를 태워버렸다는 것은 웬만한 용기로는 할 수 없는 일이었다. 따라서 그는 협기의 대장부라 아니할 수 없다.

후일에 실각하여 그 많던 식객들이 모두 떠나버리고 맹상군이 홀로 쓸쓸한 나날을 보내고 있을 때 풍환이 그를 다시 제나라의 재상 자리에 앉히기 위해 일생일대의 연극을 했다.

풍환은 진나라로 갔다.

"제나라와 진나라는 어차피 자웅을 겨루어야 할 사이입니다."

말머리를 이렇게 꺼내 놓고 진왕을 설득했다.

"제나라가 천하에서 큰소리를 치고 있는 것은 맹상군이 있기 때문입니다."

풍환은 말을 이었다.

"그런데 제왕은 그를 물리쳤습니다. 그는 원한을 품고 반드시 제나라를 배반할 것입니다. 맹상군만큼 제나라의 속사정이나 인사(人事)의 진상에 밝은 사람은 없습니다. 그를 진나라 편으로 만들 수 있다면 제나라를 손아귀에 쥔 것이나 다름없습니다. 제나라의 영토를 얻을 수 있을 뿐만 아니라 천하를 제패하는 발판도 될 것입니다. 서둘러 사신을 파견하여 예물을 보내고 맹상군을 영입하십시오. 시기를 놓쳐서는 안 됩니다. 만일 제왕이 반성하여 맹상군을 다시 등용하게 되면 어느 쪽이 이길지 모릅니다."

진왕은 풍환의 말에 일리가 있다 생각하고 수레 10대와 황금 1백 일(鎰)을 준비하여 맹상군을 초빙하는 사신을 보내기로 했다.

풍환은 진나라 사신보다 먼저 그 땅을 떠나 서둘러 제나라로 돌아와 제왕을 설득했다.

"제나라와 진나라는 자웅을 겨루어야 할 사이입니다. 진나라에서도 그것을 알고 거국적으로 제나라에 대해 공작을 하고 있습니다. 제가 은밀히 알아보니 진왕의 사신이 수레 10대에 황금 1백 일을 싣고 맹상군을 모시러 온다고 합니다. 만일 맹상군이 서쪽으로 가서 진나라의 재상이라도 되는 날에는 천하는 진의 것이 되고 말 것입니다. 그렇게 되면 우리 제나라는 국토마저 보전할 수 없게 됩니다. 진의 사신이 당도하기 전에 맹상군을 다시 기용하여 재상의 자리에 앉히십시오. 영지와 봉록(俸祿)을 늘려 우대하면 맹상군도 기꺼이 일을 맡을 것입니다. 아무리 진나라 한들 벼슬 없는 사람이면 모를까 타국의 재상이 되어버린 사람을 자기 나라에 영입하지는 않을 것입니다. 일이 급하게 되었습니다."

"좋소."

제왕은 이리 말했지만 속으로 당황했다. 그는 맹상군의 명성이 자기를 능가하는 것이 불쾌하여 맹상군을 헐뜯는 자의 말을 듣고 그를 물리쳤지만 그의 실력은 인정하지 않을 수 없었다.

게다가 맹상군은 제나라의 재상을 지냈기 때문에 제나라에 관해서는 모르는 것이 없었다. 군비, 인사, 기타 기밀 사항까지 알고 있기 때문에 맹상군을 진나라에서 초빙해 가면 제나라의 처지는 매우 어렵게 될 것이 분명했다.

만일의 사태를 위해 제왕은 신하를 국경으로 보내 동태를 살피게 했다.

과연 진나라의 사신을 태운 수레가 보였기 때문에 제나라의 신하는 급히 되돌아가 그러한 사실을 보고했다.

그리하여 제왕은 맹상군을 재상으로 기용하지 않을 수 없게 되었다.

그러나 맹상군에 대한 제왕의 시기는 쉽사리 사라지지 않았다.

자신 없는 동안에는 맹상군에게 의지하고 있었으나 송(宋)을 쳐부수자 오만을 떨게 되고 이젠 자기 혼자만으로도 거뜬히 해 나갈 수 있을 것 같은 생각이 들었다.

그렇다고 모든 기밀을 알고 있는 맹상군을 다른 나라에서 초빙해 가도록 방치하기도 곤란했다. 그러면 어떻게 할 것인가. 해결 방법은 하나밖에 없었다.

'죽여 없애는 것이다.'

첩보의 도사들을 거느리고 있는 맹상군은 그러한 낌새를 알아차리고 위(魏)나라로 망명했다.

위나라의 소왕은 그를 재상 자리에 앉히고 진과 연합하여 조(趙)·연(燕)·제(齊)를 쳤다. 제의 민왕은 거(渠)로 도망갔으며 그곳에서 죽었다.

대신 제왕이 된 양왕(襄王)은 평화 정책을 채택하여 제후들과 우호 관계를 맺었을 뿐만 아니라 맹상군과도 친하게 지냈다.

맹상군은 자립한 소제후로서 중립을 지켜 천명(天命)을 다했다.

그러나 그의 아들들은 후계자 자리를 놓고 다투었으며 그 틈을 탄 제·위의 연합군에게 영지인 설(薛) 땅을 빼앗기고 말았다.

제나라와 위나라는 그 옛날 맹상군이 재상으로 있던 나라였지만 결국 맹상군의 땅을 삼켜 버리고 말았으니 매우 아이러니컬한 일이다.

진정한 협객은 누구인가

식객 3천 명이라면 중국인들은 반드시 맹상군을 떠올린다.

3천 명이란 언제나 그 정도는 있었다는 것이고 드나드는 총인원으로 따지면 더 많다. 그런데 그들의 주인 노릇을 한 맹상군은 이제까지 믿어왔던 것처럼 과연 협기의 사나이들 중에서 우두머리였다고 할 수 있을까?

형가를 돌본 연(燕)의 태자 단(丹)을 협기의 사람이라고 할 수 없듯이 맹상군 역시 그렇다고는 할 수 없다. 태자 단은 진왕에 대한 사사로운 원한이 사무쳤으나 맹상군의 경우에는 그토록 심각하지는 않았다. 거의가 어머니의 훈도(薰陶)에 의한 것이지만 그가 식객을 좋아한 것은 타고난 성품이라고 할 수 있으며 그것은 무사(無私)에 가깝다.

그러한 맹상군이었지만 재상의 자리에서 쫓겨났을 때는 식객들이 사방으로 흩어진 것에 크게 실망했다. 벼슬자리가 떨어지자 그의 곁에는 식객이 한 사람도 남아 있지 않았다.

"이런 때를 위해 그들을 돌봐 준 것이 아니었는가."

그는 창자가 뒤틀릴 정도로 분함과 섭섭함을 느꼈다.

맹상군이 제나라의 재상으로 다시 등용되었을 때 풍환은 지난날의 식객들을 맞아들이자고 말했다. 실의에 빠진 맹상군을 버리지 않고 곁에 있어 주었을 뿐만 아니라 다시 등용될 수 있게 연줄까지 놓아 준 풍환의 권고이니 듣지 않을 수 없었다.
"좋소."
분함에 치를 떨었던 맹상군은 지난날을 생각하고 눈시울이 뜨거워지는 것을 억누르면서 장탄식을 했다.
"나는 언제나 식객들을 좋아했으며 그 사람들을 대접하는 데 실수한 일은 별로 없었다고 믿고 있소. 식객이 3천 명이나 있었던 것은 선생도 잘 알고 있는 바이오. 그런데 내가 한번 실각하자 그들은 모두 나에게 등을 돌리고 떠나갔으며 한 번이라도 나를 뒤돌아본 사람은 아무도 없었소. 이제 선생의 힘으로 다시 재상 자리에 앉게 되었소만 우리가 식객을 맞아들인다 해서 옛날의 식객이었던 자가 내 눈 앞에 다시 나타나면 그놈의 얼굴에 침을 뱉어서라도 크게 창피를 주고 싶소."
그것은 수레 안에서 나눈 대화였다.
풍환은 말을 멈추라 하고 수레에서 내려 땅바닥에 무릎을 꿇고 맹상군에게 절을 했다. 그러자 맹상군도 수레에서 내려서며 물었다.
"선생은 식객들을 대신하여 사과하려는 것이오?"
"아닙니다. 상공(相公)의 말씀이 잘못되어 있기 때문입니다. 모든 사물에는 필연의 이치라는 게 있으며 일을 하는 데에도 그 이치는 마찬가지라는 점은 상공께서도 잘 알고 계실 것입니다."
"글쎄, 나는 아둔한 탓인지 선생의 말을 이해할 수가 없소."
"살아 있는 것은 언젠가는 반드시 죽습니다. 마찬가지로 부귀를 누리게 되면 사람들이 모여들고 가난하고 천해지면 친구들도 적어집니다. 이것은 당연한 일이라고 할 수 있습니다. 시장을 봐도 아침과 저녁에는 사람 붐비는 것이 다릅니다. 사람들이 아침을 좋아하고 저녁을 미워해서 그러는 것이 아닙니다. 시장에는 아침이 아니면 상품이 별로 없기 때문입니다. 그와 마찬가지로 상공께서 실각하셨을 때 객인들이 모두 떠난 것은 당연한 일입니다. 그 따위 일로 그들을 원망하고 객인이 찾아오는 길을 끊어 버려서는 안 됩니다. 옛날과 같이 그들을 대하십시오."

맹상군은 그 말을 듣고 재배하고 나더니 크게 웃으며 말했다.

"알았소. 그대의 말을 따르겠소."

그 웃음으로 마음 속의 앙금이 모두 씻어 버린 것이다.

식객 3천 명 중에서 협기의 대장부는 풍환 오직 한 사람뿐이고 나머지는 모두 사이비 협객이었던가?

3천 대 1이 바로 진짜와 가짜의 비율이란 말인가?

목숨을 걸고 진나라의 궁전에서 백호구를 훔쳐 낸 저 구도(狗盜)도 맹상군이 실각했을 때 등을 돌리고 떠나 버렸던 것일까?

그 때 맹상군 곁을 떠난 식객들 중에는 실의에 빠진 주인의 얼굴을 쳐다볼 수 없어 소리 없이 자취를 감춘 사람도 있었을 것이다.

봉록을 잃은 주인에게 더 이상 의지하는 것이 미안하여 떠난 사람도 있었을 것이다.

맹상군이 큰 소리로 웃었던 것은 떠나간 식객들을 싸잡아 탓할 수는 없다고 생각을 다시 고쳐먹었기 때문이었다.

"무슨 일이 있어도 사람들에게는 잘 대해야 한다."

어머니의 목소리가 그의 마음 깊은 곳에서 웃음소리에 섞여 메아리가 되어 다시 되돌아왔다.

역시 협자는 식객들 쪽에 있었다. 풍환이 그랬고 구도가 그랬다. 그 밖에도 일화가 전해지지 않는 협기의 대장부들이 있었음에 틀림없다. 하지만 그 행위가 매몰되었기에 후세에 전해지지 않은 사람들이야말로 참된 협기를 가진 대장부들이 아닐까.

'목숨도 아깝지 않지만 이름이 전해지지 않는 것도 애석하지 않다.'

이렇게 생각하는 것이야말로 협기의 극치이다.

그렇다면 '협객전'을 쓴다는 것은 우연히 역사 위에 떨어진 이삭을 줍는 것과 비슷한 작업이라고 말할 수 있다.

2. 후(侯) 노인의 바둑

깨어진 석 집의 승부

백정인 주해(朱亥)는 틈만 있으면 문지기인 후(侯) 노인에게 가서 그 육중한 몸집을 거북스럽게 구부리고 앉아 바둑을 두었다.

"음!"

어느 날 한창 바둑을 두던 두 사람은 동시에 신음 소리를 냈다.

후 노인이 주해와 바둑을 두기 시작한 것은 꼭 3년 전부터의 일이지만 그 동안 한 번도 진 적이 없다.

그리고 수를 가르쳐 주고 있는 것도 아닌데 사람들은 주해를 후 노인의 제자라고 생각하고 있었다.

"저의 수가 늘고 있는 건가요?"

주해는 지난 3년 동안 문득 생각난 듯이 때때로 그렇게 묻곤 했다.

"암, 늘었겠지."

후 영감은 그럴 때마다 똑같은 대답을 했지만 주해는 고개를 갸우뚱하며 반문했다.

"언제나 꼭 석 집을 진단 말입니다. 3년 전부터 몇 번을 둬도 꼭 석 집을 지니 이건 결국 저의 실력이 3년 전과 같다는 얘기가 아닙니까?"

"이 사람아, 나도 조금씩 수가 늘어나고 있다고 생각해야지."

후 영감이 싱글벙글 웃으면서 하는 대답은 늘 한결같았다.

하지만 주해는 그 말을 믿지 않았다. 상대는 애초부터 바둑의 명수이며 누구와 둬도 석 집만 이기기로 작정한 것이라고 생각했기 때문이다.

3년 전 주해는 바둑을 갓 배운 실력이었으니 후 영감이 당연히 압승을 했어야 옳았다. 그런데 후 영감은 그 때에도 단지 석 집을 이겼을 뿐이었다. 주해는 이미 그런 소문을 듣고 있었으며 후 노인이 자기뿐만 아니라 다른 사람과 바둑을 둘 때에도 일부러 석 집만 이긴다는 것을 알고 있었다.

주해의 바둑은 하루가 다르게 수가 늘었다. 그것은 자신도 분명히 느낄 수 있는데 후 노인과 두기만 하면 여전히 석 집을 지고 말기 때문에 수가 늘었다는 느낌이 전혀 들지 않았다.

하지만 상대방이 두는 수의 강약과 그 날의 컨디션에도 차이가 있으니 그런 것까지 꿰뚫어볼 수 없다면 언제나 누구에게나 꼭 석 집을 이길 재간은 부릴 수는 없을 것이었다.

실은 일부러 악수(惡手)를 두는 일도 있었다. 어쨌든 3년 동안 계속해서 석 집씩 졌다는 것은 매우 뱃이 꼴리는 일이 아닐 수 없었다. 이긴다는 것은 엄두도 못 낼 일이지만 이왕 질 바에는 언제나처럼 석 집이 아니라 차라리 열 집이나 스무 집 차이로 졌으면 속이라도 후련해질 것 같았다.

그러나 그렇게 되지가 않았다.

아무리 엉터리로 둬도 후 영감은 거기에 맞춰 두기 때문에 끝나고 보면 역시 석 집 차이가 났다.

그 날 한창 바둑을 두다가 두 사람이 동시에 신음 소리를 낸 것은 대강 승부가 나게 되었는 데도 아무래도 석 집 차이로 끝나지는 않을 형국이었기 때문이다.

주해는 결국 다섯 집을 졌다.

후 영감은 약간 미간을 찌푸렸다.

주해가 또 졌다. 그것도 여느 때보다 두 집을 더 졌다. 그런 데도 주해는 너무나 기분이 좋아서 어쩔 줄을 몰라 했다. 승패 따위는 아무래도 좋았다. 석 집 차이로 지지 않았기에 주해는 하늘로 올라간 듯한 기분이었다.

"내가 수를 제대로 못 읽었어……."

후 영감이 중얼거렸다. 그 말이야말로 제자에 대한 최대의 찬사였다.

"보람이 있었습니다."

주해도 짧게 말했다.

주해는 천하에 둘도 없는 괴력(怪力)을 가진 거한이었다. 말밥을 먹어야 성이 찼던 그는 형수로부터 핀잔을 들었다.

"등신같이 밥밖에 모른다."

그러자 집에서 뛰쳐나와 여러 나라를 편력하던 중 위(魏)나라에서 백정이 되었다.

그의 소원은 타고난 괴력을 제대로 써 먹으면서 높은 지력(智力)을 갖추는 것이었다. 그 지력을 닦는 수단으로 택한 것이 바둑이었다.

바둑은 혁기(奕棋)라는 이름으로 오랜 옛날부터 중국에서 즐기던 게임이었다. 일찍이 〈춘추좌전(春秋左傳)〉에 이런 말이 보인다.

'바둑을 두는 자는 전 국면을 종합적으로 파악하지 않으면 이길 수 없다.'

흑백 3백 개의 알을 썼으며 종횡 17도(道)가 교차하는 289목(目)의 판을 사용했다.

전국 시대에도 바둑은 성행했다. 특히 중원의 문화 국가인 위나라에서는 위로는 궁정에서부터 아래로는 누추한 거리의 나무 그늘 밑에 이르기까지 바둑판을 둘러싼 사람들을 많이 볼 수 있었다.

"위나라에서는 누가 바둑의 일인자일까?"

그러한 순진한 논쟁이 이는 것은 예나 지금이나 다름이 없다.

"그것은 이문(夷門)의 감자(監者)인 후영(侯嬴) 노인일 것이다."

이 소리가 가장 높았다. '이문'이란 도성의 동문을 말하며 '감자'란 문지기를 뜻하는 말이다. 신분은 보잘것없었다.

위나라는 원래 산서(山西)의 안읍(安邑)을 수도로 삼고 있었으나 강적인 진나라와 거리가 너무 가깝기 때문에 그 무렵에는 더 동쪽인 황하 남안의 대량(大梁)으로 천도한 상태였다. 현재의 하남성(河南省) 개봉(開封)이다.

대량에 위치한 궁전의 한 방에서 위의 소왕(昭王)이 아들인 신릉군(信陵君)에게 물었다.

"문지기 영감의 바둑 실력이 정말로 그렇게 대단한가?"

"그렇다고 들었습니다."

신릉군이 입가에 쓴웃음을 띠며 대답했다. 그는 궁중에서 '시정에 관한 일은 무엇이든 신릉군에게 물어 보면 환하게 안다'고 할 정도의 정보통이었다.

신릉군(信陵君)

신릉군(信陵君)은 위나라 소왕의 막내아들이며 소왕이 죽은 다음 즉위한 안희왕(安釐王)의 이복동생이다.

위나라의 신릉군, 그의 누이가 시집간 조(趙)나라의 평원군(平原君), 초(楚)나라의 춘신군(春申君), 그리고 제(齊)나라의 맹상군(孟嘗君)을 '전국 4공자((戰國四公子)'라고 했다. 이들은 식객들을 많이 거느리고 있는 사람들로 유명했다.

언젠가 위나라 소왕이 막내인 신릉군과 바둑을 두고 있을 때 급사가 달려와 보고했다.

"북경(北境)에서 봉화를 올려 조나라 군대의 습격을 전하고 있습니다. 이제 곧 국경에 다다를 것입니다."

소왕이 바둑을 두다 말고 신하들을 소집하여 긴급회의를 열려고 하자 신릉군이 말했다.

"조왕은 사냥하러 나왔을 뿐입니다. 공격해 오지는 않을 것입니다."

그러면서 계속해서 바둑을 두자 했다. 왕은 조바심이 나서 승부를 겨룰 정신이 없었는데 얼마 후 북방으로부터 다시 전령이 왔다.

'조왕은 사냥만 하고 있음. 침공이 아님.'

앞의 보고 내용을 정정하는 급보였다.

"너는 어떻게 알고 있었느냐?"

소왕은 수상쩍게 생각하며 막내아들에게 물었다. 그러자 신릉군이 대답했다.

"제 식객들 중에 조왕의 비밀을 살피는 첩자가 있어 조왕에 관한 일이라면 공사를 가리지 않고 죄다 보고해 주기 때문입니다."

소왕은 새삼스럽게 혀를 내둘렀지만 그의 뛰어난 재능을 두려워하여 그에게 국사를 맡기지 않게 되었다.

신릉군이 아직 젊었을 때 있었던 일이다. 그가 좀 더 현명했더라면 조왕이 사냥하는 것인 줄 알면서도 왕과 함께 놀라는 척했을 것이다. 그러나 그는 그런 짓이 딱 질색이었다. 예술가적인 기질이 다분한 편이어서 이해득실을 가리지 않고 행동으로 나갔다. 그런 점에서 보면 협기의 사람이라고도 할 수 있다.

신릉군의 식객도 3천 명이었다고 한다.

'백발 3천 장(白髮三千丈)'도 그렇지만 중국인은 아무래도 3천이라는 숫자를 좋아했던 것 같다. 3천이란 더 이상 말할 것도 없이 많다는 것을 형용하는 단어이다.

이웃 나라 조왕의 동태를 파악하고 있을 정도였으니 그는 당연히 국내의 일에 대해서도 세세한 데까지 알고 있었다.

이문의 문지기 노인이 분명히 위나라에서 제일가는 기사라는 소문도 신릉군은 들어서 알고 있었다. 하지만 어느 정도로 강한지는 구체적으로 알지 못했다.

3천 명이나 되는 그의 식객들 중에는 바둑의 고수도 있었다. 게다가 그 고수는 군학(軍學)이 전문이어서 신릉군에게 병법을 강의하고 있었다.

"바둑에는 정치나 군사와 공통된 요소가 있습니다."

그 병법 선생은 입버릇처럼 그렇게 말했다.

'그렇다면 이문의 노인은 정치나 군사에 정통한 사람이라는 이야기다.'

신릉군은 그렇게 판단했다.

여러 모로 알아보았으나 그 노인과 바둑을 두어 이긴 사람은 아무도 없었다. 게다가 누구에게나 석 집만 이긴다는 것이었다.

"은자(隱者)로구나."

신릉군은 혼자서 중얼거렸다.

뛰어난 재능을 갖고 있으면서도 산야에 숨어 살거나 시정에서 하찮은 일을 하며 살고 있는 사람은 은자로 간주된다.

은자란 어떤 분노를 품고 있으며 그 때문에 세상에 자기를 드러내지 않으려는 사람을 말한다. 그러므로 겉으로는 조용한 것처럼 보이지만 사실은 격정가(激情家)인 경우가 많다. 격정이야말로 이 인간 세계의 에너지원 바로 그것이다.

뜻을 품은 인물이 사람을 모으는 것은 그것으로 어떤 힘을 만들어 내고 싶기 때문이다. 그리고 그 힘으로 무엇인가를 이루고 싶기 때문이다.

힘 있는 자만이 큰소리를 칠 수 있는 시대가 바로 전국 시대였다.

왕으로부터 '문지기 영감의 바둑 실력이 정말로 그렇게 대단한가'라는 질문을 받았을 때 신릉군은 '그 노인을 내 손님으로 모셔야겠다'라고 생각했다.

그리하여 사람을 시켜 선물을 보냈으나 후 노인은 사양했다.

"저는 몸을 닦고 행실을 깨끗이 하기 수십 년, 문지기라는 말직으로 가난하게는 살고 있지만 그렇다고 해서 공자께서 주시는 재물을 받을 수는 없습니다."

두 번째는 신릉군이 직접 가서 선물을 주려고 했지만 대답은 같았다.

"그러면 며칠 후 우리 집에서 연회를 베푸니 그 자리에는 꼭 참석하셔서 함께 즐거운 시간을 보내 주셨으면 합니다."

후 노인은 그 초청마저 거절할 수는 없었다.

며칠 후 신릉군은 대연회를 준비하고 위나라의 왕족과 명사들을 빠짐없이 초대한 다음 자신은 수레를 타고 이문으로 후 노인을 맞이하러 갔다.

'왼쪽을 비워 두다'

〈사기〉는 이렇게 적고 있다.

당시의 수레는 왼쪽이 상좌로 되어 있었다. 신릉군이 후 노인을 위해 상좌를 비워 둔 것이다.

"잠깐 기다려 주십시오. 채비를 하고 오겠습니다."

후 노인은 수레를 기다리게 하고 안으로 들어갔다. 외출용 의관으로 채비하려는 것이었지만 시간이 너무 걸렸다. 그 동안 이문 앞에 구경꾼들이 모여들었다.

"저 영감쟁이를 마중하러 온 모양이군."

"바둑 상대로 불렀나?"

"아니야. 공자가 직접 오셨는걸. 저걸 보라구."

"정말 그렇군. 저 영감 대단한데."

문 앞에 몰려 있던 사람들은 제각기 한마디씩 하느라고 야단법석이었다.

한참 후, 후 노인이 나와 수레에 올라탔다. 그리고 비어 있는 왼쪽 자리에 앉았다.

구경꾼들이 술렁거렸다.

왼쪽 자리를 비우고 손님을 맞이하러 가는 일은 흔히 있는 일이다. 그러나 손님은 일단 그 상좌를 사양하는 것이 예의이다. 서로 몇 번씩 사양하다가 어느 한쪽이 상좌에 앉는다. 그 시대에는 그것이 상식이며 예절이었다.

그런데 그 날의 경우 마중하러 온 사람이 다른 사람도 아닌 왕족 신릉군이었다. 후 노인은 문지기에 지나지 않으니 한사코 왼쪽 자리를 사양해야 했다.

"칠순이 넘었는데 저 영감쟁이는 그만한 것도 모르나."

"노망이 들었나 보지."

"그래도 공자님은 싱글싱글 웃고만 계시네."

"참 도량이 넓으신 분이군."

그런데 수레 위에서 후 노인이 큰 소리로 말했다.

"한 가지 부탁드릴 게 있습니다."

가는귀가 먹었는지 필요 이상으로 소리를 질렀다.

"무슨 말씀이든 하십시오."

신릉군은 환하게 웃으며 말했다.

"제 친구가 시장에서 일하고 있습니다. 잠깐 만나서 얘기를 하고 싶은데 거기 들렀다 가실 수 있겠습니까?"

"그게 뭐 어려운 일이겠습니까."

신릉군은 몸소 고삐를 잡고 있었는데 후 노인의 부탁을 쾌히 들어 주었다.

현자는 가볍게 움직이지 않는다

전국 시대는 최대의 제후였던 진(晉)나라가 분열하여 한(韓)·위(魏)·조(趙)로 갈라진 기원전 403년부터 진의 시황제가 천하를 통일한 기원전 221년에 이르기까지의 약 2백 년을 말한다. 이 전국 2백 년은 전란이 그칠 사이 없었던 비참한 시대라고 생각하기 쉽지만 그것은 '전란'이라는 단어에서 받는 느낌에 지나지 않는다.

차라리 '군웅할거(群雄割據)'라고 표현하는 것이 더 정확한 표현이다.

전국 초기에는 진에서 갈라진 한·위·조의 3국이 중원을 차지하여, 여러 나라의 중심적 존재로 간주되었다. 이들을 삼진(三晉)이라고 한다.

삼진의 북쪽에 연(燕), 남쪽에 초(楚), 동쪽에 제(齊), 서쪽에 진(秦) 등의 나라가 있었는데 약간 뒤진 이 나라들이 삼진을 따라 잡으려고 부국강병을 위해 전력을 경주하고 있었다.

이 일곱 개의 대국 사이에 때로 힘의 균형이 깨지면 군사적인 행동이 발동되곤 했다. 그러나 줄곧 전쟁만 하고 있었던 것은 아니다.

약육강식의 시대이므로 어물어물하다가는 먹히고 만다. 나라마다 내정, 외교, 군사에 걸쳐 뒤떨어지지 않으려고 혈안이 되어 있었다. 그 방법은 신분을 불문하고 유능한 인재를 등용하는 길밖에 없었다.

그만큼 입신출세의 기회가 많았던 시대는 아마 없었을 것이다.

한 가지 재주 또는 한 가지 능력이 뛰어나 그 명성이 뭇사람들의 입에 요란스레 오르내리게 되면 제후들은 앞을 다투며 그를 영입하려고 했다. 사상이나 논책(論策)의 다투는 시험이 전국적인 규모로 끊임없이 열렸다.

평판만으로도 입증이 되었기 때문에 허풍도 판을 쳤다. 그런 허풍도 그 교묘함이 극치에 이르면 최고의 재주로 변하게 된다. 유능한 사람은 보다 좋은 지위를 얻으려고 이 나라 저 나라를 두루 돌아다녔다. 그들은 '자기를 알아주는 사람'을 찾아 다녔다.

나라와 나라 사이에는 공수 동맹이나 불가침 조약이 몇 겹으로 복잡한 선을 그리며 체결되었다. 그 조약의 준수를 보장하기 위해 볼모가 교환되었다. 볼모가 변형된 왕족간의 혼인도 성행했다. 그렇게 되어 전국 시대는 7대국으로 갈라지면서도 각지의 교류는 더욱 활발해지고 교통이나 상업도 비약적으로 발달했다.

중국의 주된 사상은 거의 이 시대에 형성되었다고 해도 과언은 아니다. '백가쟁명(百家爭鳴)·백화제방(百花齊放)'의 시대라고 표현했다.

확실히 전쟁이 많은 어수선한 시대였다. 그러나 일면 약동하는 시대이기도 했다. 약간 야비스러운 면은 있지만 호화찬란한 남성적인 시대라고 할 수 있었다.

도처에서 소용돌이가 일었고 소용돌이가 소용돌이를 삼키는가 하면 그것이 더 큰 소용돌이에 휩쓸리기도 했다.

"내가 더 휘젓겠다."

팔을 걷어붙이고 큰소리치는 자가 있었고 거기에는 진짜와 가짜가 있었다.

옥석은 뒤섞이고 섬세함과 호방함이 함께 있었으며 청순과 오탁이 교차했다.

중국 문명은 황하 중류의 '중원'이라는 한정된 지역에서 일어났으나 차츰 그 문명권을 넓혀 나갔다.

문명권이 확대되자 주(周) 왕실의 힘만으로는 점점 다루기가 벅차 결국에는 춘추 전국이라는 분열 시대를 맞이하게 되었다.

커졌으므로 분열한 것이다. 그러므로 전국 시대는 중국이 팽창한 시대이다.

전국 후기는 후진국에서 벗어나 초강대국으로 올라선 서쪽의 진(秦)에 대해 나머지 6국이 합종(合從)하여 대항하기도 하고 연횡(連衡)으로 진나라와 동맹을 맺기도 한 시대이다.

이 이야기가 전개된 시대는 진의 중국 통일 전야인 전국 후기에 해당된다.

신릉군의 수레가 시장에 가까워지자 앞에서 길을 인도하는 병사들이 인파를 헤치고 수레가 지나갈 길을 트지 않으면 안 되었다. 그 정도로 시장은 붐비고 있었다.

시장이란 물건만 사고파는 곳이 아니다. 갖가지 구경거리도 있었다. 마술, 곡예, 기담, 야담, 유희 같은 것을 업으로 삼는 각종 재주꾼들이 있어 서로 솜씨를 겨루었다.

그곳은 서민들의 오락 장소이기도 했다. 개구쟁이들은 패거리와 어울려 즐비한 가게와 가게 사이를 누비며 뛰놀았고 노인들은 양지 바른 곳에 모여 지나간 젊은 시절을 이야기하거나 푸념을 늘어놓기도 했다.

"아니, 저건 신릉군의 수레가 아닌가. 이런 데를 다 오다니……."

사람들은 눈을 크게 뜨고 떠들어대기 시작했다.

왕족들은 그런 곳에 좀처럼 나타나지 않는다. 미행(微行)을 하는 일은 있겠지만 호사스런 수레를 타고 들어선다는 것은 극히 드문 일이었다.

"저기 푸줏간 앞에 세워 주시오."

후 노인이 말했다.

푸줏간 특유의 메슥거리는 고약한 냄새가 괴어 있는 곳에서 신릉군은 수레를 멈추었다. 얼굴을 스치며 지나가는 바람도 미적지근했다.

"주해 있는가? 잠깐 나오게!"

후 노인은 수레에서 내리더니 푸줏간을 향해 큰 소리로 불렀다.

눈 깜짝할 사이에 사람들이 개미떼처럼 모여들었고 병사들은 그 구경꾼들을 정리하느라 진땀을 뺐다.

주해는 무슨 일인가 하며 푸줏간에서 어슬렁거리며 나왔으나 거기 서 있는 귀인의 수레에 정신이 팔려 처음에는 후 노인 따위는 눈에 보이지도 않았다.

"이 사람아, 나야 나."

손을 흔들며 후 노인 쪽에서 주해에게 다가갔다. 그리고 무슨 이야기인가 나누었는데 주해는 귀엣말을 하는 후 노인에게 짧게 대답했을 뿐이었다.

"네, 그렇습니까?"

후 영감은 주해에게 귀엣말을 하면서 때때로 신릉군 쪽을 힐끔거렸다.

제법 많은 시간이 흘러가고 있었다. 아무래도 기다리고 있는 사람의 몸을 달게 하려는 수작으로밖에 보이지 않았다. 후 노인은 귀엣말을 하는 사이사이에 하늘을 쳐다보기도 하고 뒷짐을 지고 서성거리기도 했다.

'저런 버릇없는 영감쟁이를 봤나?'

신릉군의 가신들은 끓어오르는 불쾌함을 억지로 누르고 있었지만 신릉군은 싱글벙글 웃고만 있었다.

겨우 용건을 끝마쳤는지 후 노인이 수레로 되돌아왔다.

'기다리게 해서 송구합니다'라는 인사 한마디 없이 그냥 수레에 올라탔다.

그 날의 연회는 후 노인이 주빈이었다.

신릉군은 왕족과 명사들을 빠짐없이 후 노인에게 소개했다. 그것은 매우 이례적이고 파격적인 접대였다.

그쯤 되면 후 노인은 다시 이문으로 돌아갈 수 없다. 아니, 후 노인은 그렇게 될 것이라고 계산하고 왔는지도 모른다. 그 날부터 후 노인은 신릉군의 저택에 머물며 최상의 손님으로 대접을 받게 되었다.

일숙일반(一宿一飯)의 은혜를 입으면 보답하고 싶어지는 법이다. 신릉군의 식객들은 뭔가 좋은 생각이 나면 진언을 하거나 방책을 건의하거나 했다.

그러나 후 노인은 한 번도 신릉군을 위해 조언을 한 적이 없었다.

식객들의 보은을 바라는 신릉군이 아니었지만 파격적인 대우를 받고 있는 후 노인이 손 하나 까딱 하지 않는 것을 보고 속으로 불만스럽게 생각할 때도 있었다.

"뭔가 나에게 도움이 되는 일을 가르쳐 주지 않으시렵니까?"

어느 날 참다못한 신릉군이 말하자 후 노인이 대꾸했다.

"아, 공자를 위한 두 번째 일 말입니까……? 글쎄요. 지금은 별로 생각나는 것이 없는데요."

두 번째라고 말하는 것을 보니 노인은 이미 한 번은 신릉군의 은혜에 보답한 것으로 생각하고 있는 모양이었다. 신릉군은 이상하게 생각하며 물었다.

"방금 두 번째라고 말씀하셨는데 그게 도대체 무슨 말씀이시지요?"

"하하, 모르고 계시는군요. 그 연회가 열리던 날 말입니다. 공자께서 저를 데리러 오셨지요. 그 때 저는 일부러 거만을 떨며 공자가 얼마나 도량이 넓은 분이신지 많은 사람들에게 보여 주지 않았습니까. 의관을 채비한다고 꽤 오랫동안 지체했습니다만 그것은 더 많은 사람을 모으기 위해서였습니다. 시장에 들른 이유도 그 곳은 대량에서 가장 사람이 붐비는 곳이니 그만큼 공자의 온후하고 겸허한 모습이 많은 사람의 눈에 띄어 공자의 명성이 사방으로 퍼질 것이라고 생각했기 때문이었습니다."

"아아, 어리석게도 내가 그걸 몰랐었구나,"

신릉군은 마음 속으로 크게 탄식했다.

그러고 보니 그 후부터 찾아오는 식객들의 수가 갑자기 불어나지 않았던가. 그들은 모두 한결같이 '공자의 명성을 전해 듣고 이렇게 찾아왔습니다'라고 말하지 않았던가.

시장에는 교역을 위해 각국의 많은 사람들이 모인다. 거기서 명성이 오르면 그것은 빠르게 여러 나라로 퍼진다.

신릉군이 남몰래 품고 있던 불만은 눈 녹듯 사라졌다. 자신도 모르는 사이에 그는 이미 커다란 보은을 받고 있었다.

"이제 아셨습니까?"

후 노인이 무릎을 치며 말하더니 다시 입을 열었다.

"실은 두 번째 보은도 이미 생각해 둔 것이 있습니다만 매우 어려운 일이기 때문에 아직까지 말씀드리지 못했습니다."

"무슨 일인지 말씀해 주십시오. 어떤 어려운 일이라도 한번은 해 봐야 되지 않겠습니까?"

"저를 데리러 오시던 날 제가 시장으로 찾아간 그 주해라는 자는 지금은 시장에 파묻혀 있지만 당대에 보기 드문 인물입니다. 등용하시면 반드시 도움이 될 것입니다."

"참 좋은 이야기를 해 주셨습니다. 당장 초빙하는 방법을 생각해 보겠습니다."

"어려우실 겁니다. 이 세상에서 저 말고는 아무도 주해를 현자라고 생각하고 있지 않습니다. 더더구나 곤란한 것은 주해 자신이 스스로를 현자라고 생각하고 있지 않다는 점입니다. 그러니 일이 어려울 수밖에 더 있겠습니까?"

후 노인이 말한 대로였다.

신릉군이 몇 번씩이나 사람을 보내고 자신도 직접 나서서 설득했으나 주해는 일부러 답례하지 않아 신릉군의 객인이 될 의사가 없다는 뜻을 표시했다.

"그 사람은 아무리 애써도 승낙할 것 같지 않습니다. 참 이상한 일입니다."

신릉군이 후 노인에게 말했다.

"이상할 건 없지요. 주해가 현자이기 때문입니다."

"후 선생도 현자이신데 나의 손님이 되지 않았습니까?"

"저는 늙은 몸이지 않습니까. 그래서 염치 좋게 식객이 된 거지요."

후 노인은 웃으며 그렇게 대답했다.

깊고도 깊은 '숨은 뜻'

신릉군의 이복형인 안희왕(安釐王)이 즉위한 지 20년째가 되는 해에 북으로 이웃하고 있는 조(趙)나라가 진(秦)나라의 공격을 받았다.

이 때는 진나라의 소왕 50년, 즉 뒤에 시황제가 자리에 오르기 10년 전의 일이다. 시황제의 천하 통일은 그가 즉위한 지 26년째의 일이므로 앞으로 36년이면 중국이 하나가 된다는 전국 시대의 끝 무렵이었다.

공격을 받은 조나라는 제후들에게 구원을 요청했다.

진나라는 이미 걷잡을 수 없을 정도로 강력해지고 있었다. 나머지 6국이 힘을 합치지 않는다면 막을 길이 없었다.

조나라 혜문왕(惠文王)의 동생인 평원군(平原君)은 위왕의 동생인 신릉군의 누이를 부인으로 맞이한 사람이다.

게다가 조나라와 위나라는 한나라와 함께 진(晉)나라에서 갈라져 나온 자매 국가이기도 하다.

진(秦)나라는 3년 전에 백기(白起) 장군 휘하의 병력이 장평(長平)에서 조나라 군대를 격파한 일이 있는데 그 때 조나라의 전사자들은 45만 명에 달했다. 그 진나라가 다시 대군을 동원하여 조나라의 도읍 한단(邯鄲)을 포위한 것이다.

구원을 요청하는 조왕의 편지를 받자 위왕은 장군 진지(晋鄙)에게 10만의 군대를 주어 조나라 도읍으로 떠나게 했다.

그런데 진왕은 위왕에게 사신을 보내 알렸다.

'조나라의 운명은 이제 결판이 났다. 그런 데도 만일 제후로서 조를 구원하려는 자가 있다면 조를 쳐부순 다음 군대를 돌려 반드시 그자를 치겠다.'

명백한 공갈이었다.

위왕은 겁을 먹고 급사를 보내 이미 출전한 진비의 군대에게 진군을 멈추라고 명령했다.

"업에 진을 치고 주둔하여 조를 구원하는 척만 하고 조와 진의 동태를 살피며 관망하라."

업은 조나라의 도읍인 한단 동남쪽 약 1백 리에 위치한 땅이다. 구원해야 할 한단은 엎어지면 코 닿는 데에 있다. 일껏 거기까지 왔으면서 진지를 구축하고 움직이지 않은 것이다.

조나라도 진왕의 협박으로 구원병을 진군시키지 못하는 위왕의 본심을 알게 되었다.

조왕의 동생이며 신릉군의 매형인 평원군은 전국 4공자의 한 사람으로 역시 식객 3천 명의 주인이었다. 그는 협객 활용 방법을 알고 있었다.

그는 하루에 두 번이나 위나라에 사신을 보내 구원해 달라고 독촉했다. 그리고 처남에게는 다음과 같은 편지를 썼다.

'내가 공자의 누이와 결혼한 것은 공자의 높은 뜻으로 보아 능히 곤경에 처한 사람을 구원해 주리라 믿었기 때문이다. 우리 조나라의 도읍 한단은 바야흐로 진군에게 격멸 당할 지경에 처해 있다. 그런데 약속한 위의 원군은 아무리 기다려도 오지 않았다. 평판이 난 지 이미 오래 된 공자의 의협심은 도대체 어디로 갔는가? 공자가 나를 업신여겨 내가 진에 항복해도 좋다는 생각을 하고 있다면 그것은 무방하다. 그러나 공자여, 그렇게 될 경우 공자는 누이가 불쌍지 않은가?'

반 협박에 가까운 편지였다.

그 편지를 쓸 때 평원군은 부인과 의논했을지도 모른다. 동생 신릉군의 기질을 얄미울 정도로 정확하게 알고 있었기 때문에 밑바닥에 꿈틀거리고 있는 의협심을 일깨우려고 애쓴 흔적이 역력하다.

식객을 좋아하는 전국 4공자 중에서도 신릉군은 특히 협기에 찬 대장부였다. 이해를 초월하여 행동으로 옮기는 기질의 행동파였다.

때문에 나라의 이익을 첫째로 삼는 왕과 의견 대립을 자주 보였다.

'지금 조나라를 구원한다면 다음에는 우리를 치겠다고 진왕은 말하고 있다. 무엇보다 소중한 것은 우리 나라이다. 인척이라든지 자매국이라는 의리를 찾다가 우리 나라마저 멸망케 할 수는 없다.'

위왕은 그렇게 생각했다. 나라의 운명을 지고 있는 왕으로서는 당연한 생각이었다.

그러나 신릉군의 견해는 달랐다.

'대의(大義).'

그것은 나라의 운명보다 우선해야 했다. 이치로 따질 일이 아니었다.

'대의를 잃으면 나의 모든 것은 소멸되고 만다.'

신릉군은 그렇게 생각했다.

그러나 왕명은 절대적이다. 한단 바로 앞에서 군대를 멈춘 장군 진비는 왕명이 없는 한 한 발자국도 진격하려고 하지 않을 것이다.

신릉군은 고민했다.

피눈물을 흘리면서 형인 위왕에게 구원을 간청했으나 위왕은 물리쳤다.

"나는 망국의 군주가 되고 싶지 않다. 조상으로부터 물려받은 이 위나라를 존속시키는 것이 나의 지상 임무이다. 무모한 구원 행위는 절대로 용납할 수 없다."

신릉군의 열성도 도저히 위왕을 움직일 수는 없었다.

"그대는 신의(信義)라고 말하지만 나라가 있고 나서 신의가 있는 것이 아닌가?"

"신의가 있고 나서 나라가 있는 경우도 있지 않겠습니까?"

신릉군의 그러한 사고방식을 위왕은 이해할 수가 없었다. 협기에 대한 가르침은 제왕학 교과서에는 없기 때문이다.

"어리석은 소리 하지 말라."

위왕은 두 번 다시 귀를 기울이려 하지 않았다.

그쯤 되면 신릉군은 의용병을 거느리고 개인 자격으로 조나라를 구원할 수밖에 없다. 그러나 식객은 3천 명이나 되지만 과연 몇 사람이나 함께 가겠다고 나설 것인가? 10만 대군이라면 몰라도 몇 천 명쯤 갖고 싸운다면 전원이 전사할 각오로 출전해야 한다. 그러니 웬만한 사람이 아니면 죽음의 길에 나서려고 하지 않을 것이다.

식객이라고는 하지만 식구가 딸린 사람도 있고 별로 은혜를 느끼지 않는 사람도 있다. 3천 명의 태반은 이 나라 저 나라를 정처 없이 떠돌아다니던 자들이다. 상빈(上賓)으로 후하게 대접받고 있는 자들도 여차할 때는 어떻게 나올지 모를 일이다.

'백 명만 있으면 된다.'

신릉군은 결국 이렇게 결론을 내렸다.

대의를 위해 순절하는 것이니 승패는 애초부터 도외시하기로 했다.

그러므로 단 열 명이라도 좋았고 다섯 명이라도 좋았다. 경우에 따라서는 신릉군 혼자 칼을 뽑아 들고 쳐들어가도 좋은 것이다.

어쨌든 그는 전거(戰車) 1백 승(乘)을 마련했다.

한 대의 전거를 말 4필이 끌었고 갑옷을 입은 장교 3명이 탄다. 당시 편제에서는 이 한 대의 전거에 보병 72명과 보급병 25명이 따르도록 되어 있었다. 그러므로 한 대에 1백 명 정도의 인원이 필요하다. 그러므로 전거 1백 승이라면 1만의 병력을 의미한다.

그런데 보병이나 보급 부대원은 도중에 혹은 현지에서 징발할 수도 있고 고용할 수도 있다. 그러므로 신릉군은 식객 3백 명 정도를 장교로 삼을 작정으로 계산하여 1백 승의 전거를 마련한 것이다.

의용 결사대의 대장이 되어 대량을 떠나는 날 신릉군은 후 노인을 찾았다.

이 장면을 〈사기〉는 이렇게 기술하고 있다.

'신릉군은 길을 떠나 이문에 이르자 후생(侯生)을 보고 진의 군대와 싸워 죽으려는 이유를 고하고 결별했다.'

신릉군은 출진에 앞서 그의 저택까지 정리했다. 상빈으로 있던 후 노인은 원래의 이문 문지기 시절 오두막으로 돌아와 있었다.

신릉군은 진나라의 대군을 상대로 싸워 죽지 않으면 안 되는 사정 즉 싸우지 않을 수 없는 의협의 거사라는 사실을 자세히 설명하고 작별을 고했다.

"공자, 분투하시오. 노신은 따라갈 수 없소이다."

작별의 말을 듣고도 후 노인은 이렇게 말했을 뿐이었다.

얼마나 냉정한 말인가.

신릉군과 같은 인물도 이럴 때는 푸념을 했다.
"나는 그 노인을 후하게 대접했으며 실수한 적도 없었다. 그것은 천하가 다 알고 있는 일이 아닌가. 지금 내가 죽기를 작정하고 떠나려는 마당에 저 노인은 한마디 작별의 말도 나에게 주지 않는다. 내가 그에게 섭섭하게 한 일이라도 있었단 말인가?"
그는 수레 위에서 그렇게 중얼거렸다.
이왕 죽을 몸인 바에야 의문이나마 후련하게 풀고 싶었다.
"수레를 돌려라!"
신릉군은 명령했다.
다시 한 번 후 노인을 만나 왜 그렇게 냉정한 말을 했는가? 그 이유를 분명히 물어보고 후련한 마음으로 떠나고 싶었기 때문이었다.
후 노인은 이문 앞에 서 있었다.
손으로 눈 위를 가린 채 햇빛에 눈이 부신지 눈을 가늘게 뜨고 노인답지 않은 하얀 이를 드러내 보이며 웃고 있었다.
"역시 되돌아오셨군요."
"뭐라고 그러셨습니까? 제가 되돌아올 것을 알고 계셨다는 말씀이십니까?"
수레에서 내린 신릉군이 물었다.
"그렇습니다. 그렇게 작별하는 법이 어느 세상에 있겠습니까. 되돌아오시면 기사회생의 방책을 가르쳐 드리려고 기다리고 있었습니다. 누추한 곳이지만 올라오십시오."
노인은 신릉군 혼자만 오두막집으로 안내했다.
3백의 의용병으로 돌격하면 전멸할 것은 뻔한 일이며 모병을 해 봤자 5천이나 1만일 것인데 그렇다면 결과는 마찬가지이다.
"5만 명 이하면 굶주린 호랑이에게 고기를 던지는 격일 뿐 죽음을 면할 수는 없습니다."

노인은 설명했다.

"5만 명 이상이면 죽음을 면할 수 있을 것입니다."

"그건 알고 있습니다. 다만 어디서 그런 대군을 모으느냐가 문제입니다. 나의 재력에도 한도가 있습니다."

"병력은 있지 않습니까? 10만이나 되는 군대가 업 땅에."

"네? 하지만 진비 장군은 왕명으로 진격을 금지당한 처지입니다."

"그 대군의 지휘권을 공자가 가지시면 됩니다."

"그것은 무리한 말씀입니다. 사령관이 된다 해도 호부(虎符)가 없으면 병력을 전진시킬 수 없습니다."

나라의 병력을 동원할 때는 호랑이 모양의 할부(割符))를 맞추어 보아야 한다.

할부는 길이가 여섯 치이며 두 쪽으로 나누어 한쪽을 야전사령관이 가지고 있으며 군의 진퇴에 관한 국왕의 중요한 명령이 전달될 때는 사자가 가지고 온 나머지 한쪽과 맞붙여 보아 꼭 맞았을 때 비로소 그 명령을 실행에 옮기는 제도였다. 할부는 일명 병부(兵符)라고도 했다.

상고 시대에는 대나무로 만들었으나 전국 시대에는 동(銅)으로 만들었다. '구리 동(銅)'자는 '같을 동(同)'자와 음이 같기 때문에 '마음을 함께 한다'는 뜻이 있었다.

"할부는 훔치면 됩니다."

후 노인은 아무렇지도 않게 말했다

"훔쳐다니? 왕의 침소 깊숙한 데 감추어 둔 할부를 어떻게 훔친다는 말입니까? 왕밖에 들어갈 수 없는 곳입니다."

"왕밖에 들어가지 못한다? 그렇다면 왕은 언제나 혼자서만 주무십니까?"

"그야 물론 혼자 주무시지는 않지요."

왕은 여성과 함께 침소한다.

"요즘 왕이 총애하시는 부인은 어느 분입니까?"

"여희(如姬)이지요."

그 이름을 입에 올린 순간 신릉군은 갑자기 눈앞이 환하게 밝아오는 것을 느꼈다.

어째서 여태까지 그 생각을 못 하고 있었던가?

"공자는 바둑에서 어디에다 포석을 하셨는지 곧 잊으신단 말씀이야."

후 노인은 신릉군의 표정을 살피면서 위로하는 어조로 말했다.

여희와 신릉군 사이에 이런 일이 있었다.

여희의 아버지가 어떤 사나이에게 살해되었다. 원수를 갚기 위해 그녀는 많은 돈을 써 가며 그 사나이의 행방을 찾으려고 애썼다. 시대가 시대인지라 전국 시대의 여성은 남자 뺨칠 정도로 진취적이었다.

아버지의 원수를 갚지 않으면 죽어서 뵐 면목이 없다면서 사람을 사기도 하고 왕의 힘을 빌리기도 했으나 원수의 행방은 묘연하기만 했다.

그래서 여희는 신릉군에게 매달렸다. 나라 안팎을 막론하고 그런 도망자의 움직임은 사회의 뒤안길을 걷는 사람이 아니면 파악하기 어렵다. 왕의 힘으로도 살인범을 찾아낼 수 없었던 것이다. 그러나 신릉군은 3천 명의 식객들을 통하여 암흑 세계와도 줄이 닿아 있었다. 여희도 그것을 알고 있었기에 부탁했던 것이다. 제발 아버지의 원수를 갚게 해달라는 여희의 탄원을 뿌리칠 수 없었기에 신릉군은 그 세계에 정통한 식객으로 하여금 범인을 찾아내게 하여 그 목을 잘라 여희에게 보냈다.

"고맙습니다. 이 은혜에 보답하는 일이라면 무슨 일이든지 하겠습니다."

이렇게 약속했던 일이 있었다.

그 여희가 왕의 침소에 드는 것이다. 그녀에게 부탁하여 호부를 훔쳐내면 된다. 공자를 위해서라면 그녀는 죽음도 두려워하지 않을 것이 분명했다. 그것이 전국 시대의 기풍이었다. 살벌하기는 하지만 거기에는 약동하는 힘이 있었다. 사나이나 여인네나 대를 쪼갠 듯이 직선적으로 행동했다.

의협의 신릉군은 남을 위해 힘썼다 해서 그 보은을 기대하고 있었던 것은 아니다. 이해를 초월했던 일이면 자기가 남을 위해 애쓴 일까지도 잊어버리고 만다.

바둑의 명수인 후 노인이 볼 때 그것은 대국 중에 어디다 포석을 했는지 잊어버린 기사와 같았다.

언젠가 유용하게 이용하려고 생각 끝에 놓은 포석이 아니었다. 즉 승부를 의식하지 않고 두기 때문에 이길 수 있는 바둑도 지고 마는 경우가 있다.

"당장 옛날에 놓았던 포석을 활용해 보겠습니다."

여희에게 가겠다는 뜻을 신릉군은 그렇게 표현했다.

'공자, 그 계략에 따라 여희에게 청하다. 여희, 과연 진비의 병부를 훔쳐 공자에게 주다.'

〈사기〉에서는 위와 같이 간결하게 표현하고 있다. 그녀는 보은을 위해서는 죽음도 마다하지 않겠다고 말했다. 전국 시대의 여성은 이와 같이 약속을 중히 여겼다. 호부를 훔친다는 것은 죽는 것보다는 쉬운 일이었던 것이다.

현자는 현자끼리

호부를 손에 넣은 신릉군은 다시 이문으로 가서 후 노인을 찾아가 계략이 성공했음을 알렸다.

그러나 호부를 입수했다고 해서 문제가 모두 해결된 것은 아니다. 호부를 가지고 있다는 것은 군대의 진발은 명령할 수 있는 명분을 얻은 것일 따름이다.

전선의 군사령관은 정세를 판단하여 나라에 이롭다고 생각되면 왕명에 어긋나는 독단전행(獨斷專行)이 용납된다.

"진비 장군이 말을 고분고분 듣는다면 말할 나위가 없습니다. 그러나 만일 듣지 않을 때는 그 자리에서 타살할 수밖에 없습니다. 그럴 경우에 대비해서 저의 벗인 백정 주해를 데리고 가십시오. 그는 천하의 역사입니다."

노인의 말이 끝나기도 전에 선릉군은 흐느끼며 울기 시작했다.

"어째서 우십니까? 공자여, 행여 갑자기 죽는 것이 두려워지신 것은 아니겠지요?"

신릉군은 손등으로 눈물을 닦으며 대답했다.

"진비는 강직한 노장입니다. 호부가 맞아도 그는 진발을 거부할 것입니다. 그 진비를 죽여야 하는 일이 슬픈 것입니다. 어째서 내가 죽음 따위를 두려워하겠습니까?"

인재가 죽게 되는 것을 애석해하는 신릉군의 눈물에 후 노인도 눈을 붉혔다.

"괴로우실 겁니다. 그러나 공자 혼자에게만 그런 괴로움을 드리는 것이 아닙니다. 강용(剛勇)한 진비 장군은 저승길에도 반드시 그와 짝이 되는 길동무가 있을 것이니 마음을 편하게 가지십시오."

후 노인은 알 수 없는 말을 했다.

주해는 신릉군이 객인으로 맞이하려고 몇 번씩이나 찾아갔으나 끝내 승낙하지 않았던 사람이다.

그런데 그 주해가 이번에는 깊숙이 고개를 숙였다.

"저는 시장에서 칼잡이를 하는 백정에 지나지 않습니다. 그런 데도 공자께서는 저를 마음에 두고 자주 찾아오셨습니다. 답례를 드리지 않은 것은 자질구레한 예의 따위는 쓸데없는 짓이라고 생각했기 때문입니다. 저는 마음 속 깊이 공자가 위급하실 때 이 몸을 내던지겠다고 맹세한 바 있습니다. 아마 지금 그 때가 온 것 같습니다."

업에 도착한 신릉군은 주해를 데리고 본영으로 진비 장군을 찾아갔다. 그리고 호부를 보이면서 위왕이 군사령관을 경질했으며 따라서 지금부터 자기가 전군을 지휘하겠다고 선언했다.

예상했던 대로 노장 진비는 신릉군의 말을 믿으려 하지 않았다.

"나는 10만의 대군을 거느리고 국경에 머물러 있습니다. 그것은 나라의 중대한 임무입니다. 그런데 공자께서 단 한 대의 수레를 몰고 와서 나와 교체하겠다고 말씀하시니 그게 어디 될 법이나 한 소리입니까? 절대로 그렇게는 못 합니다."

진비는 단호한 태도로 말했다. 눈짓을 할 필요조차 없었다.

거부한 이상 그 자리에서 결판을 내야 했다. 신릉군의 종자로 곁에서 있던 주해는 소매에 감추어 들고 있던 40근 철퇴를 꺼내 단숨에 진비 장군의 머리를 내리쳤다. 진비는 소리 한 번 지르지도 못 하고 신릉군의 발 아래에 무너지듯 쓰러졌다.

인재를 사랑하는 신릉군도 그 때는 울지 않았다. 불운한 진비 장군을 위해서는 이미 충분히 눈물을 흘렸기 때문이다.

전국 시대의 근(斤)은 250g 정도이므로 40근이라 해도 10킬로그램 정도의 철퇴에 지나지 않는다. 소매에 감추기에는 그것이 한도였을 것이다.

백정인만큼 상대방을 일격에 쓰러뜨리는 솜씨에는 빈틈이 없었다. 그러나 솜씨보다는 담력이 문제이다. 흉기를 감춘 채 10만의 대군을 거느리고 있는 대장군의 본영으로 들어가려면 적지 않은 용기가 필요하다. 죽음을 각오한 자가 아니면 금세 침착함을 잃고 말 것이다.

더욱이 이 장면에서는 죽으면 안 된다. 실패는 용납되지 않는다. 죽음보다도 중대한 임무를 띠고 있는 것이다. 3년 동안 후 노인은 바둑 상대를 해 주면서 주해라는 인물을 관찰하고 이럴 때 유용하게 쓰일 것이라고 판단했다. 노인의 추천에 어긋나지 않게 주해는 훌륭하게 임무를 완수했다.

"부자가 함께 군중(軍中)에 있는 자는 아비 쪽의 귀국을 허용한다. 형제가 함께 종군하고 있는 자는 형의 귀국을 허용한다. 그리고 외아들은 귀국하여 부모를 모셔라."

호부를 내걸고 신릉군은 그렇게 명령했다.

10만의 장병 중 신릉군의 귀국 명령에 해당되는 자는 2만이었다.

나머지 8만의 장병을 이끌고 신릉군은 진군하여 조나라 도읍 한단을 구하고 장군 왕흘(王訖)이 거느린 진나라의 대군을 격퇴했다.

그 때 전국 4공자의 한 사람인 초나라의 춘신군(春申君)도 참전하여 조나라를 도왔다.

'왕흘, 한단을 공격하다. 함락시키지 못하고 떠나다.'

〈사기〉의 '진본기(秦本紀)'에 이렇게 간략히 기술되어 있는 이 전투의 이면에는 이러한 의협의 비화가 있었다.

조나라의 평원군이 화살통을 등에 지고 처남인 신릉군을 맞아 그를 인도하여 궁전으로 들어갔다. 조왕도 재배하여 사의를 표한 것은 말할 것도 없다. 그러나 여희에게 호부를 훔치게 하여 왕명 없이 군대를 지휘한 신릉군이 위나라로 되돌아갈 수 없게 된 것은 물론이다. 그는 8만의 장병을 귀국시키고 자기는 그대로 조나라에 머물렀다.

이전에 식객이었던 자들이 한두 사람씩 망명 중인 그의 곁에 모여들었는데 한단을 구한 직후 위에서 찾아온 최초의 식객이 있었다.
"슬픈 소식이 있습니다."
그가 말하자 신릉군은 곧 짐작이 갔다.
"이문의 노감자(老監者)가 죽었는가?"
"네, 그렇습니다."
어떻게 그 일을 알고 계시느냐는 표정을 지으며 식객은 고개를 갸우뚱했다.
"언제, 어떻게 죽었는가?"
"12월 초하루, 스스로 목을 자르고 죽었습니다."
"허, 내가 업에 닿은 바로 그날이구나!"
신릉군은 크게 탄식했다.
곁에 있던 주해는 그 말을 듣자 통곡을 했다.
"후 선생님은 일정을 꼽아 보시고는 공자가 진비의 본영에 닿는 날 북쪽을 향해 자결하리라고 말씀하셨습니다."
진비 장군에게는 그와 짝이 맞는 저승길의 길동무가 있다고 말한 노인의 뜻을 신릉군은 그때에야 알았다.

읽지 못한 마지막 수

다음의 이야기는 후일담이다.
신릉군은 모처럼 조나라에 왔으니 이미 오래 전부터 이 나라의 현자로 알려진 모공(毛公)과 설공(薛公)을 만나 봤으면 했다. 두 사람 모두 벼슬하기를 꺼려 민간에 숨어 살고 있었다.
신릉군이 자신들과 만나고 싶어 한다는 말을 듣자 그들은 재빨리 행방을 감추고 말았다.
그러나 신릉군의 식객들은 온갖 방면에 줄이 닿아 있었기 때문에 끝내 그 두 사람을 찾아내고 말았다. 모공은 노름꾼 틈에 끼어 있었고 설공은 된장과 간장을 파는 가게에 숨어 있었다.

신릉군의 열성에 두 사람 놀라움을 금치 못했으며 더 이상 숨을 수도 없는 노릇이었기에 결국에는 체념하고 말았다. 그 날 이후 그들은 신릉군의 좋은 친구가 되었다. 신릉군은 자주 그들을 찾아 담소를 즐기곤 했다.

그 말을 들은 평원군은 아내에게 타박했다.

"당신 아우는 천하무쌍의 인물이라고 믿고 있었는데 알고 보니 노름꾼이나 된장 장수 따위와 사귀고 있다지 않소. 처남은 창피한 것도 모른단 말이야. 품격이 의심스럽소."

누님으로부터 그 말을 들은 신릉군은 그 자리에서 작별 인사를 하고 떠날 채비를 했다.

"누님, 나는 매형을 현명한 인물이라고 알고 있었습니다. 그래서 형님의 말씀도 듣지 않고 조나라를 도왔던 것입니다. 그런데 지금 하신 말씀으로 미루어 보건대 평원군이 남과 사귀기를 좋아하는 것도 결국 호탕한 행동에 지나지 않았습니다. 진정으로 인재를 찾고 있는 것이라고 생각할 수는 없습니다. 노름꾼이나 된장 장수라 해서 현자가 없으란 법이 있습니까? 그런 사람과는 더 이상 함께 있을 필요가 없습니다. 저는 당장 이곳을 떠나겠습니다."

그는 누님에게 불만을 터뜨렸다.

부인은 당황해서 평원군에게 그 같은 일을 알렸다.

이러한 의견 충돌은 평원군이 관을 벗고 사과하여 가라앉았다.

평원군도 객인을 좋아하여 그의 식객 역시 3천 명이라고 했다. 그러나 그 일이 있은 다음부터 평원군의 많은 식객들이 신릉군 쪽으로 옮겨 갔다고 한다.

지조가 없다는 비판도 있을 만하다.

그러나 선비는 자기를 알아주는 자를 위해 죽어도 좋다는 생각이 중요했으므로 보다 훌륭한 사람에게 몸을 위탁하려 한다. 그것 역시 전국적(戰國的)인 시원시원한 풍조였다.

진나라가 볼 때 신릉군 없는 위나라는 두렵지도 않고 까다롭지도 않았다. 때문에 뻔질나게 군대를 동원하여 위나라의 영토를 빼앗았다.

위왕도 호부를 훔친 아우에게 화가 나 있었지만 '나라를 보전하는 것'을 지상 임무로 알고 있는 현실주의자였기에 신릉군에게 빨리 귀국하도록 요청했다.

신릉군은 형의 노여움이 아직 풀어지지 않았을 것으로 생각하고 그러한 요청을 계속 묵살해 왔다.

그 때 신릉군을 설득한 사람들이 노름꾼인 모공과 된장 장수인 설공이었다.

"조국 위나라가 바야흐로 존망의 기로에 서 있는데 공자는 그것이 걱정되지도 않습니까? 만일 진나라의 군대가 위나라의 도읍 대량을 공략하여 선왕의 종묘를 말굽으로 짓밟는다면, 공자여, 당신은 무슨 면목으로 천하에 얼굴을 들고 다니겠습니까?"

두 사람의 말이 채 끝나기도 전에 신릉군은 안색이 달라지면서 길 떠날 채비를 서둘렀다.

그렇게 해서 조나라에 망명한 지 10년 만에 신릉군은 비로소 귀국하여 위나라 군대의 최고 사령관에 취임했다.

신릉군의 명성은 온 천하에 알려져 있었다. 제후들은 장병을 파견하여 그의 군대에 가담시키려고 했다. 그는 급기야는 5국의 연합군 장군이 되어 황하 남쪽에서 진나라 대군을 격파하고 그 길로 함곡관(函谷關)까지 추격했다.

그 후 진나라는 얼마 동안 감히 함곡관을 넘어오지 못했다.

진나라는 방침을 바꾸어 모략을 쓰기로 했다. 황금 1만 금을 공작비로 쓰면서 유언비어를 퍼뜨리도록 했다

"신릉군은 남면(南面)하여 위의 왕이 되려 하고 있다."

그 때 진왕을 위해 공작원으로 활약한 사람들은 업에서 신릉군에게 살해된 위의 장군 진비의 식객들이었다.

그들은 태반이 위나라 사람이었으나 주인의 원수를 갚기 위해서는 진왕의 명령이라도 따르려 했다.

이러한 전국 기질은 본말 전도처럼 보이면서도 '천하는 하나'라는 시대의 추세에 자연스럽게 맞아떨어졌다. 이러한 시대적 정신이 진나라의 천하 통일을 가능하게 했다.

어쨌든 진왕의 모략은 수가 높은 데다 다양했다.

"신릉군이 위왕이 되었다면서요?"

이렇게 모른 척하고 즉위를 축하하는 사절단을 보내기도 했다.

위왕도 비로소 의심을 품게 되어 신릉군을 물리치고 다른 사람을 장군으로 임명했다.

신릉군은 심기가 울적했다.

병이 났다고 핑계대고 궁중에 출사하지도 않은 채 연일 식객들과 밤을 새워 연회를 벌였을 뿐만 아니라 여자를 가까이 하며 방탕한 나날을 보냈다. 그리하여 신릉군은 4년 후에 병사하고 말았다.

"마시면 시름이 사라집니다."

그 같은 방탕 생활을 부채질한 것은 다름 아닌 주해였다.

신릉군은 만년의 어느 날 주해를 벗 삼아 술을 마시며 이런저런 이야기를 하고 있었는데 갑자기 생각난 듯이 물었다.

"내가 후 노인을 마중하러 간 날 선생이 시장에 들러 푸줏간 앞에서 그대와 한동안 이야기를 나누셨는데 그 때 선생은 무슨 말을 하셨소?"

"네, 제 스승은 이렇게 말씀하셨습니다. '나는 석 집 이상이나 이하로 바둑에 이겼을 때에는 그 상대와 함께 누구에겐가 몸을 의탁하려고 작정하고 있었지. 자네에게 다섯 집이나 이겼으니 신릉군 밑에서 노후를 보내려고 한다. 하지만 자네를 데리고 가진 않겠다. 자네가 바둑에 열중하는 모양을 보고 있노라니 아무래도 신릉군의 측근에 두어서는 좋지 않을 것 같은 생각이 들어. 그러니 아무리 말씀이 있어도 절대로 가서는 안 되네. 그 대신 여차직할 때 즉 자네의 결단과 담력과 완력이 필요할 때 나는 자네를 천거할 것이야. 그 때는 목숨을 내놓게. 나도 죽을 것이니.' 틀림없이 그렇게 말씀하셨습니다."

"그랬었던가."

신릉군은 빈 잔을 잠시 들여다보다가 중얼거렸다.

"목숨을 내놓으라고 했는데 그대는 이렇게 살아 있구면."

"그래도 진비를 죽이는 데는 성공하지 않았습니까?"

"그래, 성공은 했지. 그러나 후영 선생의 생각이 그런 것이었을까?"

고개를 갸우뚱하며 신릉군은 또 잔에 술을 따랐다.

주해가 권하지 않았다면 신릉군도 이러한 생활에 빠져들지 않았을 것이다.

'후 선생은 몇 수나 앞을 내다보고 계셨구나. 주해에게 죽으라고 말씀하셨는 데도 이 사람은 뭔가 잘못 생각하고 아직껏 살고 있어.'

신릉군은 그렇게 생각했다.

그리고 잔을 들며 중얼거렸다.

"선생도 거기까지는 읽지를 못하셨던 게야."

"무엇을 못 읽었다는 말씀입니까?"

주해는 의아스럽다는 듯이 물었다.

신릉군은 쓸쓸히 웃으며 아무런 대꾸도 하지 않았다.

3. 검호 주영(朱英)과 맹인 검객

평원군(平原君)의 식객들

조(趙)나라의 혜문왕(惠文王)은 동생인 공자 승(勝)을 재상으로 삼고 평원의 땅에 봉해 평원군(平原君)으로 불렀다.

평원군은 원래 선비를 좋아했다. 그래서 그의 부중(府中)으로 많은 선비들이 모여들어 먹고 자는 선비들만도 항상 수천 명이나 되었다.

그의 부중에는 단청이 아름다운 누각이 있었는데 그 누각에는 평원군이 사랑하는 미인이 거처하고 있었다.

어느 날이었다. 그 누각 근처에 살고 있는 한 절름발이 선비가 일찍 일어나 다리를 절며 우물가로 가서 물을 길었다. 그 때 누각 위에서 미인이 그 절름발이의 모습을 굽어보다가 그만 웃음을 터뜨렸다. 이에 크게 분개한 절름발이 선비는 부중으로 가서 평원군에게 뵙기를 청했다.

평원군이 그를 맞이해 물었다.

"무슨 일로 나를 찾아왔소?"

절름발이 선비가 말했다.

"제가 듣건대 공자께서는 선비를 좋아하신다더군요. 그런데 이 몸은 불행하게도 오늘 아침 후원 누각에 있는 여자로부터 자못 모욕적인 비웃음을 받았습니다. 그래 이 몸이 한낱 여자의 웃음거리가 되어야만 합니까? 공자께서는 즉시 그 여자의 목을 끊으시고 모든 선비들에게 차별이 없다는 것을 밝혀 주십시오."

평원군은 웃으면서 대답했다.

"그렇게 하지요."

절름발이 선비는 평원군에게 절하고 부중에서 물러나갔다. 그가 가자 평원군은 웃으면서 말했다.
 "참으로 어처구니없는 사람이로다. 그래 비웃음을 한번 당했다고 해서 나더러 미인을 죽이란 말인가."
 원래 평원군의 부중에는 일정한 규약이 있었다. 그것은 한 달에 한 번씩 부중에 머물고 있는 선비들의 명부(名簿)를 열람하는 일이었다. 드나드는 선비와 손님들의 실태를 조사해 다음 달 양식과 필수품을 미리 준비해야 했다. 그 때까지는 손님과 선비들의 수가 늘면 늘었지 한 번도 줄어든 적이 없었다.
 그런데 웬일인지 그 후로 부중에 들끓었던 선비들이 점점 줄어들기 시작했다. 어느덧 1년이 지나자 선비들은 더욱 줄어 반밖에 남지 않았다. 때문에 평원군이 중얼거렸다.
 "이거 참 이상하구나. 무슨 곡절이 있는 모양이구나."
 평원군이 이윽고 좌중에게 물었다.
 "나는 오늘날까지 선비와 손님들을 대접하는 데에 한 번도 예의에 어긋난 일이 없었다고 생각하오. 그런데 불과 1년 만에 이렇듯 많은 선비와 손님들이 나를 버리고 떠나 버렸으니 이게 웬일이오?"
 그들 중에서 한 손님이 대답했다.
 "대군께서는 절름발이 선비를 비웃은 미인을 죽이겠다고 약속하시고서 오늘날까지 아무런 조처도 내리지 않으셨습니다. 그래서 본의건 본의가 아니건 여색을 사랑하고 선비를 차별한 결과가 되었습니다. 그런 까닭으로 많은 선비들이 뿔뿔이 떠났습니다. 이제 우리들도 떠날 준비를 하고 있습니다."
 그 말을 들은 평원군은 크게 놀랐다.
 "그것은 과연 나의 잘못이오."
 평원군은 허리에 찬 칼을 풀어 시자(侍子)에게 내주며 분부했다.

"이 칼을 가지고 가서 누각에 있는 미인의 목을 끊어 오너라."
그로부터 얼마 후에 시자는 미인의 머리를 쟁반에 받쳐 들고 왔다. 평원군은 친히 그것을 들고 절름발이 선비의 집으로 가서 정중히 사죄했다. 이에 문하의 모든 선비들은 평원군의 어진 덕을 높이 칭송했다. 그 후로 많은 선비들이 다시 평원군의 부중으로 모여들었다.

바로 그즈음에 조나라의 도읍 한단(邯鄲) 교외에서 또 한 사람의 목이 길 한가운데에 구르는 이상한 사건이 발생했다.

목이 없는 시체는 좀 떨어진 곳에서 발견되었다. 아직 피가 채 마르지 않은 갓 잘린 목이기 때문에 분해서 일그러진 것 같은 얼굴도 별로 훼손된 데가 없었다. 신원은 금방 밝혀졌다.

신광(申廣)이라는 자였다.

일전에 역시 목이 잘려서 죽은 포거(鮑巨)와 마찬가지로 그는 평원군의 식객들 중 한 사람이었다.

"이대로 내버려 둘 수는 없다. 무슨 수를 써서라도 범인을 잡아야겠다."

평원군은 몸이 달아 있었다.

그의 식객들은 천하를 돌며 유세하고 다니는 명사에서부터 세 끼 밥도 제대로 못 찾아 먹는 사기꾼에 이르기까지 가지각색이었다. 그러나 목이 잘려 죽은 두 사람은 모두 상빈(上賓)으로 후하게 대접받은 자들이었다.

선비나 무사들의 보호자로 자처하고 있는 평원군은 그들 두 사람을 죽인 자가 자기에게 도전해 온 것이라고 생각했다.

죽은 두 사람은 모두 무술에 능한 자들이었다. 허를 찌른 기습이라 할지라도 범인은 무예(武藝)에 상당한 고수로 보였다.

왜 두 사람을 죽인 것일까?

원인에 대해서는 짚이는 데가 전혀 없었다.

두 사람의 공통점은 외곬에다 누구 앞에서나 가리지 않고 솔직하게 말한다는 기질 정도뿐이었다.

"새 칼을 만든 자가 시험 삼아 목을 베어 본 것이 아닐까?"

이것이 유력한 설이었다.

평원군의 상빈들 중에 주영(朱英)이라는 사람이 있었다. 하북(河北) 관진(觀津) 출신으로 죽은 두 사람과 막역한 사이였다. 조나라에 온 지는 반년도 채 되지 않았다.

이 사나이는 평소에는 말이 없고 성격도 꽤 좋은 편이지만 주벽(酒癖)이 좀 있는 편이었다. 술을 마시면 공연히 트집을 잡고 상대에게 독설을 퍼붓고는 했다. 주영의 그런 성격이 분명히 드러난 것은 신광의 장례식 날이었다.

대낮에 술을 마신 그는 평원군의 저택에 드나들고 있는 이원(李圓)이라는 자에게 악담과 험담을 함께 늘어놓았다.

"야! 너는 부귀가 탐이 나서 평원군을 졸졸 따라다니는 거지? 물론 아니라고 하겠지. 하지만 네 얼굴에 그렇게 새겨져 있어. '금은보화 이외에는 아무런 관심이 없습니다요'라고 말이야. '인정, 신의, 포부, 그 따위 쓸 것 없는 것들은 하나도 없습니다요'라고 적혀 있어. 어디 좀 보자. 으이그, 인상도 참 더럽구나. 하치 중에서도 아주 하치, 후안무치, 탐욕, 수전노의 면상이란 바로 너 같은 놈의 얼굴을 말하는 거다. 알았느냐, 이놈."

주영에게 걸린 이원이라는 자는 그 지방의 토박이였는데 이 상황은 그저 재난을 만났다고 할 수밖에 없는 꼴이었다. 이원은 속으로 화가 났지만 술에 취한 사람의 주정이니 어찌할 것인가. 그는 태어날 때부터 허약했기에 완력에는 자신이 없었다.

이원은 확실히 욕심이 지나친 인간이었기에 같은 또래에서도 평판이 좋지 않았다. 때문에 아무도 주영을 말리지 않았다. 말하자면 '이 기회에 속 시원해지게 한번 당해 보라'는 분위기였다.
　주영의 입에서 속사포같이 욕지거리가 쏟아지자 이원은 슬그머니 그 자리를 피해 달아났다.
　주영은 벌렁 나자빠져 잠을 자다가 밤중에 일어나 장검을 거머쥐고 밖으로 나갔다.
　"바람 좀 쐬다 오겠네."
　"칼부림하는 미친놈을 조심하게."
　동숙자가 말했지만 술이 덜 깬 그에게는 그 소리가 들리지 않는 것 같았다.
　한 시간쯤 지나서 그는 돌아왔다.
　방으로 들어서자 그는 칼집에서 검을 뽑았다.
　한 방을 쓰는 우경(虞卿)이 물었다.
　"위험스럽게 뭐 하는 짓인가?"
　"걱정 말라고. 손질 좀 하려는 거야."
　"허!"
　우경은 주영이 뽑은 검에 피가 묻어 있는 것을 보고 놀라서 물었다.
　"분풀이로 개라도 동강냈나?"
　"아니, 개가 아니고 사람과 싸웠어."
　"뭐라고?"
　"칼부림하는 미친놈 말이야."
　"아니, 뭐? 그래서 어떻게 됐나?"
　"잽싸게 도망치더군. 하지만 왼쪽 눈을 베어 버렸으니 당분간은 칼부림을 하지 못할 걸세."
　"그놈이 나타날 줄 알고 나갔었군?"
　"그래. 반드시 나타날 거라고 생각했지."

"음."

우경은 신음소리를 토해 냈으나 더 이상 묻지는 않았다.

우경은 정확하게 말하자면 평원군의 식객이 아니었다. 내력이 분명치 않은 유세하는 선비였는데 조나라에 오자마자 왕에게 알현하기를 요청했다. 구변에 상당한 자신이 있었다.

조나라에 나타났을 때는 남루한 옷에 다 떨어진 짚신을 끌고 등에는 자루가 긴 우산을 동여매고 있었다. 어느 모로 보나 신세가 쪼들릴 대로 쪼들린 궁한 사람의 몰골이었다.

그러나 천하의 대세와 조나라가 처해 있는 입장과 채택해야 할 방책 등을 도도하게 풀어나가자 호기심으로 만나 본 조나라 효성왕(孝成王)은 그만 그 자리에서 탄복하고 말았다.

첫 알현에서 황금 1백 일(鎰)과 백옥(白璧) 한 쌍을 하사했고 다음번 알현에서는 상경(上卿)의 벼슬을 주었다.

훌륭한 관사도 받았으나 우경은 여러 계층의 사람과 사귀기를 좋아했기에 항상 평원군의 객사를 찾아와 기분이 내키면 며칠씩 먹고 자곤 했다.

자기를 알아줄 사람을 목마르게 찾아다닌 사람은 자기가 알아볼 수 있는 사람을 물색하려는 욕구도 강하다.

우경은 평원군의 식객들 중에서도 특히 주영이 마음에 들었다.

"주영은 이곳에 오래 있을 사람이 아니다."

우경은 이튿날 가까운 사람에게 그렇게 말했는데 그의 말대로 사흘 후에 주영은 한단의 거리를 떠났다.

주영에게 혼이 난 이원은 그 전날 갑자기 모습을 감추었다. 이원은 조나라 사람이기에 식구도 거느리고 있었는데 일가가 모두 한단에서 연기처럼 사라지고 말았다.

뒤바뀐 처지

때는 위(魏)나라의 신릉군(信陵君)이 매형인 평원군의 요청으로 호부를 훔쳐 위의 대군을 투입해 한단을 포위한 진(秦)나라 대군을 격퇴하기 수년 전이었다.

서쪽의 진나라는 타국 출신의 인재들을 계속해서 재상으로 등용하여 이미 전국 7웅 중 최강의 나라가 되어 있었다.

위나라 사람 범숙(范叔: 숙(叔)은 범수[范睢] 또는 범저[范雎]의 자)이 응후(應侯)로 봉해져 진의 재상이 된 것은 진나라의 소왕(昭王) 41년 때의 일이다.

범숙은 진나라에서 장록(張祿)이라고 이름을 바꾸어 살았는데 이 인물은 기구한 과거를 갖고 있었다. 그는 젊은 시절에 고향인 위나라에서 중대부(中大夫) 수가(須賈)의 가신 노릇을 하고 있었다.

수가가 사절로 제(齊)나라에 갔을 때 범숙도 수행원의 일원으로 따라갔다. 몇 달 머무는 동안에 그의 논리 정연한 변설(辨說)을 제나라의 양왕(襄王)이 알게 되었다. 그가 탁월한 재능을 지니고 있었던 인물임은 확실하다.

힘이 전부인 전국 시대에 변설은 무(無)에서 힘을 낳는 귀중한 기술로 존경의 대상이 되었다. 제후들은 누구나 사방에서 뛰어난 변사(辯士)들을 영입하려고 했다.

제왕은 그 때 범숙에게 금 10근과 쇠고기에 술 등을 선물로 보냈는데 그것이 일종의 계약금과 같은 것이었다. 하지만 범숙은 제나라에서 벼슬할 뜻이 없었기 때문에 그것을 사양했다.

그런데 주인인 수가가 그 일을 알고 크게 노했다. 시기심도 있었던 데다 범숙이 위나라의 내정을 제나라에 밀고한 대가가 아닐까 하는 의심도 품었다.

또한 그 때의 교섭이 순조로운 진전을 보이지 않았기에 그렇게 된 책임을 모면해야 할 필요도 있었다. 때문에 이렇게 보고했다.
"아무래도 이쪽 기밀이 누설되었기에 일하기가 어려웠다. 그것은 범숙이 한 짓인 것 같다. 아니, 그런 것이 틀림없다."
그 때의 재상은 왕족들 중의 하나인 위제(魏齊)라는 사람이었다.
그는 소년 시절부터 이름난 난폭자로 한번 싸움을 했다 하면 무슨 일을 저지를지 모를 위험천만한 사나이였다. 사절의 교섭이 실패한 것은 내통자가 있었던 탓이라는 말을 듣자 화가 치밀었다.
"때려 죽여라!"
위제의 가신들은 몽둥이를 들고 사정없이 범숙을 때려 갈비뼈를 몇 개씩이나 부러뜨리고 이까지 바스러뜨렸다.
범숙이 축 늘어지자 위제는 다시 명령했다
"이놈을 거적에다 말아서 변소에 처넣고 모두들 오줌을 싸라."
위제의 집에도 수많은 식객들이 있었다. 술을 마신 그들은 변소로 가서 거적에 말린 범숙을 향해 오줌을 주었다.
'타국에 기밀을 누설한 놈은 이렇게 혼이 난다.'
본보기를 보이기 위해 그렇게 한 것이다.
범숙의 무기는 세 치밖에 안 되는 혓바닥 하나뿐이었다.
"살려주면 꼭 은혜를 갚겠다."
그는 감시원을 매수했다.
감시원은 위제가 술에 취해 있는 때를 노려 범숙이 죽었다고 보고하고 시체를 내다 버렸으면 좋겠다고 말했다.
"그렇게 하라. 집안에 오줌에 절여진 시체가 있으면 부정을 탄다. 먼 데다 갖다 버리라."
원래가 차분하지 못한 성격인 데다 술에 취해 있었기 때문에 위제는 범숙의 죽음을 확인하지 않은 채 허락했다.
  그리하여 감시원의 도움으로 간신히 변소에서 빠져나온 범숙은 그 후 진나라로 가서 소왕을 모시게 되었으며 끝내는 재상이 되었다.
  몇 년 후에 위나라의 수가가 매우 불리한 문제를 해결하려고 사신으로 진나라에 갔을 때, 재상 장록이 죽은 줄만 알았던 범숙이라는 사실을 알고 너무나 놀라 까무러칠 뻔했다.
  원래 수가가 책임을 모면하기 위해 위제에게 엉터리로 보고했기 때문에 범숙은 맞아죽을 뻔한 데다가 오줌 세례까지 받는 굴욕을 맛본 것이다.
  갈아 마셔도 시원치 않은 자이지만 범숙은 여러 사람이 보는 앞에서 그에게 말에게 먹이는 여물을 먹이는 것만으로 원한을 풀고 용서해 주었다. 옛날에 그가 솜옷을 주었던 일이 생각났기 때문이었다.
  그 대신 엄하게 명령했다.
  "위나라로 돌아가거든 왕에게 전하라. 속히 위제의 목을 가져오지 않으면 위의 도읍 대량을 짓밟아 버리겠다고."
  귀국한 수가는 그 같은 사실을 위제에게 알렸다.
  "뭐라고. 응후 장록이 그…, 그…, 거적에 말아 변소에 처박았던 그…….'"
  위제는 말문이 꽉 막히고 말았다.
  "그 범숙이 틀림없습니다. 제가 만났습니다."
  "그…, 그래?"
  더 이상 무슨 할 말이 있겠는가.
  당시에는 진나라의 힘으로 하고자 하면 안 되는 일이 없었다. 게다가 진왕은 응후 범숙의 말이라면 팥으로 메주를 쑨다고 해도 곧이듣는다는 것은 천하가 다 알고 있는 사실이었다.
  위제는 더럭 겁을 집어먹고 위나라에서 모습을 감추었다. 재상이 어디론가 사라진 것이다.

그는 어디로 간 것인가?

궁한 새의 모습이 된 그는 의협의 품 속으로 뛰어들 수밖에 없었다.

위제는 조나라로 도망쳤다.

'조나라에는 의협의 사나이로 명성을 떨치고 있는 평원군이 있다. 거기에 가서 몸을 의탁하자.'

그 무렵 우경은 이미 상경에서 승진하여 재상 자리에 앉아 있었다.

그러나 여전히 평원군의 저택을 찾아가서 사귈 만한 식객들과 이야기를 나누고 때로는 며칠씩 묵고 가는 생활을 계속하고 있었다.

우경은 위제를 좋아했다. 좋아했다기보다는 범숙의 하는 짓이 못마땅했기에 그에 대한 분개의 마음이 강할수록 위제를 더욱 동정하고 있었다.

"진나라의 응후는 쩨쩨한 녀석이요. 사사로운 원한을 갚는 것은 좋소. 사람은 은수(恩讐)를 잊어서는 안 되지. 하지만 공과 사를 구별할 줄 알아야 해. 당신의 목을 가져오라, 그렇지 않으면 대량을 유린하겠다니, 형편없는 녀석이오. 복수하겠으면 자기 식객들에게 시켜서 해야지. 식객들을 동원해서 공격하라 이거요. 어쨌든 걱정 마시오. 우리 조나라에 온 이상 마음을 푹 놓으셔도 되오. 조에는 협객인 평원군이 있고 이 우경이 있지 않소이까. 자, 한잔 드시오."

우경은 항상 위제를 찾아와서 그렇게 위로하기도 하고 격려하기도 했다.

특별한 길동무

전국 시대에는 인재가 얼마나 존중받았을까? 그것은 기능적인 조직이 사회의 구석구석까지 그물 엮듯이 얽혀 있는 현대의 사람들로서는 도저히 상상할 수 없는 정도였다.

과학적 기술이 보잘것없었던 시기에는 인간의 자질과 재능이 그야말로 전부였다.

진나라의 소왕이 재상 범숙의 비위를 맞추려고 애쓰던 특별한 관계는 위에서 말한 사정을 고려하지 않으면 이해하기 어렵다.

소왕으로서는 지금 여기서 범숙을 놓치면 무엇인가 소리 내며 무너질 것 같다는 생각이 들었다.

어떻게 해서든지 범숙의 비위를 맞추어야 했다. 그러려면 범숙이 가장 바라고 있는 바를 성취시켜 주는 것이 제일 좋은 방법이라고 생각했다.

'들어보니 범숙은 옛날의 원수를 갚고 싶어 한다. 위나라에 있을 때 꽤 혹독한 꼴을 당했다는 이야기는 이미 세상에 알려져 있다. 그 복수에 얼마간의 도움을 주면 범숙은 그것을 큰 은혜로 생각할 것이 틀림없다.'

그래서 소왕은 계략을 써서 위제를 붙잡아 주어 범숙에게 은혜를 입힌 다음 언제까지나 진나라에 묶어두려고 했다.

소왕은 평원군에게 편지를 보냈다.

'공의 의협적인 행동은 벌써부터 듣고 깊이 마음 속에 새겨두고 있습니다. 한번 뵙고 세상 돌아가는 얘기나 허물없이 나누고 싶어 이렇게 초대하는 바입니다.'

초대에는 웬만한 이유가 없는 한 응해야 하는 것으로 되어 있었다. 특히 강자가 약자를 초대하는 경우 그것은 강제라고 해도 좋을 정도였다. 만일 초대를 거절하면 그것을 트집 잡아 공격을 가해 오는 일도 있었다.

평원군도 진왕의 초대를 거절할 수 없어 진나라에 가기로 했다.

그도 3천 명이나 되는 식객의 주인인 만큼 각지의 갖가지 정보를 수집하고 있었다.

진나라의 재상 범숙이 과거의 원한을 갚기 위해 위왕에게 위제의 목을 바치라고 요구한 사실은 평원군도 알고 있었다. 그렇기 때문에 위제가 그를 찾아와 몸을 의탁하게 된 것이 아닌가.

평원군은 진나라로 출발하기 전에 우경을 찾아 사정을 털어놓았다.

"내 품 속으로 들어온 궁한 새는 목숨과 맞바꾸어서라도 지켜 주지 않으면 안 됩니다. 그것이 협객의 길입니다. 하지만 상대는 포악한 진나라입니다. 우리 조왕을 다그쳐 위제의 목을 요구하면 왕의 성격으로 보아 도저히 뿌리치지 못할 것입니다. 타국의 압력에 굴하여 멀거니 식객의 목을 바쳤다면 조나라가 끝나는 날까지 씻지 못할 불명예가 될 것입니다. 그래서 의논하는 것인데 위제를 맡아줄 수 없겠소?"

"허어, 위제를 나의 식객으로 삼으란 말씀이시오?"

"그렇소."

"나중에는 어떻게 하시겠소?"

"귀공의 식객이 된 이상 나는 상관하지 않겠소이다."

"알았소. 그렇게 하겠소."

그런 대화 끝에 우경이 위제를 맡게 되었다. 원래 호의를 갖고 있었기에 기꺼이 맞아들인 것이다.

전국 4공자로 한데 묶여 칭송받고 있었지만 위나라의 신릉군과 비교하면 조나라의 평원군은 질적으로 약간 떨어지는 인물이다.

조나라에 망명하고 있던 신릉군을 노름꾼이나 된장 장수와 사귄다고 헐뜯었다가 오히려 '겉치레에 급급한 사나이'라고 신릉군으로부터 심하게 비난당했던 일은 이미 알려진 대로이다.

겉치레를 좋아하는 평원군이었기에 비록 진나라의 요구라 할지라도 그는 협객으로서 자기 집의 식객을 넘겨 줄 수는 없는 일이었다.

그러나 자기와 동격인 재상 우경의 식객이라면 그를 진나라에 넘겨준다 해도 평원군의 명예는 손상되지 않는다.

그런 꿍꿍이속이 있었으므로 미리 위제를 우경에게 인계한 것이지 위제의 신상을 염려해서 한 일은 아니었다.

평원군을 맞이한 진나라 소왕은 예상했던 대로 노골적으로 위제의 목을 요구했다.

"그 옛날 주(周)나라의 문왕(文王)은 명신 여상(呂尙)을 얻어 태공(太公: 조부)으로 모셨고 제(齊)나라의 환공(桓公)은 재상 관중(管仲)을 얻어 중보(仲父: 작은아버지)라고 불렀소. 그렇다면 우리 진나라의 재상 범숙은 바로 내가 숙부라고 불러야 할 사람이 아니겠소? 그러니 숙부의 원수는 나의 원수."

이런 이치에 닿지도 않는 소리를 늘어놓으며 겁을 주었다.

"그 원수가 지금 귀공의 식객으로 가 있다지 않소. 부디 그대의 나라에 사람을 보내 원수의 목을 가져오게 하시기 바라오. 만약 그렇게 하지 않는다면 귀공을 함곡관 밖으로 보내 드릴 수가 없소."

그 말에 대한 대답을 평원군은 이미 생각해 놓고 있었다.

평원군은 점잔을 빼면서 그럴싸하게 한마디 했다.

"존귀한 신분이었을 때의 벗은 비천해졌을 때를 위해서이고 부유한 때의 벗은 가난해졌을 때의 준비입니다. 위제는 제 벗입니다. 설령 제 집의 식객이었다 하더라도 그의 목을 바칠 수 없습니다. 하물며 지금은 제 집의 식객도 아닙니다."

그러자 소왕은 조왕에게 편지를 보냈다.

'평원군은 우리 진나라에 있고 범숙의 원수는 평원군의 집에 있다. 왕이여, 속히 그 원수의 목을 바치도록 하라. 그렇게 하지 않으면 우리는 거병하여 조나라를 칠 것이다. 평원군은 함곡관 밖으로 나가지 못할 것이다.'

힘이 강한 진나라의 억지 앞에서 견뎌 낼 재주가 있겠는가.

그 때 조나라 왕은 효성왕(孝成王)이었다.

평원군에게는 형의 아들인 조카가 된다. 효성왕은 진나라의 요구에 따라 느닷없이 평원군의 저택을 포위했다. 그러나 위제는 그 곳에 없었다.

우경은 자기 집에서 그 소식을 듣고 위제를 불러 한숨을 쉬며 말했다.

"아무래도 이 나라에서는 당신을 지켜주기 어려울 것 같소."

우경은 평원군의 진의를 처음부터 알고 있었으며 만일의 경우에 취할 조치를 생각해 놓고 있었다.

"더 이상 폐를 끼쳐드리면 제 마음이 괴로워질 것입니다. 이제 이곳을 떠나겠습니다."

"그래서 어떻게 할 작정이시오? 우리 왕 앞에 나가 목을 바칠 생각이오?"

"아닙니다. 죽음은 이미 각오하고 있습니다만 범숙이 게슴츠레한 눈으로 내 목을 내려다볼 것을 생각하니 참을 수가 없습니다. 어떻게 해서든 국외로 빠져나가 논두렁이라도 베고 죽고자 합니다."

"혼자서 말이오?"

"물론이지요."

"아니오, 당신에겐 길동무가 있소."

"논두렁을 베고 죽겠다는 내게 길동무가 있을 리가 있겠습니까?"

"나 말이오. 내가 길동무요."

우경은 그렇게 말하고 그 자리에 재상의 인수(印綬)를 풀어 놓고 길 떠날 채비를 했다.

죽은 자와 산 자

불우한 벗과 운명을 함께 하기 위해 우경은 재상의 지위까지 내던진 것이다.

"그렇게까지 하시면 제가 몸 둘 바를 모르게 됩니다. 부디 생각을 고쳐 주십시오."

애원하듯 말했지만 우경의 결심은 흔들리지 않았다.

"인간이 일생을 사는 동안 참된 벗을 몇 번씩이나 사귈 수 있는 게 아니오. 내 경우에는 지난날 주영이라는 마음의 벗이 있었소만 그도 떠나 버렸고 그 후로는 오랫동안 벗을 삼아 서로 흉금을 털어놓을 만한 사람을 만난 적이 없이 없소. 그런데 지금 당신을 얻었소. 재상의 자리 따위는 쓰레기나 다름없는 것이오. 그러니 마음 쓰지 마시오."

두 사람은 함께 남들 모르게 조나라 국경을 넘어 우선 위나라 땅으로 들어섰다.

위제는 위나라에서 도망쳐 나온 것이니 그 땅에 정착할 수는 없었다. 위왕은 수가로부터 진왕의 요구를 듣고 위제를 붙잡으려 하고 있었다.

두 사람은 초(楚)나라를 망명처로 정했다.

초나라에는 춘신군(春申君)이라는 식객을 좋아하는 인물이 있었다. 맹상군, 평원군, 신릉군과 함께 전국 4공자로 칭송 받는 사람이었다.

그러나 초나라로 가려면 위의 영토를 지나가야 했다. 또 그들은 춘신군과는 안면이 없기 때문에 신릉군으로부터 소개장을 얻으려고 생각했다.

정보망이 완비되어 있는 신릉군은 위제와 우경이 조나라를 탈출했다는 정보를 이미 포착해 알고 있었다. 얼마 후 우경이 사람을 시켜 면회를 신청해 왔다.

"왔군."

신릉군은 중얼거렸다. 상대는 그를 의협의 사나이라고 믿고 찾아온 것이다.

신릉군은 협기의 사람이기는 했지만 위나라의 국정을 담당하는 사람으로서 현실주의자이기도 했다. 그러므로 진왕의 요구가 아직 철회되지 않은 것을 고려하여 일단은 거절했다.

"바쁘기 때문에 면회할 수 없다."

그 때 바로 상빈인 후영이 왔다. 이문의 문지기이며 바둑의 명수라고 알려진 노인이다.

신릉군은 후 노인에게 우경이 사람을 보낸 경위를 설명하고 물었다.

"우경이란 어떤 인물이오?"

"남이 정말 나를 알 수 있을까요? 나 역시 남을 알 수는 없지요. 우경은 조나라의 재상으로 만호후(萬戶侯)였습니다. 위제가 곤경에 빠져 몸을 의탁하자 벼슬 따위는 안중에도 없다는 듯 재상의 자리를 내던진 채 위제와 함께 몰래 탈출하여 지금 공자에게 의지하려는 것입니다. 공자께서는 내게 어떤 인물이냐고 물으시는데 남이 나를 알 수 없듯이 나도 우경에 관해서는 그 정도밖에 모릅니다."

후 노인의 대답은 신릉군에 대한 통렬한 비판이었다.

'벗을 위해 만호후의 작록(爵祿)도 재상의 지위도 버린 인물이오. 그 정도는 각지에 정보망을 갖고 있는 당신도 알고 있을 것이 아니오. 그 이상 무엇을 알고 싶다는 거요. 그것만으로도 훌륭한 인물이라는 것은 분명하거니와 그런 인물이 믿고 왔는데 면회마저 거절하다니 그게 무슨 짓이오!'

이런 뜻이 담긴 대답이었다.

후 노인의 말이 끝나자 신릉군은 자리에서 벌떡 일어나 몸소 말의 고삐를 잡고 교외로 달려 나갔다.

그러나 한 발 늦었다.

위제는 신릉군이 면회를 거절한다는 말을 듣자 스스로 칼을 뽑아서 목을 찔러 자결한 것이다.

우경이 측간에 간 사이에 자살을 감행한 것이다. 사실 우경은 그런 일이 생기지 않을까 걱정하여 항상 주의하고 있었다.

"정말로 화가 나서 죽었단 말인가?"

우경은 위제의 시체를 향해 살아 있는 사람에게 묻는 것처럼 중얼거렸다.

위제의 자살은 신릉군에게 실망하여 격노한 끝에 저지른 짓 같기도 하다. 그러나 어쩌면 더 이상 우경에게 폐를 끼치고 싶지 않아 분노를 빙자하여 스스로 목숨을 끊었는지도 모른다.

"이 사람아, 죽는다고 모든 게 해결된 것 같은가!"

얼굴이 온통 눈물범벅이 된 우경이 벗의 얼굴을 내려다보며 그렇게 말했다.

신릉군의 수레는 그 때 도착했다.

길거리의 주막집 안. 피바다가 된 바닥에 쓰려져 있는 사나이. 신릉군은 단번에 무슨 일이 일어났는지 알았다. 그는 위제의 자살에 대해서는 말하지 않고 우경에게 말했다.

"좋으시다면 우리 집으로 모시고 싶소이다."

"사양하겠소."

우경은 일언지하에 거절했다.

"춘신군에게 소개장을 써 드리고 싶소."

"부질없는 노릇이오."

"알았소이다."

신릉군은 깊숙이 고개를 숙였다.

우경의 가슴 속에서 격랑과 같은 감정이 물결치고 있는 것을 신릉군은 알 수가 있었다.

위제의 목은 결국 조나라로 보내졌고 조왕은 그것을 진왕에게 보냈기 때문에 진나라에 유폐되고 있던 평원군은 무사히 함곡관을 넘어 귀국할 수 있었다.

이원의 미인계(美人計)

초(楚)나라의 춘신군(春申君)은 누구인가?

전국 4공자 중에서 이제까지 등장한 세 공자는 모두 그 나라의 왕족이었다. 춘신군은 그렇지 않았다.

성은 황(黃)이며 이름은 헐(歇)이다.

초나라의 경양왕(頃襄王)은 전국 시대의 관례에 따라 태자 완(完)을 볼모로 진나라에 보냈는데 춘신군은 그의 몸종으로 함께 진나라로 갔다.

경양왕이 중병에 걸렸다는 고국의 소식을 듣자 춘신군은 태자 완에게 곧 귀국할 것을 권했다.

여러 공자들 사이에 왕위 계승을 둘러싼 쟁탈전이 벌어질 것인데 그런 때에 태자가 나라 안에 없다면 후계 문제가 복잡해질 터였다.

그러나 볼모 신분이라 귀국하는 방법은 탈출 이외에는 없었다. 그는 서둘러 완을 마부로 변장시켜 무사히 탈출시켰으며 뒤치다꺼리도 다 했다.

"태자가 도망친 것은 저의 죄입니다. 바라옵건대 죽을 죄를 지었으니 마땅히 벌을 내려 주시옵소서."

"그놈 배짱 한번 두둑하구나. 소원대로 해 주지. 끌어내라."

소왕은 근위병에게 명령했다.

춘신군이 끌려 나가자 재상 범숙이 왕에게 다가가서 말했다.

"저 사나이는 살려 두시는 것이 좋겠습니다."

"어째서인가?"

"저 사나이는 죽음을 무릅쓰고 주인을 위해 충성을 바친 자입니다. 만일 탈주한 완이 초나라로 돌아가 왕이 되면 반드시 저 사나이를 중용할 것입니다. 그러니 목숨을 살려주어 진나라와 초나라의 친선을 위한 포석으로 삼으시는 게 어떻겠습니까?"

"음, 일리가 있는 말이다."

소왕은 고개를 끄덕였다. 그 무렵의 소왕은 범숙이 하자는 대로 따르고 있었다.

그렇게 되어 춘신군은 처형을 면했을 뿐만 아니라 귀국도 허용받았다.

석 달 후에 경양왕이 죽고 태자 완이 즉위했다. 이가 바로 고열왕(考烈王)이다.

춘신군이 재상이 된 것은 말할 것도 없다. 왕으로부터 절대적인 신임을 받고 있었다.

춘신군도 식객이 3천 명이라고 알려져 있었는데 상빈(上賓) 속에 평원군의 객인이었던 주영(朱英)도 끼어 있었다.

춘신군의 객사에서 주영은 주로 드러누운 채 지내고 있었다. 눈을 감고 있었으나 정말로 잠을 자고 있는지 알 수가 없었다.

"깨어 있겠지. 하루 종일 잠만 잘 수야 있겠는가?"

"아니야. 가볍게 코 고는 소리도 들렸는걸."

"잠을 잘 때도 있고 뭔가 생각하고 있을 때도 있겠지."

"하여간 별난 친구야."

사람들은 약간 괴팍스러운 친구라고 생각했으나 그에 대한 평가는 구구했다.

하지만 춘신군은 주영을 높이 평가하고 있었다.

춘신군은 사람을 볼 줄 알았지만 결점이 없는 것도 아니었다. 여색에 약했다. 아니, 강하다고 해야 옳을지 모른다. 어쨌든 여성 관계에는 경지에 이른 사람이었다.

"귀공께서 실패하는 일이 있다면 그것은 여자에 얽힌 사건일 것입니다."

주영은 서슴지 않고 그렇게 말했다.

평원군 곁을 떠난 지 어느덧 10여 년이나 되었다. 주영은 수염을 길렀기 때문에 언뜻 보면 그 때의 주영과는 달라 보였다.

게다가 3천 명이나 되는 식객들이 우글거리는 곳이라 전에 어디선가 만난 적이 있는 사람일지라도 피하고 싶으면 얼마든지 피할 수 있었다.

'역겨운 놈이 왔군.'

평원군의 식객으로 있을 때 주영에게 수모를 당하고 자취를 감추었던 이원이 춘신군의 식객으로 들어왔을 때 주영은 양미간을 약간 찌푸렸다.

유세하는 선비들은 천하를 두루 돌아다녔다. 그들을 받아들일 수 있는 왕이나 제후들의 수는 한정되어 있기 때문에 그런 곳에서 구면을 만나는 일은 흔했으므로 10여 년 만의 재회도 별로 극적인 것은 못 되었다.

때로 얼굴을 맞대지 않을 수 없는 경우라도 주영은 팔짱을 낀 채 외면했다. 이원이 주영을 알아보았는지는 알 수가 없다.

어느 때인가 이원은 휴가를 얻어 여행을 갔다 왔는데 예정보다 늦게 돌아왔다.

"제 조카딸이 제왕(齊王)의 마음에 드신 것 같아 혼사 문제로 늦었습니다."

이원은 변명을 했다.

그 순간 춘신군의 눈이 반짝 빛났다.

제왕은 나이도 젊었으며 얼굴이 잘 생긴 여자를 좋아한다는 소문이 나돌았다. 그런 제왕의 마음에 들었다면 상당한 미인임에 틀림이 없었다. 손이 닿지 않는 곳에 있다면 몰라도 식객의 누이동생의 딸이라고 하지 않는가. 여색을 좋아하는 춘신군으로서는 그대로 지나칠 수 없었다.

"단자는 받았는가?"

"아닙니다. 아직 거기까지 일이 진전되지는 않았습니다."

"그럼 질녀를 나에게 보여줄 수 없는가?"

"원하신다면……."

그렇게 되어 이원은 생질녀를 춘신군 앞으로 데리고 왔다.

역시 미인이었다.

제왕의 눈치를 보아야 했기에 춘신군은 그녀를 자기 후궁에 들여놓지 않고 남몰래 별택에 데려다 두고 사랑했다. 그러므로 세상에는 별로 알려지지 않았다. 소수의 사람들만 알고 있었는데 주영도 그들 중의 한 사람이었다.

'흥, 이젠 미인계까지 쓰는군.'

주영은 못마땅하게 생각했다.

조나라에 있을 때 주영은 이원의 누이동생을 얼핏 본 적이 있다. 보는 사람의 가슴을 설레게 하는 미인이었다. 그 여자의 딸이니 미색임에 틀림없을 것이었다.

이원은 아무래도 미녀인 조카딸을 미끼로 춘신군을 농락하려는 것 같았다. 큰 뜻을 품은 문식(文識)·무예(武藝)의 인재들은 기량이나 변설로 입신해야 한다고 믿고 있었기 때문에 미인계로 출세하려는 근성을 매우 더러운 것으로 여겼다.

이원의 욕심은 춘신군의 환심을 사는 데에 그치지 않았다.

그는 나름대로의 대망을 품고 있었다.

여색은 화(禍)의 원인

이원의 조카딸은 춘신군과 함께 잠자리에 들었을 때 이렇게 말했다.

"당신은 전하의 신임을 얻어 초나라의 국정을 좌지우지하고 계십니다. 당신은 전하의 형제들보다도 존귀하고 유복하십니다. 그만큼 전하께서 소중하게 생각하고 계시는 것이겠지만 그 때문에 왕제(王弟)가 되시는 분들에게 미움을 사는 게 아니겠습니까? 그런데 전하께서는 후사(後嗣)가 없습니다. 전하께 만일의 일이 생기면 왕제들 중 한 분이 왕위에 오르시겠지요. 그렇게 되면 당신은 재상의 지위와 강동(江東)의 영지를 제대로 보전하실 수 있을는지 걱정되지 않습니까?"

"그건 나도 알고는 있지. 그래서 이제까지 몸이 튼튼한 여자들을 골라 전하께 권해 드렸지만 아무래도 자손을 얻기는 틀린 모양이야. 그렇지 않아도 어떤 방책을 강구해야겠다는 생각을 하고 있는 중일세."

춘신군은 여자의 포동포동한 허리를 쓰다듬으며 그렇게 말했다.

"제게 묘책이 있습니다."

"묘책이라고?"

"저를 전하께 권하시는 겁니다. 이제까지의 여자들처럼."

"자네를?"

"사실은 제가 아이를 가졌습니다."

"뭐?"

"저도 그것을 안 지 얼마 안 됩니다. 다행히 제가 당신의 사랑을 받고 있다는 것은 거의 알려지지 않았습니다. 이대로 전하께 몸을 맡겨도 아무도 모를 것입니다. 만일 태어난 아이가 사내라면 당신의 아들이 초왕으로 즉위하게 됩니다. 그러면 당신은 왕제들을 두려하실 필요가 없어지지요."

"음, 그도 그렇군."

전국 시대의 지혜라고나 할까.

춘신군은 더러운 진흙탕 속에 한 발을 들여놓으려고 했다.

전국 시대의 도덕으로는 그것은 꼭 비난받을 만한 일은 아니었다. 살아남는 것 그리고 힘을 갖는 것은 지상 명령이었다. 그것을 위해 이용하는 권모술수라면 웬만한 일은 모두 묵인되던 시대였다.

그녀는 물론 이원이 가르친 대로 춘신군에게 그런 방책을 권한 것이다.

춘신군은 그 여자를 초왕에게 권했다. 그 때까지도 여러 차례에 걸쳐 있었던 일이었기에 초왕도 고개를 끄덕였을 뿐이었다.

그런데 그 여자가 사내아이를 낳았다. 초왕은 크게 기뻐하여 그녀를 왕후로 삼았다.

미인계의 주역인 이원이 초왕의 측근으로 중용된 것은 말할 것도 없다. 몇 년 후에 초왕이 중병을 앓아 병상에 누웠다.

주영은 춘신군을 찾아가서 말했다.

"헌책(獻策)할 일이 있습니다."

언제나 자리 위에 뒹굴면서 세월을 보내는 것 같았지만 주영으로서도 1년에 한두 번은 중대한 문제에 대해 정곡을 찌르는 의견을 말했다. 초나라가 국도(國都)를 진(陳)에서 수춘(壽春)으로 옮긴 것도 주영의 의견에 따랐던 것이다.

"허, 보통 문제가 아닌 것 같군. 주저하지 말고 말씀하시오."

춘신군도 주영이 진언을 할 때는 긴장했다.

"바라던 것 이상의 행운과 뜻밖의 화(禍)가 있다면 둘 중에서 어느 것을 취하시겠습니까?"

"바라던 것 이상의 행운이라니?"

"귀공께서 남면하고 왕이 되는 거지요. 귀공은 명색이 재상이기는 하지만 실질적인 초나라의 왕이 아니십니까? 명실상부하게 만들자는 것뿐입니다. 지금이 절호의 기회라고 생각합니다."

"나에게 역모를 하라는 거요? 그런 일을 생각해 본 적도 없소."

'고열왕이 죽는다 해도 그 다음에 즉위할 나이 어린 왕은 사실은 내 자식이다. 피를 나눈 내 자식과 싸울 필요는 없다.'

춘신군은 그렇게 생각하고 있었던 것이다.

"그렇다면 뜻밖의 화를 택하시겠다는 말씀시군요."

"뜻밖의 화란 무엇이오?"

"이원은 조카딸의 비밀을 아는 귀공의 입을 막을 생각을 하고 있습니다. 정신을 바짝 차리지 않으면 살해당할 것입니다."

"그것도 나는 싫소."

춘신군은 웃으면서 말했다.

"그러면 뜻밖의 구세주를 찾아야겠군요."

"뜻밖의 구세주란 또 누구요?"

주영은 자기 코를 가리켰다.

"바로 이 사람입니다. 저를 낭중(郎中)으로 천거해 주십시오. 초왕이 죽은 후에 이원이 귀공을 해치기 전에 내가 먼저 이원을 처단해 화를 미연에 방지하겠습니다."

"하하하, 주영 선생쯤 되시는 분이 그런 망상을 하셔서야 되겠소. 이원은 허약한 인간이오. 그리고 전하의 측근이 된 후에도 나에게 정성을 다하고 있소. 그런데 그가 나를 죽인다니 그런 일은 생각할 수도 없소이다."

춘신군이 주영의 전언을 물리친 것은 그 때가 처음이었다.

'이 친구는 노상 누워서만 뒹군다더니 머리까지 돌았나? 어쨌든 좀 이상한 것 같아.'

춘신군은 그렇게 생각했다.

그런데 사실은 주영의 머리가 이상해진 것이 아니었다. 이상해진 것은 춘신군이며 내로라하는 그도 계집에게 홀리고 만 것이다.

사마천은 〈사기〉에서 간략하게 평하고 있다.

'모의(旄矣: 노망했도다).'

태자 완을 진나라에서 탈출시켰을 때의 춘신군은 쾌남이었으나 역시 주영이 예언했던 것처럼 여자로 인해 실패했다. 그것도 이만저만한 실패가 아니다.

주영은 춘신군이 자기의 진언을 물리친 날 그의 곁을 떠났다.

친구를 찾아서

이원은 왕후의 친척이 되어 대저택을 지어서 살고 있었다.

주영이 면회를 요청했다.

이원은 손님과 만날 때도 우람한 젊은이들에게 둘러싸여 경호원들을 거느린 채 대단한 요인인 것처럼 행세했다.

"어디서 뵌 것 같소이다."

이원이 말했다.

그 때까지는 이원이 주영을 못 알아본 것 같았다.

"평원군 댁에서 만난 것이 처음이오. 그 때 당신을 향해 후안무치, 탐욕, 수전노의 면상이라고 말한 것이 바로 나요. 어떻소, 이제는 생각이 나오?"

"아, 그 때 그……."

이원은 단번에 안색이 변했다. 그리고 뒤쪽에 신경을 쓰는 것 같았다.

'그렇구나…….'

주영이 머리를 끄덕이며 중얼거렸다.

"그 때의 사나이가 뒷방에 있는 모양이군."

이원이 고개를 숙였다.

주영이 벼락같은 소리로 다그쳤다.

"그 사나이가 누구냐?"

"저 친구는 매제인데……."

기세에 눌렸는지 이원이 반사적으로 대답하고 말았다.

"아!"

그러고는 다시 외마디 소리를 토했다. 공연한 말을 했다고 후회하는 것 같았다. 그러나 이미 말이 입 밖으로 튀어나온 다음이니 어찌할 것인가.

"알겠다. 이제야 알겠다. 당신은 그 때부터 미인계를 써 왔던 거야. 미색인 누이동생을 미끼로 검술의 명인을 낚았겠지. 그 명인은 당신의 말이라면 무엇이든 들어 주었어. 누이동생에게 홀딱 반해 있었으니까. 당신은 검술의 명인을 수족처럼 쓸 수 있었다. 심한 욕지거리를 한 사람을 죽이라고 그 칼잡이에게 명령했던 거야. 그렇지, 내 말이 틀림없지?"

"그것은……."

이원은 우물거리면서 작은 목소리로 말했다.

"지금은 나오지 마!"

이원의 입은 주영이 아니라 뒤쪽을 향하고 있었다. 누군가 나서려는 것을 막는 눈치였다.

"흠! 당신은 아직도 그 도구를 뒤에 숨겨 놓고 있구나."

주영이 계속해서 말을 이었다.

"벌써 20년은 지났겠군. 평원군의 식객이었던 신광(申廣)과 포거(鮑巨)가 단칼에 목이 잘린 때로부터. 나는 그 사건을 자세히 조사했다. 나의 친구였으니까. 그래서 알게 된 것은 두 사람 다 당신에게 맞대 놓고 면박을 주었다는 사실이었다. 그들은 당신에게 입에 담지 못할 욕을 퍼부었지. 당신은 그런 말을 들어도 싼 사람이었으니까. 어쨌든 목이 잘린 두 사람 다 거리낌 없는 사나이들로 당신에게 실컷 욕지거리를 퍼부은 것밖에는 이렇다 할 공통점이 없었다. 그래서 나는 시험해 보려고 했다. 일부러 주정을 부리는 척하면서 당신을 난처하게 만들었지. 기억하고 있겠지!"

"음, 그 때……."

"나는 그 때 조심하느라고 별로 술을 마시지 않았다. 그 날 저녁 나는 바람을 쐬러 나가는 척했지. 발걸음을 옮기면서 전신의 신경을 곤두세우고 있었다. 아니나 다를까, 그놈이 나타났지. 그놈의 검술은 굉장한 솜씨였어. 지금 생각해도 등골이 오싹해질 정도야. 만일 내가 조심하지 않았더라면 신광과 포거의 꼴이 되었겠지. 이렇게 아직도 목이 붙어 있는 것은 오로지 내가 그놈에게 대비하고 있었기 때문이야. 그 검술의 화신 같았던 작자는 내가 갈지자로 걸음을 걸으니까 얕보고는 쉽사리 목을 칠 수 있을 것이라고 생각했을 거야. 나는 상대방의 그런 틈을 타서 간신히 몸을 비키며 칼을 휘둘렀지. 왼쪽 눈을 베었을 거야. 당신이 왜 그런 괴물 같은 것을 길러왔는지 여태까지 궁금하게 여겼었는데 이제야 그 수수께끼가 풀렸어. 그 미색이 네 누이동생이었고, 그 동생이 낳은 딸이 초왕의 왕후라. 알겠다. 이제 알았으니 더 머물 필요도 없다."

주영은 한바탕 껄껄거린 다음 등을 돌리고 이원의 집을 나섰다. 땅거미가 지고 있었다.

그는 전신의 신경을 곤두세운 채 큰길 쪽으로 걸음을 옮겼다. 길 양쪽에는 홰나무가 가지런히 늘어서 있었다.

바람 한 점 없었다. 홰나무 길은 약 1백 보쯤 지나자 끝나고 그 뒤쪽은 들판 같았다.

'내가 이 가로수 길을 무사히 빠져나갈 수 있을까?'

주영은 가슴이 오그라드는 것을 느꼈다. 자신이 생각해도 이제는 늙었다는 것을 실감할 수 있는 나이가 된 것이다.

'그러나 상대도 똑같이 20년을 늙어왔을 것이다.'

주영은 마음을 긴장시키면서 칼자루를 꼭 움켜쥐었다.

눈을 감았다.
한 걸음 한 걸음 힘주어 옮겨놓았다.
바람이 소리 없이 흐트러지고 있었다.
그는 그것을 귀밑의 털들로 느꼈다. 그리고 그것에 대해 무심(無心)의 상태로 반응했다. 즉 다음 순간 몸을 굽히면서 칼을 뽑아 휘두른 것이다.
눈은 감은 채였다.
손목에 감각이 있었다.
바람이 지나가고 있었다.
주영이 눈을 떴다. 종이 전체에 엷은 먹물을 흘린 다음 붓으로 그려 넣은 듯한 가로수들이 늘어서 있었다.
사람의 모습이 뛰어가고 있었다. 그 그림자가 한 그루 홰나무에 부딪쳐 쓰러졌다가 일어나서는 다시 뛰었다. 양 손을 앞으로 내밀고 있었다.
"이번에는 오른쪽 눈을 빼앗았다."
주영은 혼자서 중얼거리며 칼을 눈 앞으로 들어 보았다.
희미한 빛으로 칼날에 피가 묻어 있는 것을 볼 수 있었다.
검술의 명인은 자기 칼을 내던진 채 앞을 더듬으며 도망치고 있었다.
주영은 쫓아가지 않았다.
검을 칼집에 넣고 아무 일도 없었던 것처럼 곧장 앞을 향해 걸어가기 시작했다. 홰나무 길을 벗어나니 널찍한 들판이 수묵화처럼 펼쳐지고 있었다. 잠깐 그 자리에 서서 그는 깊이 숨을 들이마셨다.
"위나라로 가자. 거기에는 우경이 있을 것이다. 그와 더불어 노년의 길을 함께 가자."
그렇게 중얼거리고는 다시 걸음을 옮겨 놓기 시작했다.

장님 검객의 솜씨

위나라의 신릉군은 이미 5년 전에 이 세상을 떠났다. 평원군이 죽은 것은 그보다 8년 전의 일이다.

전국 시대도 어느덧 종막에 가까운 때였다.

우경은 위제가 자결한 다음 위나라 도읍 대량의 교외에 암자를 짓고 칩거했다.

신릉군은 생전에 계속 선물을 보내면서 마음 내키면 언제든지 나오라고 권했으나 우경은 끝내 도성으로 발을 들여놓지 않았다.

우경은 거기서 저술에 몰두하고 있었다.

'위로는 〈춘추〉를 찾고 아래로는 근세(近世)를 본다.'

이렇게 전한 것으로 보아 그는 역사책을 엮고 있었던 것이다.

'세상(世上)에 이것을 전하여 〈우씨춘추(虞氏春秋)〉라 한다.'

〈사기〉에는 이렇게 기술되어 있다. 그러나 우경의 그 책은 기록에만 남아 있을 뿐 흩어지고 없어져 현재는 찾아 볼 길이 없다.

'만일 우경이 그토록 궁수(窮愁: 궁핍하여 생기는 걱정)하지 않았더라면 책을 엮어 후세에 자기 이름을 남기지는 않았을 것이다.'

사마천은 이렇게 말하고 있다.

벗을 위해 영지도 지위도 내던진 우경에 대해 사마천은 깊은 공명을 느꼈을 것이다.

사마천 역시 벗인 이릉(李陵)을 변호하다 궁형(宮刑: 남근을 없애는 형벌)을 당했다. 그 역시 그로 인한 울분을 역사 서술로 달래었다.

5년 전까지만 해도 신릉군의 선물을 들고 도읍에서 찾아온 나그네가 때때로 암자의 문을 두드렸다. 그러나 신릉군이 세상을 뜬 후로 우경은 완전히 고독한 몸이 되었다.

 그런데 주영이 찾아왔으니 우경이 미칠 것같이 기뻐한 것은 말할 필요조차 없는 일이다.

 "오래토록 함께 있어 주겠는가."

 강직하고 의연했던 우경이 애원하다시피 물었다. 주영은 우경에게도 스며든 늙음을 보았다.

 "그럴 생각으로 왔소이다."

 주영이 대답하자 우경의 두 눈에서 하염없이 눈물이 흘렀다.

 주영이 춘신군의 객사를 떠난 지 열이레 만에 초나라의 고열왕이 죽었다. 때문에 춘신군도 서둘러 입궐하기 위해 성문을 들어선 순간 흉한이 튀어나와 눈 깜짝할 사이에 그의 목을 쳤다. 춘신군의 일족도 이원이 몰살해 버렸다.

 초나라에서 온 나그네가 때마침 비를 만나 우경과 주영이 은둔하고 있는 암자에서 하룻밤 묵고 가기를 청했다. 그 나그네가 춘신군 참살의 경위를 말해 주었다.

 "춘신군은 문 안에 발을 들여놓고 몇 걸음 못 가서 단칼에 목이 날아갔다고 합니다."

 나그네가 말했다.

 "아아."

 주영은 천장을 올려다보며 탄식했다.

 "단칼에 목을 날렸다니 웬만한 검객이 아니고는 할 수 없는 일인데."

 "그렇습지요. 굉장했답니다."

 나그네는 마치 자기가 그 자리에 있었던 것처럼 말을 이어나갔다.

"머리가 극문(棘門: 도성의 성문) 밖으로 날아갔다니까요. 극문의 높이가 얼마인지 아십니까? 한 장(丈) 반입니다."

당시의 1장 반이라면 약 3.4미터이다.

"거 참 대단한 솜씨로군."

주영은 신음했다.

"그런데 그 검객이 장님이었답니다. 그러니 대단하죠. 상대방의 모습이 보이지도 않는데 육감으로 장검을 휘둘러 목을 날렸으니 말입니다. 귀신이지요, 귀신."

"허어, 그 검객이 장님이었다?"

주영은 그렇게 말하고는 눈을 감았다.

"먼 옛날의 이야기를 듣는 것 같구려."

옆에 있던 우경이 말했다.

얼마 지나지 않은 때의 이야기이지만 두 사람에게는 왠지 먼 옛날에 있었던 이야기처럼 생각되었다.

고열왕이 죽은 뒤에 초나라의 왕위에 오른 것은 이원의 조카딸이 낳은 유왕(濡王)이었다. 이 유왕은 소년의 나이가 되기도 전에 죽었다.

진의 시황제가 천하를 통일한 것은 춘신군이 살해된 지 18년 후의 일이다. 우경과 주영은 하얀 서리를 인 채 그 때까지 살아 있었다고 한다.

4. 장량(張良)과 항백(項伯)

약법(約法) 3장(三章)

항우(項羽)와 유방(劉邦)은 모두 진(秦)나라에 반기를 든 연합군의 대장으로 같은 날 다른 길로 진(秦)나라의 도성 함양(咸陽)을 공격하러 떠났다.

그런데 유방의 별동대(別動隊)가 수도까지 진격해 가는 동안 지나간 경로는 일직선이 아니었다. 그 경로는 얼핏 보면 군사적으로 잘못된 것처럼 보인다. 하지만 그것은 〈손자(孫子)〉의 병법에 나오는 '우직의 계'를 따른 경로였으며 그 같은 전략을 썼기 때문에 유방은 무난히 목적지까지 성공적으로 진격할 수 있었다.

원정길에 오를 때부터 유방의 군대는 문제투성이의 집단이었다.

첫째, 그의 군대는 제대로 훈련되지 않은 집단이었다. 장비나 편성 역시 보잘것없어 진나라의 정규군과 제대로 싸울 수 없는 군대였다. 때문에 유방은 정면으로 부딪치는 것을 피하면서 적들이 포진하고 있는 틈을 뚫고 나가 오른쪽으로 멀리 도는가 하면 왼쪽으로 몸을 피하는 '물의 흐름'과 같은 전진을 시도했다.

둘째, 유방의 군대에는 보급 부대가 없었다. 군량도 충분하지 못했다. 또한 그의 작전 지역인 중원 지방은 풍요롭지 못한 지역이었기에 식량을 징발할 수 없었다. 때문에 유방은 진나라가 각 요지(要地)에 비축해 둔 식량 창고들을 찾아다니면서 전진할 수밖에 없었다. 창읍(昌邑)에 진나라의 식량 창고가 있다는 말을 듣게 되면 앞에 있는 적과 싸우다 말고 창읍으로 달려가 식량을 빼앗는 식이었다.

셋째, 진나라를 공격하고 있는 항우를 비롯한 여러 장수들의 군대는 아군이면서 동시에 승리를 다투는 적이기도 했다. 따라서 서로 협력해서 진나라를 공격하는 것이 본래의 임무이기는 했지만 협력하는 것이 잘못되어 상대방을 강하게 만들어 주어도 안 되는 형편이었다. 더구나 상대가 자기보다 먼저 진나라의 수도 함양에 들어가서는 절대 안 된다는 문제가 있었다.

이 같은 조건들 속에서 진군하는 유방이었기에 신중하고도 완전한 작전 계획이 필요했다. 따라서 병법에 능한 장량(張良)의 기발한 작전은 그에게 큰 도움이 되었다.

〈손자〉의 '허실편'에 이런 내용이 있다.

'무릇 군대의 형태는 물(水)과 같은 것이어야 한다. 물의 형세는 높은 곳을 피하고 낮은 곳으로 내려간다. 군대의 형태도 역시 실(實)을 피하고 허(虛)를 공격해야 한다. 물은 땅의 형세에 따라 흐르는 형태를 정하고 군대는 적의 형세를 이용하여 승리하는 것이다. 따라서 군대의 행동에는 일정한 태세가 있을 수 없고 물에도 일정한 형상이 있을 수 없다.'

그리고 '군쟁편'에는 '우회는 곧 직진'이라는 계책이 있다.

'전쟁의 어려움은 우회함으로써 직행보다 유리하게 만들고 해로운 것으로써 오히려 이로움을 만드는 것이다. 때문에 일부러 우회하며 적을 유혹하고 늦게 출발했는데 먼저 도착한다면 그런 사람은 우직의 계책을 아는 사람이다.'

유방은 자기가 거느린 군대의 약점을 처음부터 알고 있었기에 이 '물의 전략'과 '우직의 계략'을 잘 이용하여 연전연승하며 진격해 갔다.

그 밖에도 장량(張良)의 계책에 따라 전면에 있는 진나라 장수를 설득하기도 하고 이득을 제공하기도 하여 전의(戰意)를 빼앗거나 약점을 이용하여 격파하는 등의 수많은 정법(正法)과 기법(奇法)들을 구사하면서 무관(武關)을 공략하고 서북진하여 이윽고 함양에 육박했다.

유방은 저항하는 적군은 철저하게 추격해 섬멸했지만 일반 백성들에게는 해를 끼치지 않았다. 약탈하는 병사가 있으면 엄벌에 처하면서 백성들을 설득했기 때문에 '유방의 군대는 착한 군대'라는 평판을 얻었다.

진군을 계속한 유방의 군대는 진나라의 3세 황제가 즉위한 해의 10월에 항우보다 먼저 함양 동남방에 위치하고 있는 패상(覇上)까지 진출했다.

유방이 패상을 점령하자 진나라의 사자가 찾아왔다. 9월에 간신 조고(趙高)를 죽인 진의 3세 황제인 자영(子嬰)이 항복한 것이다. 흰 말이 끄는 수레에서 내린 그는 걸어서 유방 앞으로 다가와 깍듯이 예를 올리고 난 후 공손히 옥새를 바쳤다.

"제가 황위에 있었으나 덕이 없어 치세 안민(治世安民)치 못하였습니다. 그러던 차에 패공(沛公)께서 서행하여 오심을 알고 기꺼이 항복함으로써 만민을 도탄에서 구하고자 합니다. 삼가 나라의 옥새를 바치오니 원컨대 받아 주십시오."

유방은 만면에 웃음을 띠고 옥새를 두 손으로 받으며 말했다.

"그대가 이미 항복했으니 내 이를 회왕(懷王)께 상주하여 그대 일족을 구하고 토지를 내려 주어서 일생을 편안히 살도록 하겠소."

"황감하옵니다."

3세는 두 번 절하여 은혜를 입은 것에 대해서 사례하였다.

유방은 자영에게 함양성 안에 있는 말궁(末宮)에서 기거하라는 명령을 내렸다. 이로써 진나라는 멸망하고 말았다. 때는 을미년 10월(기원전 207년)로 진나라가 천하를 통일한 지 26년째이고 자영이 황위에 오른 지 불과 45일째 되는 날이었다.

그리하여 패공 유방은 노공(魯公) 항우와 길을 나누어서 원정길에 오른 지 8개월 만에 항우보다 먼저 진나라의 수도 함양에 입성하여 진나라 깃발 대신 초나라 깃발을 꽂았다.

이 때 부장들 중에서 자영을 죽이자고 주장하는 사람도 있었지만 유방은 만류했다.

"회왕이 나에게 서정(西征)을 원하신 이유는 내가 적을 관대하게 다룰 것이라고 판단하셨기 때문이다. 더구나 적은 이미 항복하지 않았는가. 그런 데도 그를 죽인다면 좋지 않은 결과가 생길 것이다."

그리고 관리를 두어 감시하게 한 다음 그대로 진군해서 함양에 입성했다.

유방이 진나라의 궁전에 들어가서 보니 과연 함양궁이었다. 궁궐이 36궁에 원(苑)이 24곳이나 되었다. 난실 초방(蘭室椒房)을 갖춘 고루 거각(高樓巨閣)들이 줄을 지어 늘어서 있었다.

"과연 대단한 곳이로고!"

유방은 거듭 감탄해 마지않았다.

궁성 곳곳의 창고에는 온갖 보물들이 산처럼 쌓여 있었다. 유방은 막료 장수들에게 명하여 창고 안의 것들을 꺼내 부하들에게 나누어 주도록 하였다. 그러나 그중에서도 진귀한 보석은 손대지 못하게 봉인했다.

유방 일행은 호화로움이 극에 달한 궁성 안으로 계속 들어갔다. 후궁에 이르자 수많은 궁녀들이 한꺼번에 몰려나왔다. 원래부터 주색을 좋아했던 유방이었기에 그만 그 자리에 주저앉고 말았다.

"술을 가져오너라."

유방은 실로 오랜만에 미녀를 껴안고 술을 마시면서 흐뭇해했다.

그럴 즈음에 그의 참모인 소하(蕭何)는 혼자 승상부에 들어가 있었다. 그곳에는 천하의 지적도(地籍圖)들이 비치되어 있었다. 각 지방의 지세와 인구뿐만 아니라 요해지와 하천 호수의 위치 그리고 중요한 산물 등 모든 것을 한눈에 볼 수 있었다.

"바로 이것이 천하에서 제일가는 보물이다!"

소하는 크게 기뻐하며 다른 것에는 손대지 않고 지적도만 챙겨 승상부에서 나왔다.

한동안 시름을 잊고 술을 마시며 즐기던 유방은 해가 어스름해져서야 후궁으로부터 나왔다. 궁성의 뜰 한쪽에 있는 정자 주위에서 장량과 번쾌 등 몇 명의 막료들이 서성이면서 유방이 나오기를 기다리고 있었다.

"허어, 취하고 또 취할 만하구나. 내일도 이곳에 와서 머물며 마음껏 즐겨 보리라."

유방이 그렇게 중얼거리는 소리를 들은 번쾌가 말했다.

"공은 진나라가 무도한 짓을 했기에 여기까지 오실 수 있었소. 천하를 위해 잔적(殘賊)을 없애고자 하신다면 조의조식(粗衣粗食)으로 만족하셔야 합니다. 함양을 함락시켰다고 해서 함부로 호사를 누린다면 포악한 걸(桀)보다 한층 더한 행동을 했다는 비난을 면치 못하게 될 것입니다."

"아니, 자네 무슨 말을 그렇게 험하게 하는가?"

유방이 노기 띤 얼굴로 번쾌를 노려보자 장량이 나서서 말했다.

"번 장군의 말씀이 옳습니다. 자고로 '달콤한 술과 고운 노래를 즐기며 호화로운 집에 거처하는 자는 망하는 법'이라는 옛말이 있지 않습니까. 아직까지 천하가 안정되지 않았는데 이 궁궐 안에 머물러 계시는 것은 합당치 않은 일이오니 속히 이곳을 떠나 패상의 진으로 돌아가시지요."

유방은 그제야 정신이 번쩍 든 것처럼 흔연히 대답했다.

"옳은 말이요."

유방은 즉시 모든 창고의 문을 봉하고 각 궁문들도 닫게 한 뒤에 전군에 영을 내려 패상으로 돌아가라고 명령했다. 그리고 먼저 장량·소하·조참·역이기·번쾌 등을 거느리고 서둘러 함양궁을 떠났다.

"함양에 먼저 들어가는 자가 그 나라의 왕이 되어라."

초나라의 회왕은 진나라를 치기 위해 유방과 항우가 팽성(彭城)을 떠날 때 그렇게 말했다. 따라서 함양에 먼저 들어가 3세 황제의 항복을 받은 유방이 왕이 되는 것은 매우 당연한 일이었다.

그런 데도 자기는 함양궁의 문을 닫아걸고 패상으로 돌아가 제후들이 모이기를 기다리고 있었다. 얼마나 겸손하고 아름다운 처사인가. 유방은 장량의 권고가 매우 적절했다고 생각했다.

그 때 소하가 들어와서 말했다.

"천하의 백성들이 오랫동안 진나라의 모진 법에 시달려 왔습니다. 그것을 간단하게 고쳐서 너그럽게 만들어 주신다면 백성들이 모두 기꺼이 패공께 심복할 것입니다."

"참으로 좋은 말을 해 주셨소. 함양성 부근의 부로(父老)들을 패상으로 모이게 하시오."

이튿날 사람들이 모이자 유방은 단 위에 올라가서 큰 소리로 말했다.

"여러분은 오랫동안 진나라의 가혹한 법 때문에 괴로움을 당해왔다. 국정을 비판하면 일족이 몰살당하고 귓속말만 주고받아도 번화가에서 참수형을 당했다. 내가 회왕의 명을 받들어 진나라를 칠 때 먼저 관중(關中)에 들어가는 사람을 왕으로 삼는다는 약속을 받았다. 때문에 나는 당연히 관중의 왕이 된 것이며 여러분에게 약속하겠다. 법은 간략하게 3장만으로 한다. 즉 사람을 죽인 자, 사람에게 상처를 입힌 자, 도둑질을 한 자는 처벌하지만 이 시간부터 진나라가 정한 여러 가지 법은 모두 폐지한다. 그러니 관민은 모두 안심하고 살도록 하라. 내가 관중에 들어온 목적은 처음부터 여러분을 위해 부당함을 제거하는 데에 있었다. 난폭한 짓을 할 의도는 조금도 없으니 안심하라."

이어서 각지로 사람들을 보내 이 같은 취지를 철저하게 주지시켰더니 진나라의 학정에 시달리고 있던 사람들이 모두 환호하며 유방을 받아들였다.

"참으로 오랜만에 하늘의 해를 보는 것 같구나!"

"패공이 하루라도 빨리 이곳 관중의 왕이 되어야 한다!"

이처럼 유방이 백성들의 인심을 크게 사면서 패상에 머물고 있을 때 선비 차림의 한 사람이 유방을 찾아와 헌책했다.

"관중은 중원(中原)의 10배에 해당되는 부(富)를 지니고 있으며 지형도 험준하여 다시없는 요충지를 지니고 있습니다. 그런데 들리는 소문에 의하면 항우가 장한(章邯)을 옹왕(雍王)에 임명하여 관중의 왕으로 봉했다고 합니다. 만약 그렇게 된다면 패공께서 관중을 영유하시기에 어려움이 많을 것입니다. 그러니 차제에 패공께서는 즉시 함곡관으로 군대를 급파하여 그 곳을 엄중하게 수비함으로써 노공 항우를 비롯한 제후들의 관중 입성을 막아야 할 줄 아옵니다."

"그대의 말이 옳다."

유방은 크게 기뻐하며 그에게 후한 상을 내리고 그가 말한 것과 같은 영을 즉시 내렸다.

항우의 위약(違約)

그즈음 노공 항우는 하북(河北) 지방을 평정한 후 각처에서 모여드는 제후의 군사들을 아우르며 함곡관을 향해 진군을 계속하고 있었다. 그런데 함양에 입성하기 위해서는 험준하기로 이름 높은 함곡관을 반드시 통과해야 했다.

항우는 그 때까지 유방이 이미 함양을 점령했을 것이라고는 생각도 못하고 있었다. 그는 마침내 함곡관을 눈앞에 둔 신안(新安)에 이르러 영채를 세웠다.

새로 진격하여 주둔하는 땅이었기에 항우는 그 날 저녁을 먹고는 혼자서 각 부대의 진을 순시했다. 그리하여 계포·종리매의 부대를 차례로 지나서 장한·사마흔의 부대 앞에 이르렀을 때였다. 막사 안에서 병졸들이 지껄이는 소리가 크게 들려오기에 항우는 자기도 모르게 귀를 기울였다.

"에이, 진작 유방에게 항복하는 건데 잘못했어."

"항우는 기운은 세지만 너무 우악스럽고 사나워서 견딜 수가 없어."

"소문으로 듣자니 패공이 벌써 함양에 들어갔다더라."

"뭐? 그러면 패공이 왕이 되는 거잖아!"

'이런 괘씸한 놈들!'

항우는 이를 부드득 갈면서 급히 본진으로 돌아와 영포(英布)를 찾았다. 영포가 헐레벌떡 달려 들어오자 엄명을 내렸다.

"장한과 함께 항복해 온 진의 항졸(降卒) 20만 명을 그대로 두면 안 되겠소. 배반할 징조가 보이오. 그놈들이 불평하는 소리를 내 귀로 직접 들었소. 그러니 장군은 즉시 본부 군사들을 전부 동원하여 장한·사마흔·동예 세 사람만 남기고 모두 다 죽여 버리시오!"

그러자 곁에서 듣고 있던 군사(軍師) 범증(范增)이 소스라치게 놀라며 만류했다.

"고정하십시오. 그러시면 안 됩니다."

그러나 크게 노한 항우는 범증의 말을 들은 척도 하지 않았다.

"빨리! 어서 서두르시오."

항우는 영포를 향해 소리를 질렀다.

"예."

대답을 하고 나온 영포는 즉시 본부 군사 30만 명을 소집하여 땅을 파게 하는 한편으로 나머지 군사들을 이끌고 항복한 군사 20만 명이 잠들어 있는 막사로 돌진해 들어갔다. 그리하여 맹수와도 같은 영포의 병사들은 장한·사마흔·동예 세 사람만 남기고 항졸 20만 명을 모조리 죽여 무더기로 땅에 묻었다.

장한 등 세 사람은 항우에게 가서 땅에 엎드려 간청했다.

"목숨만 살려 주십시오."

"그놈들이 나를 배반하려고 하기에 미리 죽여 후환이 없도록 한 것이니 그대들은 안심하시오."

항우는 짐짓 세 사람을 위로했다.

세 사람은 두 번 절하여 항우에게 감사의 뜻을 표했다. 20만 명이나 되는 부하들이 도륙을 당했건만 그들은 자기 목숨이 붙어 있는 것만을 천만다행으로 생각했다.

이튿날 항우는 함곡관을 향해 서둘러 진군하라고 명령했다. 아무래도 유방이 먼저 함양에 들어갔다는 말이 사실인 것 같아 조급해지는 마음을 누를 수가 없었다.

'가는 곳마다 길을 막는 놈들이 있어서 유방보다 늦어졌다.'

항우는 생각할수록 분통이 터졌다. 그 곳까지 오는 동안 닥치는 대로 적을 죽이고 성문을 닫고 항전하는 백성들의 마을들은 모두 불을 질러 폐허로 만들고 끝내는 불평을 말하는 항졸들 20만 명도 도륙을 내느라고 시간이 지체된 것을 생각하면 치가 떨렸다.

유방이 진군한 자취에 비한다면 항우의 궤적은 힘이 넘쳐흐르고 기세가 대단했으며 단순하고 통쾌했다. 전군을 장악한 항우는 즉시 황하를 건너서 거록(鉅鹿)을 향해 늑대처럼 분전하여 진나라 장한의 대군을 격파했다. 안양에서 장한과 함께 투항한 진나라 장졸들 20만여 명은 모반이 두려워 모두 생매장시켰다.

그렇게 하면서 관중까지 최단거리의 진로를 택해 최선을 다해 진격했지만 항우는 유방을 앞서지 못했다. 그렇게 된 원인은 유방과 항우의 성격이 다르고 전법 역시 달랐기 때문이었다. 항우는 전술을 존중했으며 유방은 전략을 존중했는데 말하자면 두 특성 중에서 전략이 전술을 이긴 셈이었다. 유방은 장애물을 피하며 우회했지만 항우는 그 장애물을 힘으로 제거하느라고 시간이 걸렸다.

마침내 항우의 50만 대군이 함곡관 앞에 이르렀다. 그런데 성문은 굳게 닫혀 있고 성벽 위에는 진나라의 깃발이 아닌 유방의 붉은 기가 바람에 펄럭이고 있었다.

그것을 본 항우는 화를 내며 펄펄 뛰었다.

"유방이 성문을 닫고 나를 못 들어가게 하다니 이럴 수가 있단 말인가!"

그 때 범증이 크게 탄식하면서 항우에게 말했다.

"저걸 좀 보십시오. 패공이 한 걸음 먼저 함양에 왔다고 해서 저처럼 함곡관에서 우리를 막고 있습니다. 회왕의 말씀에 따라 자기가 관중의 왕이 되려는 생각을 가진 것이 분명합니다. 만일 그렇게 된다면 장군께서 3년 동안 고전 분투하신 노력이 모두 허사가 되고 맙니다. 이보다 더 원통한 일이 어디에 또 있겠습니까."

그런데 그 말을 듣고 격분할 줄 알았던 항우가 뜻밖에도 너털웃음을 웃으며 말했다.

"유방의 군대는 불과 10만! 그가 제아무리 먼저 함양에 들어갔다고 해도 어떻게 나의 50만 대군을 막을 수 있겠는가. 단번에 쳐부수고 말겠다."

그의 말은 자신 만만했다.

"비록 그렇다고 해도 공격할 준비를 하면서 패공에게 편지를 쓰십시오. 편지를 보고 패공이 스스로 성문을 열게 하는 방법을 먼저 써 보십시오."

범증의 권고에 따라 항우는 즉시 영포에게 10만 대군을 주어 함곡관을 칠 준비를 하는 한편 편지를 써서 화살에 끼워 쏘아 보냈다.

유방이 받아 보니 다음과 같은 내용이었다.

'노공(魯公) 항적(項籍)이 아우 유패공(劉沛公)에게 글을 보내노라. 공과 나는 일찍이 회왕에게서 언약을 받았으며 또한 형제의 의를 맺고 각각 동서의 길로 진군해 왔도다. 공이 먼저 함양에 들어갔으되 내가 만약 회왕을 세우고 장한의 항복을 받지 않았더라면[* 항우가 초군의 대의명분을 크게 세우기 위해 숙부 향량과 함께 초나라의 마지막 왕 부추의 자손 미심을 찾아 왕으로 세우고 진나라 대장군 장한의 항복을 받은 사건을 말함] 공이 어찌 함양에 들어올 수 있었으리오. 이는 남의 공을 빼앗아 자기의 것으로 함이니 대장부가 취할 일이 아니로다. 이제 함곡관 문을 닫고 나를 못 들어가게 하지만 과연 지켜서 관이 깨어지지 않게 할 자신이 있는가. 나의 용장과 50만 대군이 관을 부수는 것은 썩은 나무를 치는 것과 다름이 없으나 관을 부순 뒤에 공이 무슨 낯으로 나를 볼 것인가. 속히 관문을 열어 대의를 지키고 형제의 의를 잃지 말아야 할 것이다.'

편지를 다 읽고 난 유방은 근심하는 빛이 가득한 얼굴로 좌우 사람들에게 앞으로의 대책을 물었다. 그러나 얼른 대답하는 사람이 없었다. 그들은 아직 용맹하기 짝이 없는 항우의 50만 대군을 대적할 힘이 없었기 때문이다.

'내가 잘못했구나! 함곡관으로 군대를 내보낼 때 그것을 막았어야 했는데.'

장량이 크게 후회를 하면서 입을 열었다.

"항우의 군대가 원체 강대하기 때문에 함곡관을 끝까지 지키는 것은 불가능합니다. 싸워 패하게 되면 우리는 오갈 데 없는 군대가 되고 맙니다. 속히 관문을 열어 준 뒤에 차차 계교를 생각해 내도록 하시지요."

장량의 말에 따라 유방은 곧 장수 관영(灌嬰)을 보내 관문을 열고 항우의 군대를 맞이하게 했다.

항우는 대군을 거느리고 함곡관을 통과하여 함양으로 들어가다가 신풍(新豊) 땅 홍문(鴻門)에 진을 치고 그곳에 주둔했다.

영채를 세우기 바쁘게 항우는 수십 명의 첩자들을 함양성으로 들여보내 유방이 자기보다 먼저 성 안에 들어가서 무슨 짓을 했는지 조사해 오라는 명령을 내렸다.

첩자들의 보고 내용은 거의 일치했다.

"성 안에 들어가 자영의 항복을 받고 그의 목숨을 살려 주었을 뿐만 아니라 제멋대로 백성들에게 '약법 3장'까지 공포했다고 합니다."

"뭐가 어째?"

항우는 '내가 제일 먼저 관중에 들어가겠다'고 단단히 벼르고 있었기에 그 소식을 듣자 발을 구르며 분해했다.

'유방이 감히 왕위를 넘보다니. 관중의 왕은 내가 되어야 한다.'

그 때 범증이 자기의 의견을 말했다.

"유방은 산동(山東)에 있을 때부터 욕심이 많았으며 여자를 무척이나 좋아했습니다. 그랬던 그가 관중에 들어와서부터는 재화(財貨)는 고사하고 여자도 거들떠보지 않는다고 합니다. 이 사람이 간밤에 천문을 보니 제왕의 별이 패상 위에 빛나고 있었습니다. 그 빛은 아마도 패상을 비추는 것 같았습니다. 또 그는 용호(龍虎)의 상이니 그것은 천자의 기(氣)이며 그가 함양에 입성했을 때는 오성(五星)이 동정(東井)에 모였다고 합니다. 그것도 역시 앞으로 천자가 될 사람이 나타났다는 뜻이 됩니다. 이제 그가 관중의 왕이 되려는 심산이 확실해진만큼 한시라도 빨리 그를 죽여 후환이 없도록 하셔야 할 것이옵니다."

범증의 말을 들은 항우는 자리에서 벌떡 일어나며 말했다.

"내 지금 당장 유방을 쳐 죽이겠소."

"너무 조급하게 서두르지는 마십시오. 패공의 군대가 비록 우리보다 적기는 하지만 그의 수하에는 장량을 비롯한 역이기·육가 등 뛰어난 모사들이 많고 번쾌·관영 등 용맹한 장수들도 50여 명이나 됩니다. 자칫 일이 잘못되면 도리어 낭패를 당할 수 있으니 진정하십시오."

급히 제지한 범증이 목소리를 낮추어 계책을 말했다.

"오늘밤 삼경에 장병들로 하여금 두 길로 나누어 패상을 엄습하게 하면 쉽사리 패공을 사로잡을 수 있을 것입니다."

항우는 범증의 진언에 따라 부하 장수들에게 야습할 준비를 명했다. 영포를 비롯한 모든 장수들이 급히 움직이기 시작했다.

그런데 이 때 항우의 숙부 되는 항백(項伯)은 마음이 편하지 않았다. 그는 항우 밑에서 좌윤(左尹) 벼슬을 하고 있는 장수였다.

항백은 유방의 책사로 있는 장량과는 옛날부터 절친한 사이였다.

그는 조용히 생각해 보았다.

'오늘밤 야습이 감행되면 패공의 진중에 있는 장량도 필시 죽음을 당하고 말 것이다. 그를 살려야 한다.'

패상의 장량이 유방이 있는 중군의 군막에서 나와 자기 군막으로 들어가자 원문(轅門)을 지키던 군졸 하나가 와서 고했다.

"항백이라는 장수가 찾아와 만나기를 청하고 있습니다."

"그래?"

항량은 즉시 군졸을 따라 원문으로 갔다.

"오, 이게 얼마 만이오?"

장량은 반갑게 맞으며 항백을 안으로 인도했다.

장량이 군막에 들어가 자리를 잡고 앉자 항백이 비로소 입을 열었다.

"정말 오랫동안 적조하였소이다. 내가 긴하게 할 말이 있어서 이렇게 불쑥 찾아왔소이다."

그러면서 좌우를 살폈다. 장량이 그것을 보고 말했다.

"아무도 듣는 사람이 없으니 말씀하시오."

"다름이 아니라……"

항백은 장량의 귀에 자기 입을 가까이 대고는 오늘밤 삼경에 항우가 야습을 감행할 것이니 자기와 함께 피신하자고 말했다.

그러자 그의 말을 듣고 난 장량이 말했다.

"참으로 고맙소이다. 하지만 내가 패공에게 온 뒤로 후한 대우를 받았으니 의리상 한마디 인사라도 하고 떠나야 도리일 것 같소. 잠깐만 여기서 기다려 주시오."

그러고는 밖으로 나갔다.

'자방(子房: 장량의 자)은 과연 성실한 선비로다!'

항백은 그러한 장량이 더욱 마음에 들었다.

장량은 유방의 군막으로 들어가 항백이 해 준 말을 전했다. 유방은 근심스러워하는 얼굴로 크게 걱정했다.

"그럼 이 일을 어떻게 처리해야 좋겠는가?"

그러자 장량은 유방의 귀에다 입을 대고 무슨 말인가 한참 동안 속삭였다. 다 듣고 나더니 유방은 고개를 크게 끄덕였다.

장량은 항백이 기다리고 있는 자기의 군막으로 돌아가서 말했다.

"여기까지 오신 김에 패공을 잠깐 만나고 가시지요."

뜻밖에 말을 듣자 항백은 펄쩍 뛰었다.

"그게 도대체 무슨 소리요. 내가 여기에 온 것은 장자방 때문이지 패공을 만나 보기 위해서가 아니오."

하지만 장량은 싫다는 항백의 손을 억지로 잡아끌었다. 유방이 의관을 단정히 하고 문 밖에 나와 있다가 항백을 맞아들였다.

"정말 잘 오셨습니다. 그렇지 않아도 꼭 한번 뵙고 싶었습니다. 자, 여기에 앉으시지요."

유방은 항백을 상좌로 모셨다. 항백은 사양하다 마지못해 자리에 가 앉아 그 날 밤에 벌어질 일에 대해서 대강 이야기한 뒤에 말끝을 맺었다.

"자방과 저는 절친한 사이인지라 친구가 죽게 되는 것을 그냥 보고만 있을 수 없어서 이렇게 찾아오게 되었습니다."

술과 안주가 들어왔다. 유방은 항백에게 은근히 술을 권하면서 말했다.

"한잔 드시면서 내 얘기를 좀 들어 주십시오. 내가 먼저 함양에 들어왔지만 진나라의 궁실과 보물 창고의 문을 봉인하고 건드리지 않은 것은 노공을 기다리기 위해서였고 약법 3장을 발표한 것도 혹독한 진나라의 법에 매여 있던 백성들로 하여금 노공의 후덕함을 알게 하기 위해서였습니다. 그리고 내가 왕이 될 것이라고 말한 이유는 당시의 흉흉한 민심을 일시 진정시키기 위해서였습니다. 그런데 노공께서 나를 의심하신다면 내가 너무 억울하지 않겠습니까. 장군께서 돌아가시거든 노공께 잘 말씀드려서 오해가 풀어지도록 해 주십시오."

항백이 대답했다.

"듣고 보니 패공의 말씀이 옳습니다. 노공이 지금 오해를 하고 있는 것이지요."

"그렇습니다. 저는 억울합니다. 그런데 듣자니 장군에게 아드님이 있는데 아직까지 혼처를 정하지 못하셨다고 들었습니다. 내게는 마침 딸년이 하나 있는데 후에 아이들이 장성하면 혼인을 하겠다고 약속하는 것으로 오늘 장군에게서 입은 은혜에 보답하고자 합니다."

그 말을 들은 항백이 당황하며 사양했다.

"매우 감사한 말씀이오나 지금은 패공과 노공이 서로 지혜와 용맹을 겨루고 있는 때인데 우리 양가가 혼사를 언약한다면 남들의 입에 오르내리게 될 것이니 아무래도 어렵겠습니다."

그러자 곁에 앉아 있던 장량이 말했다.

"공연한 걱정이오. 노공과 패공은 이미 형제가 된 사이인데 누가 감히 의심한단 말이오."

그러면서 두 사람의 옷깃을 잡아당겨 한데 묶은 뒤에 그것을 칼로 잘랐다.

"이것을 한 조각씩 보관하십시오. 오늘밤에 양가가 연분을 맺었다는 증표입니다."

장량은 두 개의 옷깃을 유방과 항백에게 한 개씩 주었다. 유방은 장량이 귓속말로 미리 알려 주었기 때문에 그런 일이 있을 것을 알고 있었지만 항백은 너무나 뜻밖의 일이었기에 당황했다.

"기왕에 이렇게까지 되었으니 그렇게 알겠습니다."

그러면서 옷깃을 여몄다.

"고맙소이다."

유방이 웃으면서 다시 항백에게 술을 권했다. 장량과 항백도 역시 유방에게 술을 권하면서 양가의 혼약이 이루어진 것을 자축했다.

이윽고 항백이 술자리에서 일어나면서 말했다.

"제가 본진으로 돌아가 패공에겐 잘못이 없다고 말하면 무사하게 될 것입니다. 그러나 아무래도 내일 패공께서 홍문에 오셔서 노공을 한번 찾아보셔야 할 것 같습니다."

"알겠습니다. 그렇게 하지요."

유방은 쾌히 응낙했다.

항백은 두 사람에게 작별 인사를 하고 군막을 나갔다. 장량은 원문까지 따라 나가서 항백과 작별하는 동시에 하후영으로 하여금 홍문 진영 앞까지 항백을 호위해 달라고 부탁했다.

한편 홍문 진영에서는 이경(二更)이 되자 범증이 항우의 군막으로 가서 말했다.

"때가 거의 다 되어 갑니다. 준비하시지요."

항우는 자리에서 벌떡 일어나 장수들을 집합시켰다. 그런데 장수들을 둘러보다 고개를 갸우뚱했다.

"항백 장군은 왜 보이지 않는가?"
 범증도 항백이 안 보이는 것을 이상하게 여기며 경비 책임을 맡은 정공(丁公)에게 물었다.
"항 장군이 어째서 보이지 않는가?"
"아까 저녁에 항 장군께서 혼자 말을 달려 나가시기에 어디에 가시느냐고 물었더니 은밀하게 알아 볼 일이 있다고 하셨습니다."
"그래? 어느 쪽으로 가셨는가?"
"패상 쪽을 향해 가셨습니다."
 듣고 난 범증은 심히 낙담하는 얼굴이 되어 중얼거렸다.
"허어, 그렇다면 오늘 밤 야습은 그만두어야겠구먼. 이쪽 계획이 이미 누설되고 말았으니."
 그 말을 들은 항우가 그의 곁으로 와서 말했다.
"항 장군은 저의 숙부님입니다. 함부로 비밀을 누설하실 분이 아닙니다."
 그러자 범증이 힘없이 웃으면서 대꾸했다.
"항 장군의 충심을 의심해서 하는 말이 아닙니다. 다만 군중(軍中)의 지모는 귀신도 모르게 해야 하는데 그것이 어긋났으니 아무래도 오늘밤 야습은 그만두시는 것이 좋겠습니다."
 범증의 말이 채 끝나기도 전이었다. 한 군사가 와서 항우에게 보고했다.
"항 장군님이 돌아오셨습니다."
"숙부님께서는 지금 어디 가셨다가 오시는 길입니까?"
 항우는 항백이 오자마자 날카롭게 물었다.
"지금 패공의 진중에 한(韓)나라 사람 장량이라는 절친한 친구가 있다네. 오늘밤에 죽게 될 것이 너무나 안타까워 몰래 피신시키려고 찾아갔다가 우연히 패공도 만나게 되어 그의 이야기를 듣게 되었다네."
 항백이 천연덕스럽게 대답하자 항우가 다시 물었다.

"그래, 패공이 뭐라고 합디까?"

"패공이 장수를 보내 함곡관을 지키게 한 것은 노공을 막기 위해서가 아니라 다른 도적이 들어올까 염려되어서였고 궁중의 부고(府庫)를 봉인하고 후궁의 궁녀들에게 손가락 하나 대지 않은 것은 모두 노공의 처분을 기다리기 위한 것이었다더군. 내가 생각하기에 패공은 우리를 위해 공을 세운 사람이니 그에게 죄를 묻는다는 것은 잘못된 일일세."

"하긴, 그 말씀을 들으니 그렇기도 하군요."

항우가 얼굴에 웃음을 떠올리며 중얼거리자 범증이 기가 막힌다는 표정으로 발을 굴렀다.

"패공이 관중에 먼저 들어와 약법 3장을 공포하여 백성들의 마음을 붙잡고 장차 천하를 빼앗으려는 뜻을 분명히 보였기에 지금 그를 쳐서 후환을 없애려는 것입니다. 항 장군이 장량에게 속아 저런 말씀을 하시는 것이니 노공께서는 듣지 마십시오."

범증의 말에 항백이 정색을 하며 반박했다.

"선생, 그건 당치 않은 말씀이십니다. 사리가 그러하고 사실이 분명한 터에 속고 말고가 어디 있습니까. 그리고 패공을 쳐서 없애려면 다른 방법도 얼마든지 있을 것인데 하필이면 왜 떳떳하지 못하게 밤중에 기습을 하려 하십니까. 더구나 패공은 약하고 우리는 강합니다. 그런 데도 굳이 이런 방법을 쓴다는 것은 대장부답지 않을 뿐만 아니라 백성들도 비난할 것입니다."

범증이 미처 뭐라고 입을 열기 전에 항우가 먼저 말했다.

"숙부의 말씀이 옳소. 야반삼경을 타서 패공을 엄습한다는 것은 대장부로서 해서는 안 되는 짓이오. 남들이 보고 웃을 일이오. 오늘밤의 기습은 그만둡시다."

그리고 모여 있는 장수들에게 막사로 돌아가라는 명령을 내리고 자기도 안으로 들어가 버렸다.

　혼자 남게 된 범증은 잠시 생각에 잠겼다가 중군장 막사 안에 있는 항우를 찾아가 말했다.

　"패공을 그대로 두면 후일에 크나큰 화근이 될 것입니다. 그러니 오늘 반드시 죽여 없애야만 합니다."

　"하긴 저도 같은 생각입니다만 우리 숙부의 말씀에도 일리가 있지 않습니까?"

　항우가 어정쩡한 태도로 말했다.

　"대사를 도모하는 것은 시기가 중요합니다. 패공을 죽여 없앨 때는 바로 오늘입니다."

　"그러면 어떻게 해야 좋겠습니까?"

　항우가 비로소 진지해진 얼굴로 범증에게 물었다.

　"패공을 없애는 데는 세 가지 계책이 있습니다. 노공께서 내일 연회를 베풀고 패공을 홍문으로 초대하십시오. 패공이 도착하면 즉시 그의 죄를 물어 그 자리에서 목을 베십시오. 이것이 상책입니다."

　"그러면 중책은?"

　"연회석 뒤에 2백 명 가량의 도부수들을 매복시켜 두었다가 내가 때를 보아서 가슴에 차고 있는 옥패를 쳐들면 그것을 신호로 알고 노공께서 도부수들로 하여금 죽이게 하는 것입니다."

　"그럼 하책도 마저 들어 봅시다."

　"패공은 술을 좋아하니 그를 크게 취하게 만들어 취중에 실례를 범하면 여러 가지 죄를 함께 물어 목을 베는 것입니다."

　항우는 다 듣고 나자 고개를 끄덕이며 말했다.

　"아부(亞父)의 세 가지 계책이 다 훌륭합니다. 다만 상책은 너무 급하고 하책은 너무 더디니 중책을 쓰기로 하겠습니다."

항우는 범증의 헌책이 마음에 들 때는 그를 아버지에 버금간다는 뜻을 가진 '아부'라는 호칭으로 불렀다. 항우는 범증의 계책이 매우 마음에 든 모양이었다.

범증은 항우와 의논하여 유방에게 보내는 글을 썼다.

'노공 항적이 패공 유방에게 글을 보내노니 회왕을 모시고 공과 더불어 무도한 진나라를 무찌르기로 약속한 천병을 휘몰아 함양에 들어와 진왕 자영의 항복을 받고 천하를 편하게 했으니 이 같은 경사가 달리 없도다. 이에 내가 연회를 베풀어 진나라를 멸망시킨 일을 경축하고 공의 노고를 치하코자 하니 연석에 나와 모든 사람들로 하여금 기쁨을 같이 하도록 하시라.'

범증이 쓰기를 마쳤을 때 어느덧 날이 밝아 오고 있었다. 항우는 곧 병사를 불러 패상에 있는 유방에게 편지를 전하게 하였다.

항우가 보낸 편지를 받은 유방은 즉시 수하 장수들을 소집했다.

"이 연회는 짐작컨대 범증이 꾀를 내어 나를 해치려는 함정일 것이 분명하니 이를 어찌하면 좋겠소?"

유방이 얼굴에 근심하는 빛을 가득 띠고 말했다. 그러자 소하가 나서서 의견을 말했다.

"항우의 군대는 많고 강합니다. 싸워서 이기기 어려우니 답장을 잘 쓰셔서 말 잘하는 사람으로 하여금 갖다 주게 하되 나에게는 야망이 없으니 조그만 지방을 하나 떼어 주면 여생이나 편히 보내겠다고 하십시오. 지방으로 내려가 몇 해 힘을 기르신 뒤에 때를 보아 계책을 세우시는 것이 좋을까 합니다."

"그 말이 옳습니다. 답장을 써 주시면 내가 가지고 가서 항우를 설득해 보도록 하겠습니다."

군사(軍師)인 역이기(酈食其) 노인이 소하의 말에 찬성하는 뜻을 표했다.
"옛적에 오자서(伍子胥)는 평왕(平王)을 모시고 임동(臨潼)의 회합에 가서도 18개국의 제후들로 하여금 꼼짝을 못 하게 했고 인상여(藺相如)는 진나라에 사신으로 가서 저 유명한 화씨(和氏)의 벽옥(碧玉)을 돌려받고 무사히 조나라로 돌아왔기에 지금까지 천하 사람들이 모두 그들을 칭송하는 바입니다. 이제 만일 패공께서 연회에 가시지 않으신다면 성미 급한 항우가 대로하여 무슨 짓을 저지를지 모릅니다. 제가 비록 재주는 없습니다만 패공을 모시고 홍문연에 참석하여 그 꾀를 부리지 못하게 막고 항우로 하여금 그 용맹을 쓰지 못하게 저지하겠습니다."

소하와 역이기 노인의 의견에 반대하며 그처럼 말한 사람은 장량이었다. 그 말을 듣자 유방은 얼굴을 활짝 펴며 말했다.

"선생의 묘계만 믿겠습니다."

이어서 유방은 내일 있을 홍문의 연에 꼭 참석하겠다는 내용의 답장을 써서 항우에게 보내도록 했다.

홍문의 연(鴻門宴)

다음날 아침 유방은 장량·번쾌·근흡·기신·등공 등 다섯 장수들과 함께 패상을 떠났다. 유방이 탄 수레는 15만 대군을 거느린 대장군의 수레라고 하기에는 믿어지지 않을 정도로 단출했다. 그를 호위하는 군사들은 겨우 1백여 기에 불과했다.

이윽고 홍문의 진영이 보이기 시작했다. 무수한 깃발들이 하늘을 메운 가운데 한 장수가 유방 일행을 향해서 말을 달려 왔다. 유방 앞으로 다가온 그는 말에서 내리더니 예를 취하며 말했다.

"저는 육안(六安) 땅의 영포라고 합니다. 노공의 명을 받들어 맞으러 나왔습니다."

"고맙소."

유방이 사례하자 영포는 다시 말에 오르더니 유방 일행을 홍문의 진영으로 안내했다. 원문에 이르자 기다리고 있던 진평(陳平)이 그들을 맞아들였다.

유방은 안내를 받으며 원문 앞으로 걸어 들어갔다. 고개를 들어 좌우를 살펴보니 무수하게 많은 깃발과 창검들이 햇빛에 번쩍이고 있는 가운데 들려오는 요란한 징소리와 북소리가 사뭇 귀를 찢는 것 같았다.

유방은 겁먹은 얼굴로 장량을 돌아보며 걸음을 멈추었다.

"선생, 나는 들어가기 싫소이다. 이건 경축 연회가 아니라 마치 전쟁판이나 다름이 없지 않소?"

장량이 유방의 귀에다 입을 대고 작은 소리로 말했다.

"두려워하지 마십시오. 이미 여기까지 오셨으니 앞으로 나가면 이롭고 뒤로 물러나면 해롭게 됩니다. 여기서 뒤로 물러서신다면 저들의 계책에 말려들게 됩니다. 여기서 잠깐 기다리고 계십시오. 제가 먼저 노공을 만나보고 오겠습니다."

"알겠소. 잘 부탁하오."

유방은 구원을 청하는 얼굴로 장량을 바라보았다. 장량은 중군장의 막사를 향해서 빠르게 걸어갔다.

"멈추시오. 누군데 감히 함부로 여기에 들어가려는 거요?"

정공(丁公)과 옹치(雍齒) 두 장수가 문 앞에 서 있다가 장량을 제지했다. 장량은 그들에게 예를 취하고는 말했다.

"나는 패공에게 차용되어 있는 장량이라는 사람인데 노공을 뵙고 드릴 말씀이 있어서 왔으니 전해 주시오."

정공이 안으로 들어가 항우에게 장량이 한 말을 그대로 전했다.

"뭐? 차용되어 있는 사람이라니 그게 도대체 무슨 소리인가?"

항우가 알지 못하겠다는 듯이 중얼거리자 범증이 대신 대답했다.

"장량은 한(韓)나라 5대 정승 집안의 아들로 패공이 팽성을 떠나 진나라로 쳐들어 올 때 한왕에게 가서 빌려 온 자입니다. 그래서 차용된 사람이라고 말한 것 같습니다. 꾀가 많고 말을 잘하는 그가 노공을 설복시키러 온 것이 분명하니 그자부터 먼저 죽여 버리십시오."

그러자 옆에 있던 항백이 펄쩍 뛰면서 범증의 말을 가로막았다.

"안 될 말입니다. 노공이 관중에 들어와서 해야 할 일들 중에서 민심을 얻는 것이 가장 중요한 일인데 무고한 선비를 죽이다니요. 더욱이 장자방은 나의 절친한 친구요. 만일에 그의 재주가 탐난다면 내가 권해서 그가 우리 쪽으로 오게 하겠소."

"숙부의 말씀이 맞습니다."

항우는 정공에게 장량을 들어오게 하라고 했다. 이윽고 항우 앞에 이른 장량은 예를 취하고 나서 말했다.

"지금 노공께서 경축 연회를 베푸시니 당연히 생황(笙篁: 아악에 쓰이는 관악기의 하나)의 노랫소리가 들리는 가운데 주객이 함께 진나라를 멸망시킨 기쁨을 즐겨야 할 것입니다. 그런데 갑옷차림의 무장한 군사들이 늘어서 있고 북소리와 징소리가 요란하여 홍문에 살기가 넘치고 있습니다. 노공께서 진장(秦將) 장한과 싸울 때에 사흘 동안 아홉 번 싸워 아홉 번을 이기신 후부터 노공의 위명은 모르는 사람이 없습니다. 나타내지 않아도 노공의 힘은 강하고 뽐내지 않아도 용맹은 절로 드러나는 것이니 오늘 이 같은 형세를 보이시지 않아도 좋을 것입니다. 지금 패공께서 밖에까지 와서도 들어오지 못하고 있으니 원컨대 깊이 통찰해 주십시오."

청산유수 같은 장량의 말이 계속되는 동안 항우는 눈만 크게 뜬 채 묵묵히 듣고 있다가 그의 말이 끝나자 정공에게 명했다.

"나가서 패공을 안으로 들게 하라."

이윽고 정공의 안내를 받으며 유방이 왔다. 그런데 유방은 항우가 앉아 있는 방으로 들어오지 않고 뜰 아래에서 공손히 예를 취한 뒤에 조용히 항우의 분부를 기다리는 태도를 취했다.
항우가 그를 노려보면서 문죄하기 시작했다.
"그대는 나에게 세 가지 죄를 범했다. 그것이 무엇인지 알고 있겠지?"
유방은 이윽고 겁먹은 듯한 목소리로 대답했다.
"저는 전에 패현에서 정장 노릇을 하던 보잘것없는 건달에 불과했습니다. 그런데 우연히 여러 사람이 청하는 바람에 무리들을 이끌고 진나라를 치게 되었습니다. 하지만 언제나 노공의 부하로 예속되어 있었기에 나아가는 것이나 물러가는 것이나 모두 다 노공의 명령을 기다렸다가 시행해 왔습니다. 제가 마음대로 한 것은 아무것도 없으니 저에게 무슨 죄가 있는지 알지 못하겠습니다."
"그렇다면 그대의 죄가 무엇인지 내가 말해 줄 테니 들어 보라. 그대가 관중에 들어와서 진왕 자영의 항복을 받고 그대 마음대로 사면했으니 그것이 첫 번째 죄다. 진나라 법을 고쳐서 제멋대로 약법 3장을 공포했으니 그것이 두 번째 죄이며 함곡관을 막아 나를 들어오지 못하게 했으니 그것이 세 번째 죄이다. 그런 데도 죄가 없다고 할 것인가?"
그러자 유방은 머리를 조아리면서 공손한 목소리로 대꾸했다.
"대답을 올리겠습니다. 황제 자영은 장군의 명령을 들은 뒤에 처분하려고 그대로 살려 두었을 뿐입니다. 또한 3장의 법을 만든 것은 진나라의 가혹한 법을 하루라도 빨리 없애 버려 장군의 넓고 큰 덕을 나타내 보이기 위해서였습니다. 그리고 함곡관의 문을 닫은 이유는 아직까지도 남아 있는 진나라의 잔당과 도적 떼들을 막기 위해서였지 장군의 뜻을 저버리기 위해서가 아니었습니다."
유방은 장량이 일러준 대로 말하면서 오해를 풀어 달라고 빌었다.

"그래?"

유방의 말을 다 듣고 난 항우는 자리에서 벌떡 일어나 뜰 아래로 내려가더니 유방의 손을 덥석 잡으면서 말했다.

"내가 생각이 짧아서 잠시 동안이나마 의심했던 것을 용서하시오. 지금 그대의 말을 들으니 막혔던 가슴이 확 뚫리는 것 같소."

그러고는 유방과 함께 방으로 올라갔다.

유방이 항우와 마주 앉자 다른 사람들도 모두 자리에 앉았다.

악사들이 풍악을 울리기 시작하자 조금 전까지만 해도 살기가 등등하던 방안은 순식간에 화기애애한 연회장으로 변했고 여기저기서 웃음소리들이 터져 나오며 술잔들이 분주하게 오가기 시작했다.

이것이 바로 역사적으로 유명한 '홍문의 연'이었는데 범증은 연회석상에서 몇 번이나 눈짓을 하며 옥패를 들어 보여 항우의 결행을 촉구했다. 그것은 물론 유방을 죽이라는 신호였다.

'지금이 절호의 기회입니다. 해치워 버리십시오.'

하지만 항우는 못 본 척하면서 상대하려고 하지 않았다.

물론 항우가 약속을 잊어버린 건 아니었다. 하지만 마주 앉아 있는 유방을 자세히 보니 도무지 죽일 생각이 나지 않았다. 이렇게 온순하고 유약해 보이니 살아 있다고 해도 무슨 대단한 일을 할 수 있으랴 싶었다. 그래서 범증의 신호를 보고도 짐짓 모른 척했다.

항우의 생각을 짐작한 범증은 세 번째 계책을 쓸 수밖에 없다고 생각하고 진평(陳平)에게 눈짓을 했다. 연회가 시작되기 전에 미리 진평과 이야기하여 범증이 눈짓만 하면 그가 유방에게 계속 술을 권하여 실수를 하게 만들도록 약속이 되어 있었다.

진평은 범증이 눈짓하는 것을 보자 술병과 술잔을 들고 유방 앞으로 갔다. 그런데 가까이서 유방의 얼굴을 자세히 보니 너그럽고 후하게 생긴 것이 제왕의 상이 분명했다.

진평은 속으로 생각했다.

'범증 노인의 말만 믿고 이런 사람을 해친다는 것은 옳은 일이 아니다.'

때문에 진평은 유방의 잔에는 술을 가득히 따르는 체하며 조금씩만 붓고 항우의 술잔에는 오히려 가득 붓기 시작했다. 유방은 진평의 그런 생각을 눈치 채고 실수를 하지 않으려고 조심했다.

범증은 손바닥을 비비며 이제나 저제나 하고 유방이 실수할 때를 기다렸지만 아무래도 일이 자기의 뜻대로 될 것 같지 않다는 생각이 들었다. 절호의 기회를 놓쳐서는 안 되는데 이미 세 가지 계책이 모두 실패로 돌아가고 말았다. 이에 범증은 항장(項莊: 항우의 사촌동생)을 불러서 말했다.

"아무래도 그대가 나서야겠다. 검무(劍舞)를 추다가 기회를 보아 유방을 찔러 죽여라."

"예. 선생 말씀대로 하겠습니다."

항장은 방 안으로 성큼성큼 걸어 들어갔다.

"군중에서 풍악은 무인들에게는 생소한 것입니다. 제가 여러 선배 어른들의 흥취를 돕기 위해 검무를 추겠사오니 웃으며 보아 주시기 바랍니다."

항장은 그렇게 말하고는 검을 뽑아 들고 검무를 추기 시작했다. 검의 번득임은 날카로우면서도 유연하고 유연하면서도 태풍처럼 한순간 휘몰아쳐 맺어졌다가는 풀어졌고 풀어졌다가 다시 맺어지고는 했다. 참으로 휘황찬란한 검광의 예술이었다. 그런데 그 검광이 차츰 유방을 향해 다가가고 있었다.

'아차, 패공이 위험하다!'

장량이 깜짝 놀라며 마주 앉아 있는 항백에게 황급히 눈짓을 했다.

항백이 얼른 장량의 뜻을 알아채고 자리에서 벌떡 일어났다.
"예로부터 검무는 상대하는 사람이 있어야 흥취를 더하는 법입니다. 지금부터 내가 상대가 되어 쌍무를 추겠으니 흥겹게 보아 주십시오."
말을 마치자 칼을 뽑아 들더니 검무를 추기 시작했다.
항우는 동생과 숙부의 쌍무를 보자 손뼉을 치며 매우 흥겨워했다.
"허어, 좋다. 대단한 솜씨들이야!"
항장은 계속 검무를 추면서 몇 번이나 유방을 노렸다. 하지만 그 때마다 항백이 유방의 앞을 가로막았기 때문에 목적을 이루지 못했다.
그러나 시간이 흐를수록 젊은 항장의 검무는 이미 초로(初老)에 접어든 항백의 검법을 서서히 어지럽게 만들었다.
'아…, 이거 큰일났구나!'
급히 방에서 나간 장량은 문 밖에서 기다리고 있는 번쾌를 불러 유방의 위급함을 알리고는 말했다.
"내가 먼저 들어갈 테니 뒤따라 들어오시오."
방안에서는 항장과 항백의 검무가 계속되고 있었다.
번쾌는 이윽고 허리에는 칼을 차고 한 손에는 방패를 든 채 문 앞으로 뚜벅뚜벅 걸어갔다. 정공이 지키고 있다가 제지하려 했지만 이를 무시하고 그대로 문 안으로 들어섰다. 정공의 부하 두 사람이 가로막자 방패로 두 군졸을 떠다밀었다. 엄청난 번쾌의 힘에 밀린 그들은 뒤로 나자빠지고 말았다.
장막을 헤치고 연회석 안으로 들어선 번쾌는 정면에 앉아 있는 항우를 노려보았다. 머리칼은 있는 대로 곤두서고 부릅뜬 두 눈은 금방이라도 찢어질 것 같은 험상궂은 형상이었다.
놀란 항우는 자기도 모르게 한 손으로 칼집을 잡으면서 물었다.
"웬 놈이냐?"

항우의 호통에 장량이 대신 대답했다.
"패공의 막료 장수 번쾌이옵니다."
그 같은 소동 때문에 항장과 항백의 검무는 중단되고 말았다.
"번쾌? 그런데 무슨 까닭으로 여기까지 함부로 들어왔느냐?"
항우가 노기를 띠고 물었다.
"말씀드리지요. 제가 듣기에 오늘은 노공께서 진나라 멸하신 것을 축하하기 위해 연회를 베풀고 상하 없이 모든 장졸들에게 술을 하사하셨다는데 이 번쾌에게만은 이른 아침부터 지금까지 술 한 잔 주는 사람이 없소이다. 목은 마르고 배는 고파서 견딜 수가 없기에 이렇게 노공을 뵈옵는 것입니다."
"허어, 그래?"
항우의 얼굴에 미소가 떠올랐다.
"잔치 자리에 왔는데 술이 없어서야 되겠는가. 여봐라, 저자에게 술 한 통을 갖다 주라."
항우의 말이 떨어지자마자 군졸이 번쾌에게 술통을 안겨 주었다. 번쾌는 선 자리에서 그대로 벌컥벌컥 들이켜 순식간에 술 한 통을 비워 버렸다.
"대단한 장사로구나. 더 먹겠느냐?"
항우가 묻자 번쾌는 주먹으로 입 가장자리를 쓰윽 한 번 씻으면서 대답했다.
"당연하지요. 이 자리에서 죽는 것도 사양하지 않을 텐데 어찌 노공께서 주시는 술을 사양하겠습니까."
"뭐? 죽는 것도 사양하지 않겠다니 누구를 위해서 죽는단 말이냐?"
"물론 저의 주인이신 패공을 위해서입니다."
무장(武將)끼리는 서로 통하는 것이 있어서였을까. 번쾌의 말을 들은 항우가 큰 소리로 웃으면서 말했다.

"으음, 저자에게 안주를 내리고 술도 더 갖다 주도록 하라."

얼마 후에 항우는 술기운을 이기지 못하며 탁자 위에 엎드려 잠이 들고 말았다. 좌우의 사람들이 그를 부축해 별실에 있는 침상으로 데려다 눕혔다.

그 때 장량이 유방 곁으로 와서 속삭이듯 말했다.

"이 틈을 타서 얼른 도망치십시오."

"선생은 어찌하시려오?"

유방이 근심스러운 얼굴로 물었다.

"저는 여기 남아서 뒤에 탈이 없도록 조치하겠습니다. 어서 서두르십시오."

유방은 좌우를 돌아볼 경황이 없었다.

함께 왔던 일행이 일시에 모두 움직이면 무슨 일이 일어날지 몰랐기에 변소에 가는 체하며 혼자서 본진에서 나왔다. 그런데 문 앞에 오자 정공과 옹치가 문을 막고 못 나가게 했다.

그것을 보고 장량이 쫓아와서 말했다.

"노공께서 대취하셨으니 모두들 돌아가라고 하셨소."

그 때 진평도 뒤이어 달려와서 재촉했다.

"속히 문을 열어 드리시오."

정공과 옹치 두 사람은 그제야 문을 열어 주었다.

유방은 번쾌와 함께 문 밖으로 나왔다. 장량의 지시를 받고 밖에서 기다리던 기신·근흡·하우영 세 사람이 유방을 호위하여 서둘러 패상을 향해 말을 몰았다.

이 일을 두고 후세 사람이 지은 시가 있으니 소개하면 다음과 같다.

패공아, 말 물어 보자
그대가 만일 자방을 얻지 못했다면
어찌 천하를 얻었을 것인가
아아, 노공 항우여
오강(烏江) 강변의 원통함이여
그대 곁에 항백만 없었더라도
패공과 장량이 어찌 크고 높아졌으랴
지나가는 바람까지도 무심하고나

항우는 한동안 잠을 자다가 깨어났다. 눈을 뜬 그는 좌우를 돌아보며 물었다.

"패공은 어디 있느냐?"

그 소리를 들은 장량이 얼른 항우 앞으로 가서 대답했다.

"패공이 술에 취해 제대로 앉아 있을 수 없기에 조금 전에 패상으로 돌아가시면서 저에게 '대신 여기 있다가 노공께서 잠이 깨시면 오늘 베푸신 은혜에 대해 사례하라'고 하셨습니다."

"아니, 뭐라고? 내게 인사도 하지 않고 제 맘대로 돌아가다니!"

그 때 항우의 노한 목소리를 들은 범증이 들어와서 말했다.

"내가 뭐라고 말씀드렸습니까? 패공은 겉으로는 유약한 체하지만 음흉하기 짝이 없는 사람입니다. 노공의 허락도 받지 않고 홍문 밖으로 나간 것은 노공을 우습게 보았기 때문입니다. 그 모든 일은 여기 있는 이 장량이 시킨 것이니 속지 마십시오."

범증의 그 같은 말이 항우를 분노하게 만들었다.

"에잇, 고약한 것들! 여봐라, 장량을 끌어내어 목을 베어라!"

그러나 장량은 눈 하나 깜박이지 않으며 태연하게 말했다.

"잠깐 고정하시고 제 이야기를 들어 주십시오. 패공은 원래 저의 주인이 아니니 제가 패공을 위해 노공을 속일 이유가 없지 않습니까. 어쨌든 노공께서 오늘 패공을 죽이지 않으신 것은 천만 번 잘하신 일입니다. 만일 패공을 죽이셨다면 천하 사람들이 뭐라고 말하겠습니까. 노공이 패공을 이기지 못할 것 같으니까 홍문의 경축 연회에 청해 떳떳하지 못한 방법으로 죽였다고 비웃지 않겠습니까?"

술이 덜 깬 얼굴의 항우는 묵묵히 장량의 말을 듣고만 있었다. 장량은 그런 항우를 힐끗 한번 보고는 계속해서 말했다.

"노공께서는 즉시 저를 패상으로 돌려보내 주십시오. 그러면 패공이 진왕 자영에게서 받은 옥새를 노공께 바치도록 하겠습니다. 노공께서 그 옥새를 받아 대위(大位)에 오르신다면 대의명분이 뚜렷하여 천하 사람들 모두가 복종할 것입니다. 그런데 만일 노공께서 이 자리에서 저를 죽이신다면 패공이 옥새를 가지고 다른 나라로 도망가서 딴 사람에게 줄지도 모르니 그보다 더 애석한 일이 어디에 또 있겠습니까."

거기까지 들은 항우가 반색을 하며 물었다.

"네가 정말로 옥새를 가져올 수 있느냐?"

"물론이옵니다."

장량이 서슴지 않고 대답했다.

"그럼 어서 가서 옥새를 가지고 오너라. 만약 어기는 날에는 내가 백만 대군을 이끌고 가서 패상의 진을 가루로 만들어 버릴 것이니 그렇게 알아라!"

"걱정하지 마십시오. 지금 곧 가서 가져오겠습니다."

장량이 홍문에서 나와 패상으로 갔더니 유방이 기다리고 있다가 크게 반기며 말했다.

"오늘 선생의 주선과 계책이 없었다면 나는 살아서 돌아오지 못했을 것입니다."

장량은 항우와 약속한 것에 대해서 대강 이야기했다.
"옥새를 항우에게 갖다 주시지요."
유방은 몹시 내키지 않았는지 반대를 했다.
"옥새는 나라의 보배인데 어찌 함부로 남에게 줄 수 있습니까?"
그러자 장량이 정색을 하면서 말했다.
"천하가 옥새를 따라다니는 것은 아닙니다. 천하를 얻는 길은 덕에 있지 옥새에 있지 않습니다. 만일 패공께서 지금 옥새를 아까워하여 항우에게 주지 않으신다면 항우는 필경 군대를 몰고 올 것입니다. 그렇게 되면 항우에게 사로잡히게 될지도 모르니 그 때 옥새가 무슨 소용이 있겠습니까. 그러니 항우가 달라고 청할 때 순순히 주어 버리고 조용히 우리의 큰 계획을 세우는 것이 좋은 방법이라고 생각합니다."
듣고 난 유방이 그제야 머리를 끄덕이면서 쾌히 허락했다.
"과연 선생의 말씀이 옳소."
이튿날 장량은 옥새와 그 밖의 진기한 보물들을 가지고 다시 홍문으로 갔다.
"패공이 지난밤에 과음한 탓으로 아직 자리에서 일어나지 못하여 저더러 대신 가서 뵈옵고 사죄의 말씀을 올리라고 하셨습니다. 그리고 여기 옥새와 보물을 가지고 왔습니다."
장량은 그렇게 말하고는 항우에게 옥새와 진보를 바쳤다. 그것들을 탁자 위에 벌여 놓고 만족한 얼굴로 한참동안 들여다보던 항우는 그 중에서 광채가 찬란한 구슬 한 개를 집어 범증에게 주었다.
"이건 선생이 가지십시오."
하지만 범증은 자기의 거처로 돌아오자 그것을 땅바닥에 던져 버렸다.
"아아, 수자(竪子)와는 함께 일을 꾀할 수가 없다."
항우의 판단이 안이한 것을 한탄한 것이다. 수자란 '풋내기'라는 뜻이다.

어쨌든 그렇게 되어 유방은 일단 위기를 면했는데 이 때 항백은 왜 조카인 항우를 배신하면서까지 귀중한 정보를 적군의 참모인 장량에게 알려 주었을까? 전후 사정을 모르는 사람들은 이해할 수 없는 일이라고 생각할 것이다.

항백과 장량은 그보다 훨씬 전부터 같은 유협의 세계에 몸을 숨기고 있던 사이였다. 옛날에 장량은 시황제를 암살하려다 실패하자 하비(下邳)로 가서 유협의 세계에 몸을 숨겼다. 그리고 그 다음에 그 곳에 찾아든 사람이 역시 죄를 짓고 쫓기던 항백이었다.

〈사기〉에는 이렇게 기록되어 있다.

'장량, 하비로 와서 유협이 되다. 항백 역시 사람을 죽이고 장량 밑에 숨다.'

그런 특별한 인연이 있었기 때문에 항백으로서는 죽게 된 옛날의 동료를 버려둘 수 없었다.

유협들은 이처럼 강력한 연대 의식을 가지고 보이지 않는 세력을 형성하면서 중국의 역사에 여러 번 큰 작용을 했다. 만일 그 때 항백이 장량에게 그 같은 정보를 주지 않아 항우의 기습이 감행되었다면 중국 역사에서 수백 년이나 지속된 한(漢) 제국은 탄생하지 못했을지도 모른다.

5. 계포(季布)와 주가(朱家)

약속은 꼭 지킨다

마당에서 어정거리던 계포(季布)는 천천히 고개를 들어 밤하늘의 달을 바라보면서 자기 자신에게 타이르듯이 중얼거렸다.
"그래, 잘 될 거야."
'아무래도 절망적인 것 같다. 하지만 지금까지 잘 되어 왔으니 앞으로도 안 될 것은 없겠지.'
계포는 그렇게 합리화해서 자신을 위로했다.
계포는 자기 운명을 신봉하는 사람이었다. 자기는 행운을 타고난 선택받은 인간이라고 굳게 믿고 있었다.
자기의 운명에 어두운 그림자를 드리우는 것이 있어도 그것을 무시하며 기다리고 있으면 신기하게도 금세 사라져 버리고는 했다.
지금까지 그런 일이 여러 번 있었다.
"형은 어째서 저럴까?"
동생 계심(季心)은 가끔 고개를 갸우뚱하며 그렇게 말하곤 했다.
용기로 말하자면 계심 쪽이 훨씬 뛰어났다. 그는 관중을 단번에 삼킬 듯한 의기를 가졌으며 사람들을 만날 때는 겸손했으며 또 인의(仁義)를 관철하는 협객이었다. 수천 리 사방의 많은 장사들이 그를 위해 죽으려고 다투었다.
그가 일찍이 사람을 죽이고 오나라에 망명했을 때 원앙(袁盎)에게 도움을 받아 원앙을 형으로 대우하고 존경했으며 관부(灌夫)나 적복(籍福) 등은 아우로 대했다. 그는 한때 중위(中尉) 질도(疾都) 밑에서 중사마(中司馬)가 되었으나 질도조차도 그에게는 예우를 깍듯이 하였다. 하지만 결과적으로 계심은 대군을 지휘하는 지위에까지 오르지는 못했으며 그의 옆에 모여드는 부류는 대개 노름꾼과 도둑들뿐이었다.
계포도 보통 사람 이상의 담력은 있었지만 동생에 비하면 훨씬 뒤떨어졌다. 그런 데도 항우(項羽)의 부장(部壯)으로 대군을 이끌고 이따금 한왕 유방을 궁지에 빠뜨리곤 했다. 때로는 몸소 적군을 격파하고 적의 군기(軍旗)를 빼앗았다.
 계포에게는 동생이 하나 더 있었다. 하지만 아버지는 달랐다. 그 동생의 이름은 정공(丁公)이라고 했는데, 역시 항우의 부장이었다. 지모(智謀)로 비교해 보면 정공은 형인 계포에 비해 훨씬 뛰어났다.

 어릴 때부터 계심은 용기, 정공은 지모에 뛰어났다.
 계포는 뛰어난 동생을 두 명이나 두었기에 소년 시절에는 항상 고민에 빠져 있었다.
 '나는 남보다 뛰어난 점이 한 가지도 없으니 어떻게 해야 하지? 나도 뭔가 한 가지 정도는 남들보다 뛰어난 면을 갖지 않으면 안 된다.'
 늘 이렇게 통감하곤 했다.
 "좋아. 그렇게 하자."
 어느 날 소년 계포는 갑자기 고개를 끄덕였다. 자기가 가져야 할 그 한 가지가 무엇인지 생각해 냈던 것이다.
 '약속을 지키는 것이다.'
 그것은 누구나 할 수 있는 지극히 평범한 일이다. 때문에 그런 것으로 크게 이름을 이룬다는 것은 쉬운 일이 아니었다.
 그는 초(楚)나라 사람이었다. 그가 살았던 곳은 현재의 안휘(安徽)와 호북(湖北) 부근으로 하천과 호수들이 많아 풍광이 수려했다.
 12살이었을 때 그는 근처의 악동들과 근지(芹地)라는 못을 헤엄쳐서 건너기로 약속했다. 그는 헤엄을 잘 쳤다. 그렇지만 근지는 꽤 넓은 못이었기에 마을에 있는 사당에서 대안(對岸)의 커다란 버드나무가 있는 데까지 왕복하려면 어른들도 힘들어 했다.
 더구나 약속한 날 아침에는 천둥 번개와 함께 큰 비가 내렸다. 외출할 수 있는 날씨가 아니었다.

'하지만 약속을 지키지 않으면 안 된다.'

어린 마음에도 그것이 자기가 내세울 수 있는 유일한 자랑거리라고 믿고 있었기 때문에 계포는 비를 맞으며 근지 옆까지 갔다.

못 주위는 돌들이 쌓여 있는 제방이었다. 거기까지 당도한 계포는 돌무더기 위에 걸터앉아 주위를 둘러보았다. 사당 옆에 위치한 그 곳은 바로 친구들과 약속한 장소였다.

친구들은 한 사람도 와 있지 않았다. 천둥과 번개를 동반한 세찬 비가 무서웠기 때문이었다.

'나 혼자만 약속을 지켰다.'

그런 우월감을 어느 정도 맛보았으나 그런 기분은 오래 가지 않았다. 계포는 다음 순간 비명을 토하며 자리에서 벌떡 일어났다.

"으악!"

그가 걸터앉아 있던 제방의 돌이 흔들리며 무너져서 못 속으로 떨어진 것이다. 지반이 비 때문에 물러져 있었다. 돌 위에서 막 일어서려던 계포도 몸의 중심을 잃으며 못 속에 빠지고 말았다.

호우는 못의 수면을 세차게 때렸고 수면은 흘러 들어오는 강물로 인해 물이 불어서 소용돌이치고 있었다. 도저히 헤엄칠 수가 없었다. 계포는 안간힘을 다해 허우적거렸다. 그것은 엄청난 불운이었다.

그런데 그 같은 불운이 행운으로 바뀌었다.

못의 제방 상태가 위험하다는 사실을 알고 있던 마을 청년들이 무리를 지어 근지의 상황을 보러 왔다가 필사적으로 헤엄치고 있는 계포의 모습을 발견했다. 그는 소용돌이에서 벗어나려고 필사적으로 버둥거리고 있었다.

청년들이 재빨리 대나무 장대를 연결해 그에게 내밀었다. 어른들이었지만 못에 뛰어들어 계포를 구조할 용기는 없었다.

물가로 끌려나온 계포는 기진맥진한 상태였는데 의식을 회복하고 나자 곧 웅얼거렸다.
"하지만 약속이니까."
어쩌면 그는 그 때까지 의식이 몽롱했기에 헛소리를 한 것이었는지도 모른다. 하지만 그 때 했던 그 말로 인해 계포는 단번에 유명해졌다.
"죽더라도 약속은 지키는 소년이다."
때문에 계포는 돌이 흔들려서 못 속으로 떨어졌다는 말을 하고 싶어도 할 수 없게 되었다. 이미 헤엄을 치려고 씩씩하게 못 속에 뛰어든 것으로 널리 알려졌기에 청년들이 옷을 입은 채 헤엄치고 있었던 이유를 묻자 맹랑한 거짓말을 했다.
"추울 것 같아서 옷을 입은 채 뛰어들었다."
계포의 행운은 말하자면 그런 종류의 것이었다.
그 밖에도 여러 가지 예가 있는데 그는 이상할 정도로 운이 좋았다.
'그러니 이번에도…….'
그가 이렇게 기대하는 것도 어쩌면 당연한 일이었는지도 모른다.

하지만 그는 지금 인상서(人相書)가 각지에 나붙어 있는 패잔병이었다.
그의 목에 한나라 고조 유방이 천금의 현상금을 걸었다. 그를 숨기는 자는 삼족에 죄가 미친다고 포고했다.
삼족이란 부모, 형제, 처자를 말한다.
어쨌든 간에 그를 숨기면 자기뿐만 아니라 가족까지 살해당하고 만다. 그러니 웬만큼 배짱이 있는 사람이 아니면 엄두도 못 낼 일이다.
그는 그 때 복양(濮陽)에 있는 주(周) 씨라는 사람의 집에 숨어 있었다.
그러나 그 곳도 안주할 수 있는 장소는 아니었다.
그 집의 주인은 옛날에 계포가 돌보아 준 인물이지만 은혜는 은혜이고 가족의 목숨에 관계되는 일이기 때문에 언제까지나 보호해 주지는 않을 것이다.

"틀림없이 잘 될 거야."

쟁반 같은 달을 보면서 계포는 주문을 외우는 것처럼 그렇게 말하며 손바닥으로 얼굴과 목덜미를 연이어서 때렸다. 때 이른 모기들이 다시 달려들었기 때문이다.

천금짜리 사나이

패잔병의 신세는 너무나 괴로웠다.

어느 시대에나 마찬가지겠지만 그 때는 여느 때와 형세가 달랐다. 만약 전국 시대였다면 어딘가 다른 나라로 도망쳐 들어가 숨는다든가 다른 상황을 엿보든가 하는 방법이 있었을 것이다. 하지만 천하가 통일되어 버렸기에 패잔병이 숨을 장소는 없었다.

진(秦)나라의 시황제가 천하를 통일한 것은 기원전 221년의 일이었다. 하지만 진나라의 역할은 천하를 하나로 만든 것뿐이고 그 통일에 무리가 있었기에 10여 년의 단기 왕조로 망하고 말았다.

거기서 천하는 다시 분열되느냐 진나라의 뒤를 이을 통일 왕조 아래 통합되느냐의 중요한 국면을 맞았다.

한나라 유방과 초나라 항우의 싸움에서 마침내 유방이 이기자 본격적으로 천하가 하나로 굳혀졌다.

천하가 하나가 되었다는 것은 대단히 경사스러운 일이지만 패잔병에게는 괴로운 상황이었다.

더욱이 계포는 항우 쪽에 가담해 싸웠던 장수였다.

유방과 항우의 싸움은 항우가 우세한 가운데 진행되었으나 후반에 이르러서 역전되었다. 그러므로 항우의 부장인 계포에게도 이긴 싸움이 많았다. 유방을 몹시 괴롭힌 셈이다. 유방에게 계포는 너무나 미운 놈이었다. 그런 놈은 빨리 찾아내어 죽이고 싶었다. 그래서 계포의 목에 천금의 상금을 걸었다.

현상금이 걸린 것은 계포만이 아니었다. 항우 측의 요인이었던 부장들의 목에도 각각 거금이 걸렸는데 그 인물의 지위나 유방군을 괴롭힌 정도에 따라서 금액은 달랐다. 어쨌든 천금짜리는 최고 우두머리에 속했다.

천금이라고 하면 3대의 자손이 일하지 않고 살아도 남을 정도의 거금이었다. 그러니 당연히 현상금을 노리는 사람들이 나타나게 마련이었다.

금광 시대의 시굴사(試掘師)처럼 그들은 거물급 지명 수배자를 찾아서 각지를 편력했다.

그 현상금을 노리는 사람들 중에 조구생(曹丘生)이라는 인물도 있었다.

계포와 고향이 같은 초나라 사람으로 전에는 유세(遊說)를 업으로 했었다. 천하가 통일되었기에 살아가기가 곤란해진 사람들은 패전한 군대의 부장들만이 아니었다. 유세를 업으로 하던 사람들도 거의 실업(失業) 상태가 되었다.

전국 시대에 유세객들은 두 가지 일에 대해 계책을 내어 제후들을 설득하면서 살아갔다.

첫째는, 어떻게 해야 열국(列國)과 어깨를 나란히 하여 그 나라를 보전할 수 있느냐 하는 방법이었다.

둘째는, 어떻게 해야 열국을 누르고 천하를 통일할 수 있느냐 하는 방법이었다.

천하가 하나로 되면 두 번째 방법은 달성된 것이며 제후(諸侯)의 나라는 소멸되었기 때문에 첫 번째 방법도 설득할 상대가 없어졌다.

다시 말해서 유세를 업으로 하는 사람도 할 일이 없어치고 말았다.

제1급의 변사(辯士)만은 경륜이 있어 고문으로 국정에 참여하기도 했지만 그 밖에 말만 그럴 듯하게 잘하던 사람들은 해고(解雇)되었기 때문에 전업하지 않으면 안 되었다.

조구생은 유세가 시절 각국을 떠돌아 다녔기 때문에 지리에 밝았으며 연줄도 많았다. 천하가 넓다고 해도 중앙의 눈에서 벗어나 잠복할 수 있는 장소는 한정되어 있다. 때문에 조구생은 그 일이 장사가 될 것이라고 생각했다. 그리고 기왕에 패잔병 사냥을 할 바에는 고액의 현상금이 걸려 있는 자를 노려야겠다고 생각했다.

'계포를 잡자.'

조구생은 시장에서 물건을 살 때처럼 간단히 그렇게 결정했다.

하지만 우선 적에 대해 알아야 했다. 병법가인 손자도 말했지만 그것이 모든 일의 출발점이다. 조구생은 계포에 대해 연구하기 위해 그의 출신지로 갔다. 조구생은 초나라 사람이기 때문에 탐문은 매우 쉽게 진행되었다.

"계포 장군은 어떻게 지내시고 있는지?"

계포에 대한 일은 고향에서도 그런 식으로 항상 화제가 되었기 때문에 같은 초나라 말을 하는 사나이로부터 질문을 받아도 누구나 수상하게 여기지 않았다.

조(曹) 씨라는 대장장이 노인은 성이 같은 사람을 만나 반갑다고 하면서 계포에 관한 여러 가지 이야기를 조구생에게 들려주었다.

"실은 나밖에 모르는 일이 있다네. 지금이니까 말할 수 있지만……."

이렇게 서두를 꺼내더니 다음과 같은 이야기를 소상하게 들려주었다.

계포가 20세 때에 어떤 도둑이 쫓기다가 그가 살고 있는 마을 근처로 도망 온 일이 있었다. 도둑은 마을 뒷산에 숨은 모양이었다.

사람들을 10여 명이나 죽인 극악무도한 인간인 데다 자포자기한 상태였기 때문에 무슨 짓을 저지를지 알 수 없었다.

마을 사람들은 우리를 뛰쳐나온 맹수와 같은 그 도둑을 두려워했다. 그 때 계심이 형인 계포에게 말했다.

"우리 둘이서 저 산을 양쪽에서 포위해 들어가 흉적을 죽입시다."

계심은 그 때 18세에 불과했으나 이미 대단한 호걸로 널리 알려져 있었다.

"그러자."

계심은 그 산의 앞쪽을 맡고 계포는 그 뒤쪽을 맡아 도둑을 찾으며 올라갔다.

이윽고 그 도둑은 산 뒤쪽에서 계포에게 잡혀 살해되었다. 그러자 마을 사람들은 감탄했다.

"과연 계포로다!"

동생인 계심은 용맹으로 널리 알려져 있었지만 형은 약속은 반드시 지키는 사람으로 인정받고 있었다. 모두들 그렇게 생각하고 있었는데 계포가 흉악한 도둑의 목을 단칼에 찔러 죽인 것이다. 그래서 사람들은 계포를 다시 한 번 대단한 사람이라고 생각하게 되었다.

대장장이인 조 노인이 말했다.

"그런데 말이지 실은 그 도둑이 이제 더 이상 달아날 길이 없다고 체념한 나머지 거기서 칼로 자기 목을 찔러서 자살했던 것이오."

"정말인가요?"

조구생은 물었다.

"정말이고말고. 내 눈으로 틀림없이 보았으니 그것만은 확실하오."

조 노인은 그 날 땔나무가 떨어졌기 때문에 마른 나무나 마른 잎을 모으러 산에 갔다고 한다. 무서운 도둑이 산 속에 숨어 있다는 소문을 들었기에 산 속으로는 깊이 들어가지 않고 기슭에서 나무를 하기로 했다. 하루나 이틀 치의 땔감만 만들고 나머지는 도둑 소동이 가라앉은 후에 천천히 할 작정이었다.

그런데 그곳에서 우연히 인상이 험상궂고 수염이 더부룩한 거한이 자기 칼로 목을 찔러서 죽는 놀라운 광경을 보게 되었다.

겁쟁이인 조 노인은 깜짝 놀라서 기겁을 하며 자기 집까지 기어서 돌아왔다.

그런데 막상 여러 사람에게 알리려고 했을 때는 벌써 이야기가 자자하게 퍼져 있었다.

"계포가 도둑을 잡아 죽였다."

도둑이 자살했다는 이야기를 꺼낼 수 없는 분위기였다. 그러니 그 이야기를 꺼내 보았자 쉽사리 믿어 주지 않을 것이라고 생각되었기에 조 노인은 아예 입을 다물어 버렸다.

"지금은 남들의 눈치를 보지 않고 말할 수 있어. 하지만 결과는 마찬가지일 거야. 이제 와서 계포가 자살한 도둑의 목을 주운 것이라고 내가 아무리 주장해도 믿을 사람은 없을 거야."

조 노인은 고개를 가로저었다.

어쨌든 계포는 의기를 중하게 여기며 약속을 꼭 지키는 사람, 다시 말해서 일구이언이 없는 사람, 거짓말을 하지 않는 사람으로 유명해졌다.

계포 일낙(季布一諾: 계포가 한 번 승낙하는 일). 이것은 초나라에서는 유명한 말이다.

'황금 1백 근을 얻는다 해도 계포의 일낙을 얻은 것만 같지 못하다.'

〈사기〉도 초나라 사람들의 이런 속담을 인용하고 있다.

계포가 가슴을 두드리며 '약속하겠다!'고 말하기만 하면 틀림이 없었다. 그렇지만 대장장이 조 노인의 이야기를 들으니 조구생은 계포가 거짓

말을 한 것 같다는 생각이 들었다.
조구생은 노인의 눈을 물끄러미 바라보다가 중얼거렸다.
"이 노인이 한 말은 사실이다."

달라진 생각

조구생은 계포의 고향에 닷새 동안 머물러 있었다.
그가 출발하려고 했을 때에 비가 억수로 쏟아지면서 한바탕 우레 소리가 울려 퍼졌다.
조구생은 마을 변두리에 있는 사당 안으로 들어가 비를 피했는데 먼저 와 있던 사람들이 큰 소리로 이야기를 하고 있었다.
"바보 같은 소리 하지 말아요. 영감님이 노망을 떠는 게 아니오?"
"그래, 계포가 거짓말을 할 리가 없어."
"계포가 헤엄을 쳐서 건너갔다고 자기 입으로 말했으니 헤엄을 친 것이 틀림없단 말입니다."
사람들은 저마다 그렇게 떠들어대며 한 노인을 집중적으로 공격하고 있었다.
"하지만 모두들 상식적으로 생각해 보게. 어린아이가 어떻게 그 날 그 못에서 헤엄칠 수 있단 말인가? 그 때는 오늘보다 더 심하게 천둥번개가 치면서 폭우가 쏟아졌는데 말이야."
노인은 사당 문 너머로 보이는 근지를 손으로 가리키면서 말하고 있었다.
'계포가 친구들과 했던 약속을 지키려고 뇌우 속의 소용돌이를 헤치고 근지를 헤엄쳐서 왕복했다'는 그 유명한 일화가 다시 화제가 되고 있는 모양이었다.
노인은 말을 이었다

"나는 그 때 마침 제방에 갔었단 말이야. 제방의 돌 하나가 못으로 떨어졌는데 계포 녀석은 그 돌에 앉아 있다가 함께 못에 빠졌던 것이 틀림없어."

그러자 젊은 사나이 하나가 핀잔을 주었다.

"바보 같은 소리 작작해요, 영감님. 그래서 나이는 먹지 말아야 해."

주위는 어두워지고 있었다. 번개가 칠 때마다 사람들의 얼굴이 한순간 창백하게 드러나고는 했다.

그 순간의 빛 속에서 조구는 노인의 얼굴을 보았다.

대장장이 조 노인의 얼굴과 비슷한 표정이었다. 그 노인도 완고하여 자기가 믿고 있는 바를 끝까지 양보하지 않을 것은 물론 결코 거짓말을 할 것 같지는 않았다.

"나는 거짓말은 하지 않는다. 확실히 제방의 돌이 하나 무너지면서 같이 떨어졌단 말이야!"

노인은 완강하게 다시 한 번 주장했다.

하지만 그 노인의 말을 믿어주는 사람은 아무도 없었다.

"계포가 말한 것은 틀림없어!"

이 한마디가 노인의 주장을 꺾고 말았다.

뇌우가 그치자 조구생은 사당에서 나와 북쪽으로 향했다.

"으음."

걸어가면서 그는 팔짱을 끼고 신음을 토해 냈다.

'계포는 참으로 보기 드문 행운아인지도 모른다.'

새삼스럽게 그런 생각이 들었기 때문이었다. 잘못해서 못에 떨어졌기 때문에 약속을 지키는 소년이라고 칭찬을 받았으며 동생과 도둑을 협격(挾擊)하려다가 스스로 죽은 도둑의 목을 거저 주웠다.

조구생은 그 때까지 계포와 관계있던 인물들 중에서 임협(任俠)이라고 생각되는 사람들을 조사해서 이름을 기록했다.
 숨기면 삼족이 살해당한다. 그럼에도 불구하고 감히 그를 숨겨 줄 사람은 임협 이외에는 있을 수 없다.
 그가 알아낸 바에 의해 추측해 보면 아무래도 복양 땅에 사는 주 씨라는 소두목(小頭目)에게 몸을 의지하고 있을 공산이 가장 컸다.
 복양은 하북에 있다.
 조구생은 그 쪽으로 말머리를 돌리며 생각했다.
 '아무리 행운이 좋은 자라도 운이 다하는 때가 있는 법이다.'
 복양으로 가는 도중에 그는 계포의 이부(異父) 동생인 정공이 처형당했다는 이야기를 들었다. 정공도 항우의 부장이었다.
 유방과 항우가 사투(死鬪)를 벌이고 있을 때 정공이 팽성(彭城) 서쪽에서 유방의 군대를 쳐서 괴롭힌 적이 있었다. 그 때 정공이 칼을 뽑아 들고 유방을 향해 달려들었다.
 유방은 하마터면 목숨을 잃을 뻔했다. 그는 달려오는 정공을 향해 외쳤다.
 "양현(兩賢)이 어찌 서로 죽일 것이냐!"
 천하의 현인(賢人) 두 사람이 여기에 있다. 그 두 사람 중 한 사람을 다른 한 사람이 죽이는 시시한 짓을 그만두자는 의미였다.
 '과연……' 하고 정공은 생각했다.
 천하의 양현이라는 말을 듣자 정공은 기분이 좋았다.
 "좋다, 물러나라!"
 그래서 자기가 지휘하는 군대를 물렸던 것이다.
 나중에 유방은 천하를 얻었다. 적의 진영에 있었지만 정공은 자기가 유방의 생명의 은인이라는 생각을 가지고 있었다. 다른 사람들도 역시 '정공이 잘했다, 역시 지모가 뛰어난 사람은 다르다'고 평했다.

그들은 모두 입을 모아 말했다.

"정공은 앞을 내다보고 있었다. 항우는 일세의 호걸이지만 자기 재능이 뛰어나기 때문에 다른 사람의 의견을 받아들이지 않았다. 그렇기 때문에 왕자(王者)의 자질이 없는 것이다. 그런 점에서 볼 때 미천한 출신인 유방은 기회 있을 때마다 막료나 부하의 말을 겸허하게 들었다. 이 사람이야말로 왕자답다 생각하고 정공은 그의 목숨을 구해 주어 앞날에 대비했다."

정공은 두려워하는 빛도 없이 한고조 유방을 배알했다. 전에 목숨을 구해 준 행위에 대해서 당연히 포상이 있을 것이라고 믿고 있었다. 그러나 유방은 서릿발 같은 명령을 내렸다.

"이자를 군중(軍中)에 조리 돌리라!"

정공은 자기의 귀를 의심했다. 군중에 조리 돌림을 시키는 것은 끌고 돌아다니면서 망신을 주는 것으로 본때를 보이기 위해서였다. 대개 조리돌림을 한 다음에는 처형시키는 것이 관례였다.

"저는 정공입니다. 팽성 서쪽에서……."

정공이 말했으나 유방은 끝까지 듣지도 않고 대꾸했다.

"그래, 그것은 잘 알고 있다. 잊을 이름이 아니다."

"목숨을 구해 드린… 그 때의 정공이옵니다."

"알고 있다. 이 유방이 그 때의 일을 잊을 리가 있겠는가. 그 때 내가 너에게 살해되었다면 천하는 항우의 것이 되었겠지. 그런 데도 너는 나를 구해 주었다. 너는 항우를 섬기면서 적인 나를 살려 주는 불충을 저질렀다. 그래서 나는 너를 군중에 조리돌림을 한 다음에 참수형에 처하려는 것이다."

정공은 지모가 뛰어난 사람이었다. 유방이 자기의 목을 베어서 부하들에게 불충한 행위가 없도록 산 교훈으로 삼을 작정이라는 것을 알아차렸다.

"하고 싶은 말이 있는 모양이구나?"

유방이 묻자 정공이 대답했다.

"네, 있습니다. 저 정공은 한왕(漢王: 유방)의 지모에 감동했습니다. 이렇게 하지 않으면 안 됩니다. 저를 벤 다음부터는 한왕의 군중에서 두 마음을 품는 자들이 없어질 것입니다."

유방의 위기를 눈감아 주었을 때 정공은 양 다리를 걸친 셈이었다. 그것이 그의 지모였던 것이다.

조구생은 그런 경위에 대해서 듣자 한숨을 쉬었다.

"계포에게 동생과 같은 지모가 없었던 것은 행운이었는지도 모른다."

그는 계포를 붙잡아서 현상금을 타겠다는 계획을 포기했다. 그러나 그의 말은 여전히 하북의 복양으로 향하고 있었다.

이번에는 계포를 찾아내어 자기도 보기 드문 그의 행운의 덕을 좀 얻어 보자는 엉뚱한 생각을 했기 때문이었다.

노예가 되어 팔려 가다

그 사나이는 헛간 뒤에서 조용히 나타나 계포를 숨기고 있는 집의 주인 주 씨에게 말을 걸었다. 주 씨는 배짱이 있는 협객이기 때문에 시치미를 떼며 적어도 겉으로는 동요하는 빛을 보이지 않았지만 속으로는 큰 충격을 받았다.

그 사나이 조구생은 이렇게 속삭였던 것이다. 계포라고 지칭하지는 않았다.

"주 두목님, 누군가에게서 들었는데 댁에 독(毒)을 뿜는 굉장히 큰 쥐가 있다더군요. 독은 경우에 따라 특효가 있는 약이 되기도 한다지요? 내가 잘 아는 의원들 중에 독쥐를 몹시 갖고 싶어 하는 사람이 있습니다. 그래서 팔방으로 구하고 있는데 독쥐를 기르는 것은 법으로 금하고 있지 않습니까. 관가에 알려지면 목이 달아나는 것만으로 끝나지 않는단 말입니다. 그러니 주 두목님, 그 쥐를 저에게 몰래 파시지 않겠습니까? 그 의원은 무슨 일이 있어도 비밀을 지키겠다고 저와 약속했습니다. 한적한 길을 걸어가고 있을 때 쪼르르 달려가고 있는 것을 발견했기 때문에 자기가 붙잡은 것이라고 말하겠답니다. 이 세상에 몇 마리밖에 없는 독쥐이기 때문에 그 의원은 정말로 군침을 흘리고 있습니다. 값은 금 50근이면 어떻습니까? 덤으로 목숨도 구할 수 있으니까 싼값은 아니라고 생각되는데요. 잘 생각해 보십시오."

대나무 껍질로 만든 삿갓을 깊이 눌러쓴 조구생은 그 속에서 빛나는 눈을 깜박거리고 있었다.

주 씨라는 집주인은 헛기침을 하고는 중얼거리며 그대로 계속 걸어갔다.

"허어, 우리 집에 그런 이상한 것이 있었던가. 그렇다면 집에 돌아가서 찾아보아야겠군."

그의 뒷모습을 바라보며, 사나이 조구생은 확신했다.

'틀림없다. 계포는 여기에 있다.'

주 씨는 걸음이 빨라지려는 것을 기를 쓰고 억눌렀다. 빨리 대책을 강구하지 않으면 화는 자기뿐만 아니라 아버지와 자손들에게까지 미치게 된다. 아무리 임협의 사람이라도 그렇게 되면 너무나 어려워진다. 때문에 자연히 걸음이 빨라졌다. 그렇지만 그 사나이가 보고 있을 것이라는 생각에 다리가 꼬이는 것만 같았다.

'그래, 그 사나이는 자기에게 팔아 달라고 했었지.'

집에 닿기 전에 그는 조구생의 속삭임에서 착상을 얻었다.

그는 집으로 돌아오자 계포에게 가서 말했다.

"장군, 당신에 대한 한왕의 추궁이 더욱 엄해지고 있으니 머지않아 여기까지 손길이 뻗치게 될 것입니다. 언제까지 저의 집에 숨어 계실 수는 없습니다. 그러니 제가 말씀드리는 대로 하시든지 아니면 이 자리에서 스스로 목을 쳐 주시기 바랍니다."

그러자 계포가 대답했다.

"당신이 하라는 대로 하겠소."

주 씨는 계포의 머리를 박박 깎았다.

중국에 불교가 전해진 것은 후한(後漢) 때이다. 이 이야기는 전국 시대가 끝난 지 얼마 안 된 전한(前漢) 초기의 일이므로 이 때 승려라는 것은 중국에 없었다.

한족(漢族)의 두발 풍습은 머리를 길게 길러 상투처럼 틀어 올린 다음 그 부분에만 천을 씌워 묶는 방식이다. 보통 사람으로서 머리를 박박 깎는 일은 없었다. 중머리인 것은 특수한 신분으로 다시 말해서 노예라는 표시였다.

계포의 머리를 깎은 주 씨는 그에게 결이 거친 칡베로 만든 갈의(葛衣)를 입혔다. 노예의 옷이었다. 그 위에 항쇄(項鎖: 죄인의 목에 씌우는 칼)를 씌웠다. 누가 보더라도 노예가 틀림없었다.

노예는 인간으로 인정받지 못했다. 가축과 같은 취급을 받았다. 그것을 매매하는 것도 소유자 마음대로였다. 헛간 뒤에서 수상쩍은 인물로부터 속삭임을 들은 주 씨는 삼족의 안전을 위해 계포를 노예로 만들어 팔아넘기기로 했다.

지독한 짓을 하는 것 같았지만 주 씨는 그것 이외에는 방법이 없다고 생각했다. 그것은 계포를 위한 일이기도 했다. 함부로 아무에게나 팔 수도 없었기에 사정을 설명했다.

"장군에게 은혜를 입은 저는 목숨을 버리더라도 장군을 지켜 드릴 작정으로 있었습니다. 그렇지만 죄는 저뿐만 아니라 삼족에까지 미칩니다. 저의 임협의 한계는 여기까지입니다. 사이비 임협이라고 비웃으셔도 할 말이 없습니다. 그 대신 장군을 이제부터 진짜 임협에게 맡기려고 합니다."

이렇게 말하고는 이마를 땅바닥에 문질러댔다. 그러자 계포는 속으로 중얼거렸다.

'으음, 노(魯)나라로구나.'

주 씨는 다음 날 밤에 계포를 광류차(廣柳車)에 싣고 노나라로 향했다. 광류차는 관(棺)을 운반하는 장의차를 말한다. 덮개가 있어서 밖에서는 안이 보이지 않았다. 그렇기 때문에 속이 보이면 곤란한 물건을 운반할 때도 광류차를 사용했다. 팔려가는 노예도 광류차로 운반하는 것이 관례였다.

노나라는 공자가 태어난 나라이다. 당연히 유생(儒生)들이 많았다.

무뢰배였던 유방도 천하를 잡자 엄숙하게 의례를 거행하고 싶다고 생각했지만 그의 측근들은 개를 잡는 사람이나 죄수 출신들뿐이어서 예의범절을 아는 사람이 없었다. 그래서 의례를 가르치는 선생으로 유생들을 채용했는데 그들 대부분이 노나라 사람이었다.

그런 지방에서 유명한 협객이 나왔다는 것은 이상하다면 이상한 일이었다.

하지만 〈한비자(韓非子)〉는 유(儒)와 협(俠)을 나란히 놓았다. 유는 문(文)으로 세상을 어지럽히고 협은 무(武)로 세상을 어지럽히는 무리들이라고 단정했다. 기성 체제를 어지럽혔다는 점에서는 공통된 바가 있었다. 따라서 대유(大儒)가 나온 곳에서 대협(大俠)이 나왔다는 것은 조금도 이상할 것이 없는 이야기라고 할 수 있다.

노나라에는 이미 천하에 널리 알려진 대협 주가(朱家)가 있었다.

그를 주 씨 가문의 주인이라고 해석하는 설도 있지만 〈사기〉의 문맥을 보면 성은 주(朱)이며 이름이 가(家)인 인물로 보는 것이 옳다.

주 씨는 주가에게 노예 차림의 계포를 팔아넘기고 말했다.

"이 노예는 천하가 아무리 넓다 해도 당신에게밖에 팔 수 없었습니다. 황제 폐하께 팔면 40배가 되지만 말입니다."

주가는 그 말의 뜻을 이해했다.

같은 협객이기 때문에 주가는 주 씨를 잘 알고 있었다. 그는 노예를 강매하는 인물도 아니고 금전 문제를 입에 담거나 하지도 않는 사람이었다. 그런 그가 그런 말을 하는 것은 만부득이한 사정이 있기 때문으로 짐작되었다. 눈썹 언저리에 심상치 않은 표정이 나타나 있었다.

노예의 값은 25금이었다. 그것의 40배라고 하면 1천금이었다.

1천금의 현상이 걸려 있는 인물은 몇 사람 되지 않는다. 그중에서도 주 씨와 관련이 있는 사람이라면 누군지 알 만했다.

'계포 장군이구나.'

주가는 그저 고개만 끄덕였을 뿐 노예의 얼굴은 보려고 하지도 않았다.

사육 당하고 싶어지다

주가는 매입한 노예를 자기 아들에게 보이고 분부했다.

"전사(田事: 농사)는 이 노예에게 물어라. 그리고 반드시 함께 식사를 해라."

어떤 일에 대해서 묻는 것은 가르침을 청하는 것이니 곧 스승으로 대우하라는 뜻이었다. 함께 식사를 하라는 것은 손님으로 취급하라는 뜻이었다.

주가의 아들이 아버지의 말을 듣고 그 노예가 보통 사람이 아니라는 것을 알고 정중히 대한 것은 물론이다.

유방은 천하를 잡을 때에 천하 곳곳에 있는 유협의 힘도 적지 않게 빌렸다. 주가는 천하 유협의 정점이라고 할 만한 인물이었기에 유방 측근들과도 친했다. 그러나 그는 권세가들과 만나는 것을 가능한 한 피하고 있었다.

'등공(滕公)을 만나야겠다.'

이렇게 작정하자 주가는 말 한 필이 끄는 조그만 수레를 타고 낙양으로 떠났다.

등공이란 여음후(汝陰侯) 하후영(夏侯嬰)을 말하며 황제가 된 유방의 측근이었다.

한편 실업한 유세가 조구생은 참을성 있게 주 씨의 대답을 기다리고 있었다. 그런데 주 씨를 좀처럼 만날 수 없었다. 어쩌다가 만나게 되면 인사를 했지만 그는 시치미를 떼었다.

"으응, 누구시더라?"

"독쥐를 사러 왔던 사람입니다."

"맞아, 그러고 보니 그런 일이 있었지요. 당신이 한 마리에 천금이라고 말씀하시기에 돌아가서 열심히 찾아보았지만 발견하지 못했소 그러니 없는 것을 팔 수는 없지 않습니까."

이렇게 말하고는 종종걸음으로 가 버렸다.

'아차!'

조구생은 그제야 이마를 쳤다.

'그 때는 확실히 저 사람의 집에 있었을 것이다. 하지만 지금의 표정으로 헤아리건대 어딘가로 옮긴 게 틀림없다.'

조구생은 주 씨의 뒤를 쫓아가서 말했다.

"독쥐가 어디 있는지 가르쳐주십시오. 나는 그놈을 의원에게 팔 생각은 없습니다. 내 스스로 길러 보고 싶었을 뿐입니다."

"도대체 무슨 말씀을 하시는 것인지 이해할 수가 없군요."

주 씨는 매달리는 조구생의 손을 뿌리치며 그렇게 말했다.

"아니, 기르고 싶은 것이 아니라 제가 그 쥐에게 사육당해 보고 싶어서 그러는 것입니다."

조구생은 필사적으로 매달리며 큰 소리로 말했다.

"허허허…, 쥐에게 사육당하고 싶다니…, 정말로 희한한 이야기를 하시는군요. 혹시 머리가 어떻게 된 것 아닙니까? 독쥐를 찾고 있다던 그 의원을 찾아가 진찰을 받아 보셔야겠습니다."

그러고는 주 씨는 성큼성큼 걸어 집안으로 사라져 버리고 말았다.

조구생은 그 자리에 우두커니 선 채 입술을 깨물었다.

그에게 계포는 빛이었다. 그 빛이 없으면 자기라는 존재는 보이지 않는다. 계포가 비추어 주지 않으면 자신은 이 세상에 존재했다고 할 수 없다.

조구생은 계포를 찾고 있는 동안에 그렇게 믿어 버리게 되었다. 그것은 갑자기 생겨난 매우 이상한 집념이었다.

조구생은 온갖 방법으로 조사한 결과 주 씨가 바로 며칠 전에 노예를 팔기 위하여 노나라 쪽으로 여행했다는 사실을 알아냈다.

'그랬구나. 알았다!'

노나라라는 말을 듣는 순간 조구생의 머릿속에서 반사적으로 대협 주가라는 이름이 떠올랐다. 주 씨는 중협(中俠) 정도에 불과한 자기의 힘으로는 벅찼기 때문에 계포 장군을 주가에게 떠맡긴 것이 틀림없었다.

조구는 당장 여장을 갖추고 노나라를 향해 출발했다.

그러나 한발 늦었다.

계포 장군은 이미 주가의 집에 없었다. 그리고 그의 거처도 이제는 비밀스러운 것이 아니었다. 즉 그는 이제 조정의 관리들에게 쫓기는 패잔병이 아니었다.

한나라의 낙양(洛陽)으로 간 주가는 여음후(汝陰侯) 등공(滕公)을 만났다. 등공은 주가를 자기 집에 머물게 하면서 수일 동안 함께 술을 마셨다.

그런 기회를 얻었기에 주가는 어느 날 밤 등공에게 물었다.

"계포에게 어떤 큰 죄가 있기에 황상(皇上)이 그를 잡고자 함이 이다지 엄하십니까? 대죄가 있어서 조정이 이렇게 엄하게 추궁하고 있는 것입니까?"

등공이 대답했다.

"그것은 계포가 항우를 위하여 자주 황상을 괴롭혔기 때문에 황상이 그를 원망하여 꼭 체포하려 하는 것입니다."

"군(君)이 보시기에 계포는 어떤 사람입니까?"

"현자(賢者)입니다."

"남의 신하 된 자는 그의 주인을 위해 일합니다. 계포가 항우를 위해서 일한 것은 그의 직분 때문이었습니다. 또 항우의 신하였던 사람들을 모두 죽여 없앨 수는 없지 않습니까. 지금 폐하께서는 이제야 겨우 천하를 평정했을 뿐입니다. 그런데 자신의 사사로운 원한 때문에 한 사람을 찾고 있으니 그것은 천하의 사람들에게 도량이 넓지 않음을 보이는 것입니다. 또 계포는 현명한 사람이므로 한나라가 이와 같이 엄중한 수색을 한다면 그는 결국 흉노에게 달아나거나 남방의 월나라로 도망치거나 할 수밖에 없지 않겠습니까. 그것은 장사(壯士)를 꺼려하여 적국을 돕게 만든 초나라의 잘못을 되풀이하는 것입니다. 오자서가 초나라 평왕의 무덤에서 그의 유해에다 매질을 한 것은 초나라가 오자서를 나라 밖으로 내쫓았기 때문이 아니겠습니까. 군께서는 어찌 하여 폐하를 위해 이 일을 진언하지 않으십니까?"

주가는 그렇게 말하고 맛있다는 듯이 술을 마셨다.

등공은 주가가 도량이 넓은 대협객이라는 것을 알고 있었으므로 계포를 그의 집에 숨겨 둔 것이라고 짐작했다.

등공은 한고조(유방)가 한가한 때를 기다렸다가 주가가 말한 대로 진언했다. 고조는 등공의 말을 듣고 마침내 계포를 사면했으며 계포는 머리털이 자라기를 기다려 황제를 배알하게 되었다.

협조 관계

그 당시 여러 대신들은 모두 계포가 능히 자신의 강(剛)한 성질을 눌러 유(柔)하게 만든 것을 칭찬하였으며 주가 역시 이 일로 인해 그의 이름이 당세(當世)에 드러나게 되었다. 계포는 불리어 나와 고조 앞에 엎드렸다.

"네 어찌 일찍이 와서 죄를 청하지 않았는고?"

고조가 꾸짖자 계포가 대답했다.

"나라는 망하고 주인도 죽었는데 무슨 면목으로 일월을 볼 수 있으며 항차 폐하를 뵈올 수 있겠사옵니까. 신은 다만 초패왕과 함께 오강에서 죽지 못했음을 후회하고 있을 따름이옵니다."

고조는 듣고 나자 고개를 두어 번 끄덕이더니 '계포는 충신이로고' 하면서 그를 거두어 낭중(郎中)에 임명했다. 낭중은 요즘으로 하면 대령이나 준장 정도의 무관이었다.

어느 날 출사(出仕)하기 위해 문 앞에서 수레를 타려던 계포는 맞은편 집의 벽에 기대어 자기를 바라보고 있는 사나이를 발견했다.

어디선가 본 기억이 있었다.

계포는 수레 속에서 한참 생각했으나 궁문에 닿기 직전에야 겨우 떠올렸다.

'아아, 그 사나이로군.'

궁문 앞에서는 문무백관이 모두 하차했다. 전날 거기서 수레 아래로 내려섰을 때 도로 한쪽에 웅크리고 앉아서 이쪽을 올려다보고 있는 사나이가 있었다.

그 사나이의 눈매가 마음에 걸렸기 때문에 그의 기억에 남아 있었던 것이다.

도읍은 대단히 번화하고 번창했으며 백성들의 수도 많았다. 그러니 자기와 아무런 관계도 없는 인간을 이틀 동안에 두 번이나 만난다는 것은 매우 이상한 일이었다.

계포는 무엇인가 끈적끈적한 인상을 그 사나이로부터 받았다.

이튿날 귀한 손님이 왔기에 계포는 그와 함께 수렵을 나갔다.

귀한 손님이란 계포를 노예로 위장시켜 목숨을 구해 준 복양 땅의 주 씨였다.

두 사람이 사냥터로 들어가기 전에 잠깐 쉬고 있을 때였다. 파수막 옆에서 불쑥 얼굴을 내밀며 몸을 움츠리는 사나이를 두 사람이 동시에 발견했다.

"저자를 아십니까?"

주 씨가 물었다.

"몇 번인가 얼굴을 본 적은 있지만 누구인지는 모르오. 이상하게 자주 만나게 되오. 물론 우연한 일이겠지만."

"하하하! 그건 우연한 일이 아닙니다. 저 사나이가 누군가 하면……."

주 씨는 갑자기 나타나 독쥐를 사겠다고 했던 자에 대해서 이야기했다.

"현상금을 노리는 자였군요. 하지만 안심하시오. 이 계포는 당신과 주가 덕분에 이제는 도망쳐 숨지 않아도 되는 자유인이 되었습니다. 현상금을 노리는 자의 눈을 두려워할 필요가 없게 되었습니다."

계포가 미소 지으며 말하자 주 씨가 대꾸했다.

"어쨌든 굉장히 끈질긴 놈입니다. 주가의 집에 있던 손님이 나에게 해 준 이야기에 의하면 저 친구는 노나라까지 가서 당신을 찾고 있었던 것 같습니다. 거기서 당신에 대한 것을 묻고 다녔다는 타관 사람의 인상이 저 사람과 같았으니까요."

"허허, 내 뒤를 그렇게도 열심히 쫓고 있었군. 하지만 고생만 하고 보람은 없었군요."

그로부터 며칠 후, 두황후(竇皇后)의 동생인 두장군(竇長君)의 사자가 한 통의 편지를 가지고 계포에게 왔다. 소개장의 내용은 다음과 같았다.

'조구생이라는 자가 당신을 만나고 싶어 하오. 나는 부탁을 받고 이 소개장을 쓰는 것이지만 꼭 만나라고 하지는 않겠소. 마음에 들지 않으면 이 자를 쫓아 보내도 이의는 없소.'

불친절한 내용이었지만 계포에게 폐를 끼치지 않으려는 배려가 짧은 문장에서 엿보였다.

천자의 외척이 소개장을 써서 보낸 사람이니 만나지 않을 수는 없었다. 계포는 곧 사랑으로 안내하라고 집사에게 명령하고 하던 일은 멈춘 채 사랑으로 갔다.

그런데 사랑에 한 발 들여놓는 순간 계포는 '앗!' 하고 짧게 내뱉었다.

응접실 한가운데에 우뚝 서서 머리도 숙이지 않고 슬금슬금 웃고 있는 조구생이라는 인물은 바로 독쥐를 사겠다고 했다는 그 사람이 틀림없기 때문이었다.

계포는 불쾌했다. 소개장에 쫓아 보내도 이의는 없다고 쓰여 있던 것을 생각해 내고 호통을 쳤다.

"만나고 싶지 않으니 돌아가라!"

그러자 조구생은 갑자기 그 자리에 엎어지며 웃었다. 아니, 다음 순간에는 뒤로 나자빠지며 우는 등 그 때의 조구생은 감정의 기복이 매우 심한 상태였다.

　때문에 계포는 놀라지 않을 수 없었다. 그것은 의식적으로 연기를 하는 것이 아니었다. 조구생은 무의식중에 갑자기 흘러나온 오열에 자신도 놀랐다.

　"왜 갑자기 우는 것인가?"

　계포가 힐문하듯이 묻자 조구생은 훌쩍거리면서 대답했다.

　"저는 일찍이 여러 나라를 유세하고 다녔습니다만 오랫동안 구설(口舌)의 일에서 떨어져 있습니다. 아시다시피 이런 시대이기 때문에 우리 같은 변설(辯舌)의 무리에게는 나설 장소가 없습니다. 하지만 저는 무슨 일이 있어도 이 세 치의 혀를 놀리고 싶습니다. 마음껏 내 혀를 쓰고 그 효과를 확인할 수만 있다면 그 이상 아무것도 바라지 않겠습니다."

　"그것이 나와 무슨 관계가 있다는 것이냐?"

　계포는 가슴을 뒤로 젖히면서 다시 물었다.

　"장군께서 항우의 무장으로 기용된 것은 군략이나 용기가 뛰어났기 때문일까요?"

　"그렇지 않다는 말인가?"

　"지모와 담력은 확실히 보통 이상일지 모릅니다. 하지만 초나라에 '계포의 일낙(一諾)'이라는 말이 전해져 있지 않았었다면 과연 항우에게 등용되었을까요? 장군을 세상으로 밀어낸 것은 그 같은 명성이 아니었을까요?"

　"제멋대로 억측을 하는군."

　계포는 그렇게 말하고 나서 '꺼져 버려!'하고 일갈할 작정이었다. 그러나 조구는 그 순간을 놓치지 않고 재빨리 물었다.

　"근지에서 헤엄친 것, 산중에 숨어든 도둑을 찌른 것, 그것이 '일낙'의 명성을 얻은 유래이지만 과연 전해지고 있는 것처럼 사실이었을까요?"

계포는 대답할 말이 얼른 나오지 않았다.

허를 찔렸던 것이다.

조구생은 계속해서 말했다.

"부주의로 물에 빠져 죽을 뻔했을 때 구조되었다든가, 자살한 도둑의 시체와 맞닥뜨렸다든가, 그런 일이 여러 사람에게 알려진다면 '계포의 일낙'이니 뭐니 하는 칭찬은 받지 못하게 될 것입니다. 명성이나 평판은 그 사람의 이름을 실력 이상으로 높여줍니다. 장군의 경우처럼 말입니다. 그런 사람은 행운아입니다. 반쯤은 타고난 운도 있겠지만 장군의 경우는 완벽하니 말입니다. 그러나 반쯤은 만들어 낼 수도 있습니다."

"만들어 낼 수도……."

계포는 앵무새처럼 그 말을 되뇌었다.

"그렇습니다. 예를 들자면 저 같은 변설의 무리가 여러 나라를 유력(遊歷: 여러 고장을 두루 거치는 것)하면서 장군에 대한 일을 선양(宣揚)한다면 장군의 명성은 천하에 그 무게를 더할 것입니다. 저는 그 일을 하고 싶단 말입니다. 장군이 복양의 주 씨 집에 숨어 있을 때부터 저는 장군의 행운의 기운을 받아 그 덕을 보고 아울러 제 혀로 그 행운을 더욱 개척하고 싶다는 생각을 하고 있었습니다. 장군이야말로 저의 소망을 이루게 해 줄 수 있는 사람입니다. 명성이 얼마나 강한가를 장군만큼 마음 깊이 새겨 알고 있는 사람은 아마도 없을 것입니다"

조구생이 말을 끝내자 계포는 잠시 눈을 감고 있다가 이윽고 낮은 목소리로 말했다.

"안으로 들어오시게."

계포는 크게 뉘우치면서 조구생을 자기의 집에서 몇 달 동안 묵게 하고 상빈으로 대접했으며 그와 헤어질 때는 특별히 환송까지 해 주었다.

주가(朱家)

계포는 확실히 행운아였다.

유방은 한나라 왕조를 창건했을 당초에는 오로지 전국 시대 공신들을 숙청하는 일에만 열중했다. 왕조의 기초가 아직 취약했기 때문에 강력한 경쟁자가 나타나면 금세 붕괴될 것이기 때문이었다.

당시의 실력자는 곧 공신들이었다. 불량배들의 다리 가랑이 밑으로 빠져나간 일화로 유명한 한신(韓信)은 한나라 왕조 건국의 최대 공로자였지만 반역죄로 몰렸다.

"교토(狡兎)가 죽으면 양구(良狗)가 삼켜지고 고조(高鳥)가 없어지면 양궁(良弓)이 거두어지고 적국이 패하면 모신(謀臣)이 망한다."

이 말을 한 것은 한신이다.

사냥감인 날쌘 토끼가 죽으면 좋은 사냥개도 쓸모가 없게 되어 삶아먹고, 높이 나는 새가 없어지면 좋은 활도 치워 버린다. 천하가 통일되면 모사를 잘하는 신하도 방해가 되어서 살해한다.

한왕(韓王) 신(信)도 살해당했다. 양왕(梁王) 팽월(彭越)도 반역 혐의로 주살 당했다. 용맹한 죄수 출신 장수 경포(鯨布)도 진희(陣稀)도 살해당했으며 노관(盧綰)은 흉노로 도망쳤다.

그 무렵에 계포는 여단장급으로 그다지 권력도 없었기 때문에 숙청 대상이 되지는 않았다. 겨우 권력을 갖춘 중랑장(中郞將: 시종 무관장)으로 승진했을 때는 숙청이 끝난 상태였다. 더구나 고급 관료들이 차례로 살해되었기 때문에 승진도 그만큼 빨라졌다.

그 후 흉노의 선우(흉노의 왕)가 서신을 보내 여 태후를 능멸한 적이 있었다. 격노한 여 태후는 여러 장수들을 소집하여 대책을 논의하게 했다.

그 때 상장군 번쾌가 나서서 말했다.

"원컨대 저에게 군사 10만만 주신다면 흉노를 짓밟아 버리겠습니다."

그 때 여러 장수들은 모두 여 태후의 비위를 맞추느라고 그렇게 하는 것이 좋겠다고 말했다. 그러자 계포가 감연히 나서서 말했다.

"번쾌는 마땅히 참형에 처해야 합니다. 일찍이 고조 황제께서 40만이 넘는 대군을 가지고서도 평성(平城)에서 패전의 쓴잔을 마셨습니다. 그런데 지금 번쾌가 어떻게 군사 10만을 가지고 흉노를 유린할 수 있겠습니까. 이것은 면전에서 태후를 기만하는 것입니다. 뿐만 아니라 진(秦)나라는 흉노와 사단(事端)을 일으켰기 때문에 진승 등이 봉기했었던 것입니다. 그 일로 인한 상처가 지금까지도 아물지 않았는데 번쾌는 면전에서 아첨하고 있으며 또 천하를 동요시키려 하고 있습니다."

이 때 전상(殿上)에 있던 사람들은 모두 귀추가 어찌 될 것인가 하고 긴장했다. 하지만 여 태후는 그대로 회의를 중단했으며 다시는 흉노 토벌의 일을 꺼내지 않았다.

조구생이 예견했던 것처럼 계포는 행운을 타고난 사람이라고 해도 좋았다.

마침내 계포는 하동(河東)의 태수가 되었다. 신하로서 가장 높은 자리에 올랐다고 해도 좋을 것이다. 그런데 문제(文帝) 때 어떤 사람이 계포는 훌륭한 사람이라고 천거하자 문제는 그를 불러내어 어사대부(御使大夫)로 삼고자 했다. 그런데 그 때 계포는 광포하고 주벽이 나빠서 가까이할 수 없는 사람이라고 말하는 자도 있었다.

계포가 불리어 와서 하동군의 저(邸: 군에서 그 나라의 도읍에 지은 숙사)에 묵게 되었다. 그런데 1개월 후에 황제가 그에게 다시 임지로 돌아가라고 했다.

그러자 계포가 어전에 나아가 말했다.

"신은 공적도 없이 폐하의 총애를 받아 하동에서 삼가 봉직하고 있었습니다. 그런데 폐하께서 이렇다 할 이유도 없이 신을 부르셨던 것은 누군가가 신을 폐하께 천거했기 때문일 것입니다. 그리고 신이 상경하여 지금까지 아무런 일도 하지 않다가 돌아가게 되니 그것은 또 틀림없이 누군가가 신을 중상했기 때문일 것입니다. 만일 폐하께서 누군가의 천거에 따라 신을 부르시고 또 누군가의 중상에 의해서 신을 돌려보내시는 것이라면 천하의 식견 있는 인사들이 이 이야기를 듣고 폐하의 인품을 의심하게 되지 않을까 두렵습니다."

문제는 부끄러운 듯 잠시 말이 없다가 얼마 후에 입을 열었다.

"하동은 짐이 손발처럼 믿는 곳이오. 그렇기 때문에 그대의 얼굴을 보면서 노고에 대해 치하하려고 불렀던 것이오."

그래서 계포는 작별 인사를 드리고 임지로 돌아갔다.

계포를 떠받친 것은 행운 이외에 명성이라는 것이 하나 더 있었다.

그 같은 명성이 만들어진 것은 조구생이 여러 나라를 돌아다니면서 사방에 퍼뜨린 소문에 힘입은 바가 컸다. 조구생은 평범한 앞잡이 선전꾼이 아니었다. 그가 계포의 이야기를 하면 대개 욕을 하는 형태를 취했다. 예를 들면 어리석을 정도로 고지식하다는 이야기를 소개할 때는 어리석다는 쪽에 중점을 두었다. 하지만 그의 이야기를 들은 사람은 어느 틈엔가 '고지식하다'는 인상을 받게 된다. 그러므로 속이 뻔히 들여다보이는 아첨이 아니며 그렇기에 그만큼 설득력이 있었다.

계포와 조구생이 처음으로 만난 대목은 〈사기〉에서 가장 뛰어난 부분일 것이다.

사마천은 실업(失業)한 웅변가 조구생의 말을 다음과 같이 소개하고 있다.

"내가 당신의 이름을 천하에 널리 알려 높여 드린다면 대단한 일이 아닌가. 그런 데도 어째서 당신은 나를 그렇게도 심하게 거부하는가."

또 사마천은 〈사기〉의 '열전(列傳)'에 이렇게 적고 있다.

'계포는 초나라 사람이다. 성질이 임협하여 초나라에서 유명했다.'

그러나 진짜 임협은 그가 아니라 그를 구해 준 주 씨나 주가가 아닐까? 그 중에서도 주가는 훌륭하다. 〈사기〉의 '유협열전(遊俠列傳)'에는 주가를 다음과 같이 기술하고 있다.

'집에 여분의 재산이 없고 의복에는 장식이 없다. 식사는 고기 요리가 두 접시 이상 나온 일이 없으며 탈 것은 송아지가 끄는 낡은 수레뿐이다. 다른 사람이 어려움을 당할 때 사방으로 노력하는 모습은 자기 일 이상으로 열심이다. 언젠가 몰래 계포 장군의 재액을 구해준 일이 있지만 계포가 입신출세를 하자 죽을 때까지 만나러 가지 않았다.'

그것이야말로 임협의 귀감이며 그 이후로 중국의 협객들은 누구나 주가를 본보기로 삼았다.

6. 초나라의 협객 전중(田仲)

주가를 닮으려고 하는 사나이

'어쩐지 자꾸만 기분이 나빠지게 만드는 젊은이다!'

2년 전에 불쑥 찾아와 그의 집에서 묵고 있는 전중(田仲)이라는 젊은이에 대해서 노(魯)나라의 협객 주가(朱家)는 그렇게 생각했다.

주가는 지명 수배된 계포(季布)를 숨겨 그의 목숨을 구해 주었을 뿐만 아니라 등공을 찾아가 고조에게 중재해 달라고 부탁한 인물이다. 계포는 덕택에 목숨을 건지고 나중에 출세를 했지만 주가는 평생 동안 대관이 된 그를 만나려 하지 않았다.

전중(田仲)은 초(楚)나라에서 왔는데 이상하게 그 때까지 자기의 신상 이야기를 한마디도 한 적이 없었다. 자기의 일뿐만 아니라 세상 이야기도 좀처럼 한 적이 없었다. 때문에 새 식객들 중에는 이상하게 생각하는 사람까지 있었다.

'전중이라는 사람은 혹시 벙어리가 아닐까?'

그런 정도로 그는 과묵한 사나이였다.

한편으로 생각하면 그가 쓰는 남쪽 지방의 사투리가 너무 강했기에 비웃음거리가 되는 것이 싫어서 입을 열지 않는 것인지도 몰랐다.

남쪽 지방에 사는 사람들은 대체적으로 성격이 매우 완고하기 때문에 타지방에 가서도 웬만해서는 사투리 쓰는 버릇을 고치려고 하지 않는다. 고치기는커녕 가까운 지방끼리도 말투가 다를 정도로 사투리가 심했다.

'호남십리부동음(湖南十里不同音)'

이 말은 같은 남쪽 사람들이라고 해도 10리쯤 떨어진 지방이면 쓰는 사투리의 발음이 다르다는 뜻이다. 자기들이 쓰는 사투리를 결코 바꾸려고 하지 않는 것이 남쪽 지방 사람들의 기질이었다.

전중이 말을 하는 상대는 주인 주가뿐이라고 해도 좋을 정도였다.

전중은 주가에게 경도(傾倒)되어 있었다.

그것도 보통 이상으로 경도되어 있었다. 마치 살아 있는 신을 대하듯 했다.

"낯간지러워지는군, 자네가 하는 짓이란……."

주가는 가끔 그렇게 말했다. 하긴 신과 같은 대접을 받게 되면 묘한 기분이 되기도 할 것이다.

하지만 주가는 떠받들어지면 좋아하는 그런 부류의 인물이 아니었다. 때문에 서서히 기분이 나빠지기 시작했다.

전중이 무엇을 노리고 그런 짓을 하는 것인지 속셈을 알 수 없었기 때문이다.

전중은 주가라는 인간처럼 되려고 애쓰는 중이었다. 미숙한 애송이가 뛰어난 선배를 목표로 하여 그처럼 되기 위해 애쓰는 일은 당시에도 자주 있는 일이었다.

하지만 그것이 도를 넘을 정도였다. 전중은 주가의 일거수일투족을 모두 흉내 내려 했다. 물론 장난으로 하는 것이 아니었다.

두 사람은 부모자식만큼이나 나이 차이가 있었으며 전중은 주가보다 훨씬 몸집이 작았다.

〈사기〉에는 전중을 이렇게 묘사하고 있다.

'주가에게 부사(父事)하다.'

주가 섬기기를 아버지 섬기듯 했다는 것이다.

주가의 입장에서 보면 자기와 똑같은 사람 하나가 좀 더 젊고 작은 모양을 하고 언제나 옆에 있는 것이나 마찬가지였다. 때문에 사모해 주는 것은 고맙지만 자기의 축소판에게 질리기도 했다.

"이제 작작 해 다오!"

어떤 때는 이렇게 소리 지르고 싶기도 했다.

그렇지만 임협의 사람 주가는 남의 마음을 짓밟는 그런 말을 입 밖에 낼 수 없었고 전중은 나날이 그와 더욱 비슷해져 갔다.

더 이상 견딜 수 없었기에 주가는 어느 날 전중을 불러서 권했다.

"세상은 넓다. 젊을 때 여러 나라를 순력(巡歷)하여 견문을 넓히는 것이 어떻겠나. 여기에 계속 눌러앉아 있는 것보다 자네를 위해 유익한 일이라고 생각되는데 말이야."

주가가 하는 말이라면 무엇이든지 받아들였던 전중이 그 때만은 고개를 가로저으면서 대답했다.

"어떤 넓은 세상을 본다 해도 영감님 옆에서 영감님 하시는 것을 배우는 것에 비한다면 마치 소꿉장난을 하는 것과 같습니다. 제가 여기서 계속 수업하도록 해 주십시오. 지금까지와 마찬가지로 말입니다."

"자네에게는 정말 당할 수 없군."

주가는 어깨를 으쓱하며 중얼거렸다.

조금 꺼림칙했다. 귀찮아진 젊은이를 멀리하려는 책략으로 여러 나라를 순력하라고 권했기 때문이었다. 자기도 모르게 임협의 정신에서 벗어나 있었다.

'좋은 젊은이이지만 무엇인가에 너무 집착하고 있다. 정말로 세상을 보고 오는 것이 좋을 텐데……..'

주가는 스스로에게 변명했다.

"괜찮은지요? 지금까지처럼 여기에 있게 해 주시는 거지요?"

전중은 그렇게 물었는데 볼이 꿈틀꿈틀 움직이고 있었다. 그에게 있어서는 그것이 사느냐 죽느냐의 문제인 것 같았다.

"그렇네."

대답하면서 주가는 미소를 머금었다.

"고맙습니다."

진중이 이마를 마룻바닥에 대고 말하자 전중이 물었다.

"자네는 초나라의 동정(洞庭) 남쪽 태생이라고 했지?"

"네, 그렇습니다."

"과연……."

주가는 머리를 끄덕이면서 중얼거렸다. 동정호 남쪽 지방은 반골(反骨)과 고집쟁이들의 산지라는 것을 노나라의 협객 주가도 알고 있었다.

전중이라는 사나이

대협 주가는 당연히 교제가 많았기에 각지 호족 명문의 관혼상제에는 최소한 대리인이라도 파견하지 않으면 안 되었다.

주가는 멀리 떨어진 지방으로 전중을 자주 심부름 보냈다.

"어째서 전중 따위를 기용하는 것입니까?"

주가의 부하들은 불만이었다.

관혼상제의 대리인 노릇은 매우 중요한 소임이었다. 전중은 아직 젊은 데다 좀처럼 말을 하지 않는 입이 무거운 사나이였다. 그러니 아무리 좋게 생각해도 적임자라고는 할 수 없었다. 그럴 때마다 주가는 그들을 달랬다.

"말보다는 진심이 중요한 것이어서 말이야."

하지만 사실은 마음에 부담이 되는 전중을 얼마 동안이라도 자기 옆에서 떼어놓고 싶었기 때문에 그렇게 한 것이었다.

'가까이 두고 있으면 나날이 나를 더욱 닮는다. 그러니 멀리 떨어져 있게 하면 그 동안만이라도 닮는 속도를 늦추거나 멈추게 할 수 있을 것이다.'

물론 주가는 자기의 축소판이 없는 동안은 마음이 편해졌다.

그런데 전중이 심부름을 끝내고 돌아와 보고를 할 때마다 진절머리가 났다.

주가는 언젠가부터 중요한 말을 하기 직전에 오른쪽 눈썹을 힘주어 밀어 올리는 버릇이 생겼는데 전중도 보고의 중요한 부분으로 들어갈 때에는 그 짙은 눈썹을 치켜 올리는 버릇이 생긴 것이다.

　화제를 바꿀 때마다 주가는 목구멍 속에서 가볍게 두어 번 헛기침을 했는데 진중도 따라서 그렇게 했다. 처음에는 어색하고 부자연스러운 헛기침이었지만 순식간에 숙달되어 목구멍 속에서 아주 자연스럽게 헛기침이 나왔다.

　주가는 한숨을 쉴 때 좀 시간을 늦추었다. 전중도 역시 감동하거나 한탄하거나 할 때는 한 박자 늦게 한숨을 쉬었다. 그런데 그 간격이 처음에는 많이 달랐으나 차차 그 차이가 줄어들었다.

　'머지않아 똑같아지겠다.'

　주가는 그리 생각하며 약간 우울해졌다.

　어느 때인가 그는 왕복 10일 정도 걸리는 출장을 전중에게 맡겼다.

　그리고 전중이 없는 동안 장백(張白)이라는 초나라 사람이 주가의 집에 묵게 되었다. 주가의 집에는 식객으로서 체재하는 것이 아니라 이틀이나 사흘 정도 묵는 손님들도 제법 많았다. 장백도 이틀만 묵을 예정이었는데 심한 비가 내리는 바람에 묵는 시간이 하루 더 연장되었다.

　진 제국은 이미 멸망하고 유방과 항우의 천하 다툼도 결판 나고 한 제국이 그 대업의 기초를 굳혀 가고 있던 시대였다.

　전국 시대 이래 사람들은 전국적인 규모로 크게 움직였다. 하지만 천성이 농경민인 한나라 사람들의 그런 유랑은 본의가 아니었다. 하는 수 없이 이리저리 옮겨 다녔던 것이다. 어쨌든 세상은 그즈음 겨우 안정되고 있었다.

　유랑하던 사람들도 대개 고향으로 돌아갔다.

　당시는 사람들의 움직임이 가라앉았을 때이며 노나라와 초나라 사이는 상당히 많이 떨어져 있었다. 때문에 주가의 집에 머물렀던 초나라 손님이라고 하면 계포가 숨어 있었던 정도일 뿐 그다지 많지 않았다.

주가의 부하들은 나그네인 장백에게 초나라 이야기를 해 달라고 졸랐다. 그것은 일종의 예의였다. 여행 중인 사람은 고향을 그리워하는 마음이 있기에 고향 자랑이라도 하고 싶을 것이라는 생각에서 배려하는 동정심의 발로였다. 주가는 부하들에게 나그네들이 자기 집에 들르면 고향 이야기를 해 달라고 조르도록 일러두고는 했었다.

"이 부근에는 초나라에 대한 일이 많이 알려져 있지 않은가 보지요?"

장백이 묻자 부하들 중 한 사람이 대답했다.

"원체 먼 곳이기 때문이지요."

"보아하니 식객들도 많이 계시고 우리 같은 나그네도 신세를 지는데 그중에 초나라 사람은 안 계신가요?"

장백이 다시 물었다.

그 자리에는 주인인 주가도 있었는데 전국 도처에 정보망이 있기 때문에 초나라에 대한 일들은 물론 아득히 먼 남쪽 남월(南越)의 일까지도 모두 알고 있었다. 그러나 모르는 척해야 그 나그네도 제 고장 자랑을 하는 보람이 있을 것이라고 생각하고 고개를 저으며 대답했다.

"식객들 중에 전중이라는 초나라 사람이 있기는 하지만 그다지 고향 이야기를 하지 않습니다."

"전중이라고요? 그 사나이의 출신지는 어딥니까?"

장백은 물으면서 고개를 갸웃거렸다.

"동정호 남쪽이라고 들었습니다만."

"남쪽 지방이라. 혹시 그 사나이는 몸집이 작지 않은가요?"

"그렇소, 몸집은 작지만 야무집니다. 아시는 분인가요?"

"그 사람은 어쩌면 오신(吳信)이라는 부잣집에서 일했던 전중일지도 모르겠군요. 그 사람의 좌우의 눈을 자세히 보면 서로 다르지 않습니까?"

"그렇습니다. 틀림없이 그래요."

부하들 중 한 사람이 손으로 무릎을 치면서 대답했다.

맞는 말이었다. 전중의 눈을 주의해서 보면 확실히 좌우의 크기가 달랐다.

"그리고 입심 좋게 지껄이기를 잘하지요? 입에서 침을 튀기면서 말입니다."

장백이 말했다.

"예? 입심이 좋다고요?"

방금 무릎을 쳤던 부하가 고개를 갸우뚱하자 다른 부하가 대신 대답했다.

"아닙니다. 우리 집에 있는 전중은 마치 벙어리처럼 입이 무겁습니다. 그렇게 입이 무거운 위인도 보기 드물 겁니다."

"그래요? 그럼 다른 사람인가? 내가 알고 있는 전중은 지독한 수다쟁이였는데? 분명히 왼팔 안쪽에 꽤 큰 모반(母斑)이 있고……."

장백은 구면인 전중의 모습을 마음 속으로 그리는 것 같은 표정을 지으면서 중얼거렸다.

"그래요? 우리 집 전중에게도 분명히 반점 같은 것이 있는 것 같았는데……."

"그럼 그 전중이 맞는 건가? 아 참, 그 사나이는 뭔가 말을 하면 이어서 금방 혀를 날름 내밀었습니다만……."

"말을 하고서 혀를 날름 내민다고요……? 그런 버릇은 없습니다. 그럴 수밖에 없는 것이 그 친구는 아예 말을 잘 하지 않는 위인이니까요."

그러자 오래 전부터 있던 식객들 중의 한 사람이 그다지 자신 없게 말했다.

"그러고 보니, 이리로 왔을 무렵 전중이 가끔 혀를 날름 내미는 것을 보았던 것 같은 기억이 나기는 합니다만……."

전(田)이라는 성은 흔치 않는 성이었다. 그러나 결코 보기 드문 성도 아니었다. 전국 시대에도 제(齊)나라에 전 씨라는 명문가가 있었다. 한대(漢代)에도 외척인 전 씨로부터 재상이 나왔다.

중(仲)이라는 이름은 흔히 볼 수 있었다. 장남에게는 백(伯), 가운데 아들에게는 중(仲), 막내아들에게는 계(季)라는 이름을 붙이는 것은 가장 통속적인 명명법이었다. 따라서 전중이라는 이름을 가진 사람들은 당시에 많이 있었다. 때문에 이름만 가지고는 그 사람인지 아닌지 확실하게 알 수가 없었다. 그 때 장백이 다시 말했다.

"내가 알고 있는 그 전은 벌써 몇 년 전에 집에서 뛰쳐나왔다고 들었는데……."

"전중이 있다면 금방 알 수 있을 테지만 아무튼 지금은 먼 곳에 심부름을 보내서 없습니다. 앞으로 5~6일 지나야 돌아올 것입니다."

"나는 비가 그치면 금방 떠나지 않으면 안 됩니다. 그러니 직접 만나 본인 여부를 확인할 수는 없겠군요."

"그것 참 유감입니다."

"하지만 아마 내가 알고 있는 전중이 아니겠지요. 그 전중은 수다쟁이라는 말을 들으면서 늘 입심 좋게 잘 지껄이고 있었습니다. 벙어리처럼 입이 무거운 전중은 도저히 상상할 수가 없군요."

장백은 매듭을 짓듯이 그렇게 말했다.

"저희들로서도 수다쟁이 전중이라니 도저히 상상할 수가 없군요. 역시 동명이인이겠지요."

주가의 부하도 그렇게 말했다.

모두 딴 사람이라고 믿었다. 그러나 주인 주가만은 동일 인물이 틀림없다고 생각했다.

그렇게도 심하게 다른 사람을 흉내 내려 하는 인간이었다. 그렇기 때문에 주가를 본보기로 하여 변모하기 전의 원래 전중이 어떤 인간이었는지 상상할 수가 없었다.

장백과 전중은 엇갈렸기에 끝내 얼굴을 대하지 못했다.

구애에 실패한 수다쟁이

'나는 운이 좋은 것일까?'

주가는 턱을 쓰다듬으면서 속으로 중얼거렸다.

하마터면 그는 협객으로서 해서는 안 될 일을 하려 했었다. 못된 짓을 한 것도 아닌 식객 전중을 자기 집에서 추방할 뻔했다.

언젠가 이런 일이 있었다.

전부터 친하게 지내고 있던 어떤 점쟁이가 길에서 그를 불러 세우더니 불쑥 말했다.

"당신은 지금 생명의 정수를 빨려 먹히고 있습니다. 그대로 두면 말라 죽어 버리게 됩니다. 그것이 상(相)에 나타나 있습니다."

"누구에게 빨리고 있다는 거지요?"

주가가 반문하자 점쟁이는 말을 얼버무렸다.

"그것은 나도 모릅니다. 하지만 당신의 상에는 그런 상황이 역력히 나타나 있습니다. 혹시 짐작되는 일이 없습니까? 언제나 옆에 계시는 분 중에 그러한……."

점쟁이로서는 말을 잘못했다가 그 사람에게 원한을 사면 곤란하기 때문이었다. 주가는 본능적으로 '전중이구나' 생각했지만 내색하지 않고 되물어 보았다.

"말라죽는다니… 도대체 내가 어떻게 된다는 것입니까?"

"생명의 물이 몸에서 없어진다는 것입니다. 물론 목숨이 위험해진다고 보아야 합니다."

"대책은 있소?"

주가는 다급하게 묻자 점쟁이는 고개를 가로저었다.

"빨아 먹는 그것을 멀리하는 수밖에 없습니다. 분명히 말씀드리자면 앞으로 반 년 이내에 그것을 추방하지 않는다면 당신은 8개월 이내에 죽고 말 것입니다."

주가는 평소에 점쟁이의 말이나 예언 따위를 특별히 믿지 않았다. 하지만 그 일은 자기 생명에 관계된 것이었다. 그래서 이번에는 결단을 내려 전중을 추방하려고 했다. 그런데 주가가 입을 열기 전에 전중이 먼저 얼마 동안 고향에 가 보아야겠다는 말을 했다.

그 때 전중은 엉뚱한 고백을 했다.

그는 원래 수다쟁이였기 때문에 갑자기 많은 이야기를 하는 것은 별로 고통스러운 일이 아닌 것 같았다. 게다가 상대는 주가뿐이었다. 아버지처럼 섬기는, 아니 신처럼 우러러 받들고 있는 상대이기 때문에 자기를 그 앞에 완전히 내던질 수 있었다.

전중은 먼저 자기는 주인 오신(吳信)의 딸에게 구애했는데 경망스러운 성격을 가지고 있기 때문에 퇴짜를 맞았다고 말했다.

"당신 같은 사람은 싫어요!"

이런 말을 듣게 되자 결심하게 되었다는 것이었다.

'그렇다면 내가 아닌 전혀 다른 인간이 되어 나타나겠다!'

입술을 깨물고 결심했던 남쪽 지방 사람의 고집쟁이 맹세였기 때문에 곧 행동으로 옮겼다. 우선 본보기가 될 사람을 찾았는데 과묵하고 성격이 중후한 인물로 천하에 널리 알려진 노나라의 대협 주가야말로 그가 찾는 가장 이상적인 인물이었다.

그렇게 되어 전중은 아득히 먼 곳에 있는 노나라까지 와서 주가의 식객이 되어 주가를 본보기로 자기 개조에 힘쓰게 되었다는 설명이었다. 그 말을 들은 주가가 말했다.

"본보기로 삼아 주어서 영광이지만 그대는 나 이상으로 뚱하고 말이 없는 사람이 되지 않았는가?"

웃으면서 말하자 전중이 대꾸했다.

"제가 영감님으로부터 배운 것은 일이 없을 때는 지껄이지 말라는 것이었습니다. 영감님은 큰 세대의 두목님이기 때문에 여러 가지 일도 많습니다. 그것에 비한다면 저는 애송이입니다. 일이 적고 많고 할 기회도 좀처럼 없었기에 그렇게 되었을 뿐입니다."

"과연······."

주가는 전중을 조금은 다시 보기로 했다. 처음에는 주가의 형태만을 열심히 흉내 내고 있었다. 그러나 그렇게 하는 동안 약간 핵심에 다가갈 수 있었던 것 같다.

"영감님을 아무리 배우려 해도 충분하지 않습니다."

전중이 말했다.

〈사기〉에 전중이 주가에게 '부사(父事)'했다고 적혀 있는 다음에 '스스로 생각건대 행위는 미치지 못한다'라고도 적혀 있다.

전중은 행동거지를 닮으려 해도 도저히 주가에게 미치지 못한다고 겸허하게 반성했다는 말이다.

"나 따위가 젊은 사람의 본보기가 될 수 있을까? 자네도 우리 집에 와서 나를 본보기로 삼기보다는 세상에 나가서 공부하는 것이 틀림없이 더 도움이 될 것이다."

주가가 말하자 전중이 반문했다.

"그럴까요?"

"그렇고말고. 예를 들면 나는 그대를 여러 곳에 심부름 보냈다. 거기서 배운 관혼상제의 요령은 좋은 지식이 틀림없지."
"더 중요한 것이 있을 것만 같은 기분이 듭니다만."
 전중이 말했으나 주가는 상대하지 않고 목구멍 속으로 가벼운 헛기침을 두 번 되풀이했다. 화제를 바꾸기 위해서였다.
"그런데, 자네, 사람이 바뀌었으니 한 번 더 그 처녀에게 청혼해 보지 않겠는가?"
"글쎄요. 그건 아버지의 병에 달려 있습니다."
 부정하지 않는 것을 보니 의욕은 충분히 있는 모양이었다.
 만약 전중이 그 처녀와 맺어진다면 그도 남쪽 지방에 자리 잡고 살면서 노나라에 다시 오지 않을 것이다. 그렇게 되었으면 좋겠다고 주가는 생각했다.
 '양쪽을 위해서도 좋은 일인데…….'
 전중이 고향에 가려는 것은 초나라에 남겨두고 온 아버지가 중병으로 자리에 누웠다는 통지를 받았기 때문이었다.
"그것 참 걱정이 많겠군. 후회가 없도록 정성껏 간호해 드리게. 여기 일은 어떻게든 해 나갈 수 있으니까 걱정하지 말게."
 주가는 말하면서도 기쁜 마음을 감추기 위해 상당히 애를 썼다. 그가 운이 좋다고 생각한 것도 무리가 아니었다. 비뚤어진 거울에 비친 것 같은 그 기분 나쁜 자기 모습으로부터 얼마동안 해방된다. 그것도 협객의 면목을 잃지 않으면서.
 기분이 좋아지면 마음에도 여유가 생긴다.
 그 때까지 주가는 전중과 마주 대하면 겉으로는 보이지 않도록 노력했지만 속으로는 짜증이 났다. 그 짜증스러움이 자신을 휘감고 있었다. 틀림없다. 그것이 갑자기 없어지자 이번에는 상대에 대한 호기심이 끓어오르기 시작했다.

"그대는 옛날에 대단한 수다쟁이였다지?"

주가는 마음을 크게 먹고 그렇게 물었다.

"아, 그건… 저……."

전중은 허둥지둥하면서 더듬거렸다. 하지만 그는 '어떻게 그것을 알고 있는 것일까?'라는 의심은 갖지 않았다. 왜냐하면 그에게 주가는 신과 같았기 때문이다. 전지전능한 분이라면 전중이 옛날에 수다쟁이였다는 것쯤은 당연히 알고 있을 것이기 때문이었다. 그가 당황한 이유는 주가가 갑자기 그 말을 꺼냈기 때문이었다.

'역시…….'

주가는 자기의 추측이 맞았다는 것을 확인했다.

장백이라는 나그네가 말했던 수다쟁이 전중과 말이 없는 식객 전중은 사실은 동일 인물이었다. 만약 딴사람이라면 전중은 허둥지둥하지 않고 멍청한 표정을 지었을 것이다.

"부끄러운 일입니다. 확실히 옛날에는 장소를 가리지 않고 마구 지껄여대곤 했었습니다."

전중은 깨끗이 자백했다.

주가는 자기 자신에게 해명했다.

'이쪽은 찌그러진 자기 모습을 보지 않아도 된다. 저쪽은 아름다운 처녀와 맺어져서 고향에서 살 수 있다. 좋은 일이 아닌가. 이러한 희망은 별로 자기 본위의 것이 아니다.'

"잘되기를 바라겠네."

주가가 말하자, 전중은 시선을 비스듬히 왼쪽 아래로 떨어뜨리고는 대답했다.

"네."

좀처럼 없는 일이었지만 주가는 수줍어할 때 비스듬히 왼쪽 아래로 시선을 떨어뜨렸다. 전중은 그런 것까지 모방하고 있었다.
 사실 주가는 자기의 그런 버릇을 몰랐다. 전중이 수줍어하는 표정을 보고 '어쩌면 저것은 내 버릇일지도 모른다' 생각하며 잘 주의해 본 결과 맞다는 것을 알았다. 정말 기가 막힌 일이었다. 그러나 그것도 이제 끝장이다.
 "잘되면 다시는 이리로 돌아오지 않겠지?"
 "네, 여자가 자기가 태어난 고향 근처에서 살고 싶어 하기 때문입니다."
 "경사스러운 일이지 뭔가."
 주가는 상대를 보고 또 자기를 보고 경사스럽다고 말했다.
 이번에는 전중이 두 번 헛기침을 했다. 화제가 바뀌는 것이다.
 "이젠 뵙지 못할지도 모릅니다만 제게 뭔가 다 배우지 못한 것을 한 가지라도 좋으니 가르쳐주시지 않겠습니까?"
 "참, 아까 더 중요한 것이 있을 것 같다고 말했었지. 그래, 한 가지만 전별의 말을 해 주지. 아무리 중요하다고 해도 남의 기분이 되어 모든 일을 생각하는 것만큼 중요한 일은 없지. 늘 생각해야 해. 상대에게 폐를 끼치고 있지나 않을까 하고 말이야. 사람이란 언제 어떤 일로 뜻하지 않게 폐를 끼칠지도 모르니까."
 자네가 내 흉내를 내는 바람에 몹시 귀찮았다고까지는 말하지 않았지만 은연중에 그 뜻을 비쳤다.
 "네."
 전중은 머리를 숙였지만 그 태도로 보아 주가의 뜻을 알아차리지 못한 것 같았다.
 '지금 당장이 아니라도 좋다. 언젠가 알게 되겠지.'
 주가는 그렇게 생각했다.

사랑의 임협도

초나라로 돌아간 전중의 소식은 가끔 노나라 주가의 귀에도 들려왔다. 귀향 후 얼마 후에 아버지를 여의었다. 그 일은 정중한 내용의 편지로 알려왔다. 그 밖의 소식은 풍문으로 들었다.

전중은 고향인 초나라에서 협객으로 급속히 유명해져 어느 틈엔가 상(湘) 지방에서도 세 손가락 안에 들어가는 두목이 되었다.

그 소문을 들은 주가의 부하들이 말했다.

"허어, 그 퉁하고 말이 없던 전중이 두목이 되었단 말인가. 그 지방은 임협의 세계가 엄하지 않은 모양이군."

그러자 주가가 타일렀다.

"아니다. 엄하지 않은 것은 오히려 이 노나라다. 노나라에는 유자(儒者)들이 많기 때문에 협객은 금방 눈에 띈다. 초나라에는 협기 있는 사람이 많기 때문에 협객으로 행세한다는 것은 그리 간단한 일이 아닐 것이다."

"허, 그렇습니까…. 그렇다고 해도 그 전중이 두목이 되다니… 뜻밖입니다."

그래도 부하들은 믿기가 어려웠다.

"전중이라는 사나이에게는 협객의 두령이 될 소질이 있었던 거야. 너희들이 간파하지 못 했겠지만."

"그럼, 영감님은 전부터 그것을 다 알고 계셨습니까?"

"그렇다. 그 사나이가 대협이 되지 않는다면 누가 대협이 되겠나?"

별로 과장된 말을 하지 않는 주가가 최상급의 말을 써서 단언했기 때문에 부하들은 침묵했다.

주가는 속으로 은근히 자기가 천하제일의 대협이라고 자부하고 있었다. 그런 자기를 철저하게 흉내 내려 한 것이므로 전중의 2년 식객 생활은 매일이 협객의 두목이 되는 특별 훈련이었다고 할 수 있었다.
 임협의 세계에서 전중이 두각을 나타낸 것은 당연한 일이라고 주가는 생각했다.
 그렇지만 전중이 강좌(江左)의 필살검(必殺劍)이라는 검술의 명인 동악(童岳)을 일격에 쓰러뜨렸다는 소문을 들었을 때는 쉽사리 믿어지지 않았다.
 노나라 체재 중에 전중은 좀처럼 격검 연습을 하지 않았었다. 아마도 주가가 그다지 칼을 손에 들지 않았기 때문이었을 것이다.
 "정말로 일격에 쓰러뜨렸습니까?"
 "그렇고말고. 전광석화와 같은 재빠른 솜씨였지."
 "그렇지만 전중은 그 정도의 솜씨가 아니었을 텐데…."
 "초나라로 돌아간 다음에 그는 월(越)의 명인을 초빙하여 격검을 사사하고 있었어."
 "그렇다고 해도 전중이 이곳을 떠난 지 몇 년밖에 지나지 않았습니다. 그 사이에 그 정도로 향상되었을까요?"
 "그렇지만 사실이라니 믿을 수밖에 없지 않은가. 목격자들이 몇 명이나 있다니 거짓말이 아닐 거야."
 "믿어지지 않는군요. 전중이라는 놈, 두목이 되었나 하면, 검술의 명인을 해치우질 않나, 믿을 수 없는 일만 하고 있군요. 고향으로 돌아가서 사람이 바뀌어 버린 것입니까?"
 남쪽으로부터 온 나그네와 부하들 사이에 그런 대화가 있었다.
 그 자리에 있던 주가는 그 나그네에게 물었다.
 "월의 명인이라고 말씀하셨지요. 그 사람의 검술이 달인의 경지에 이르렀습니까?"

"그렇습니다. 천하무쌍(天下無雙)이라는 말을 들었다더군요."

나그네의 대답을 듣자 주가는 몇 번이나 고개를 끄덕였다.

"그렇다면 전중은 천하무쌍의 검객이 되어 있겠지."

존경하는 인물에게 경도되어 그를 닮으려는 것이라면 전중만큼 지독한 사람은 없었을 것이기 때문이다.

'그는 2년 남짓 되는 동안 천하제일의 대협을 배웠다. 그러니 몇 년 사이에 천하무쌍의 검술을 배웠을 수도 있을 것이다.'

말해 봤자 아무도 이해할 것 같지 않기 때문에 주가는 입 밖에 내지 않았다.

동악에게 이겼다는 것으로 전중은 협명을 높였다. 동악은 호검(豪劍)의 힘을 빌어 사람들로부터 재산을 빼앗는 등 무도한 행위를 많이 했었기 때문이었다.

전중은 단 한 자루의 칼로 능히 악을 쓰러뜨렸다.

협객으로서 그의 눈부신 사적(事蹟)은 거의 이것뿐이다. 물론 그도 부사한 주가를 본받아 제 몸을 잊고 남을 위해 최선을 다했을 것이다. 그러나 주가가 부하들에게 말한 것처럼 의협의 사나이들이 많은 초나라에서는 그다지 눈에 띄지 않았다.

〈사기〉의 '열전'에도 그에 대한 기록은 한 구절밖에 적혀 있지 않다.

'초나라의 전중, 협으로서 이름났으며, 검을 좋아한다.'

그 밖에는 앞에서 인용한 '주가에 부사하고 운운'이 붙어 있을 뿐이다.

고조 11년은 공신 한신(韓信)이 참살당한 해인데 그 해에 전중은 북방을 여행하고 오랜만에 주가의 집을 방문했다.

물론 식객이 아니라 빈객으로 영접을 받았다.
"그대의 얘기는 자주 듣고 있네. 평판이 좋아서 정말로 다행이야."
주가는 자기 일처럼 기뻐했다. 그러나 한순간 그의 뇌리에 철저히 흉내를 내는 그 사나이에게 괴로움을 당했던 기억이 스쳤다.
'지나간 일이다.'
그는 유쾌하지 않은 그 기억을 뿌리치고 싶었다.
"모두 영감님 덕택입니다."
전중이 말하자 하마터면 주가는 '그렇고 말고'라고 대답할 뻔했다. 급히 목구멍 속으로 두 번 헛기침을 하고는 말했다.
"그런데, 자네, 두목으로 지내는 소문은 자주 듣지만 가정에 대한 소문은 듣지 못했어. 그 처자와는 잘되었나?"
"그게 그만 한 발 늦었지 뭡니까."
"그럼 그 처자는?"
"제가 돌아갔을 때는 이미 다른 사람의 부인이 되어 있더군요."
"그거 참 안됐군."
"만약 그녀와 가정을 가졌더라면 이런 식으로 임협의 길에 들어오지 않았을 것입니다."
"그렇군. 그렇다고는 해도 아깝군."
"그녀는 장사왕(長沙王)의 집사직으로 있는 사람이 첫눈에 반해 정실로 삼았으니까 연(輦)을 타고 시집간 셈이지요. 분하기도 했습니다만 그녀를 위해 기뻐해 주기로 했습니다."
"허어, 사랑의 임협도로군. 사람 울리는군."
주가는 만약 자기가 젊어 같은 상황에 놓였다면 역시 전중과 마찬가지로 상대의 행복을 기뻐해 주었을까 생각했다. 그러자 잊어가고 있던 축소판의 기분 나쁜 기억이 문득 되살아나기 시작하는 것 같았다.

이듬해에 고조 유방이 죽었다.

패상(覇上)에 도착하여 진황(秦皇) 자영의 항복을 받은 지 11년 만의 일이었다. 숙적 항우를 멸망시키고 겨우 6년밖에 지나지 않은 때였다.

논공행상은 그 때까지 끝나지 않았다. 고조는 우선 10명의 왕을 세웠다. 9명까지는 고조의 동족이고 장사의 왕 오예(吳芮)만이 유(劉) 씨가 아니었다. 오예는 건국하는 과정에 숨은 대공이 있었다.

다음에 공신 137명을 후(侯)로 봉했다.

고조가 죽은 후에도 논공행상은 계속되었다.

오예는 장사왕으로 봉해진 해에 죽고 아들인 신(臣)이 뒤를 이었다. 또 한 사람의 아들인 천(淺)이 고조 다음의 혜제(惠帝) 원년에 따로 편후(便侯)로 봉해졌다.

다시 이듬해에 장사왕의 집사직인 이창(利倉)도 대나라의 후(代侯)로 승격했다. 식읍은 불과 7백 호이지만 그래도 제후 중의 한 사람이었다.

그런 소식을 들은 주가는 예의 한 박자 늦은 한숨을 쉬고는 중얼거렸다.

"이런, 전중이 옛날에 반했던 처녀가 이제는 대후 부인이 되고 말았군."

'그 호남의 외고집쟁이, 또 옛날 애인의 출세를 기뻐할까?'

지난번에 찾아왔을 때, 전중은 아직 아내를 맞지 않았다고 말했었다.

전중도 이미 어지간한 나이가 되었다. 협객의 두목으로서 경제적으로도 유복하겠지. 아무리 남을 위해 분주히 뛰어다니고 있다 하더라도 생계가 어려울 일은 없을 것이다.

그런 데도 아내를 맞지 않는 것은 옛날에 반했던 여자를 잊을 수 없기 때문이 아닐까?

'설마 유부녀가 된 여자를…….'

그렇게 부정하려고 했지만 '가만 있자, 그 사나이라면, 어쩌면…' 하는 기분도 들었다.

유부녀라도 이번에는 후부인(侯夫人)이다. 더욱 더 그림의 떡이 되었다.
'전중은 어떻게 할까?'
'이것을 기회로 아내를 얻을까?'
주가는 흥미를 가졌다.
그는 자기 집에 찾아오는 남쪽의 손님에게 가끔 전중의 안부를 묻곤 했다.
"그 사나이는 아내를 얻었는가?"
"아닙니다. 어찌된 일인지 아직 홀아빕니다. 선천적으로 여자를 싫어하는 것일까요?"
손님도 그렇게 대답하면서 고개를 갸웃했다.
몇 해가 지나도 남쪽으로부터 온 손님의 대답은 마찬가지였다.
"이놈이!"
주가는 혼잣말을 했다. 화를 내고 있는 것은 아니었다. 왠지 모르게 기뻤던 것이다.
주가는 여자에게 반한 일이 없었다. 그것을 노경에 접어든 지금 쓸쓸하게 생각했다. 그렇지만 이미 때가 늦었다.
만약 반한 여자가 있었다면 하는 가정 아래 상상으로 위로하는 수밖에 없었다. 상상을 위한 절대적인 실마리가 있었다. 그것은 살아 있는 표본이었다. 다름 아닌 전중이다.
심창(深窓)의 귀부인이 되어 손이 닿지 않게 된 여인을 남몰래 계속 사모한다. 언제까지나 잊지 않는다. 소중히 가슴에 간직해 둔다. 그런 자기 자신을 상상하니 주가는 나이에 걸맞지 않게 가슴이 설레었다.
상상의 세계에서 전중과 자신이 서로 포개지는 것이었다. 전중으로부터 자기를 구별하기 위해, 그는 또다시 중얼거렸다.
"이놈이!"

그러한 남모르는 즐거움을 안고 대협 주가는 바싹 늙어갔다.
옛날에는 전중에게 괴로움을 받았으나 지금은 그 보상을 받는 것 같은 기분이었다.
뜰의 나무에 기대어 주가는 자주 황홀해져서 하늘 저쪽을 언제까지나 바라보는 일이 잦아졌다.
"영감님이 어떻게 된 것 아닌가?"
부하들은 서로 수군거렸다.
"역시 머리가 멍청해지기 시작한 거겠지. 나이가 나이니까 말이야."
소리 죽여 이렇게 말하는 사람도 있었다.
세월은 흘렀다.
초대 대후인 이창은 후에 봉해진 지 8년 뒤에 죽었다.
"허허, 과부가 되었구나."
주가는 부하들 앞에서 무의식중에 그렇게 중얼거렸다.
부하들은 얼굴을 마주 보았다.
"역시 망령이 나셨군."
눈과 눈으로 서로 말했다. 갑자기 '과부'라는 말이 튀어 나왔지만, 주가 이외의 사람에게는 그것이 아무것과도 결부되지 않았다. 맥락이 없는 것은 머리가 멍청해지기 시작한 징후일 것이다.
대후는 적자(嫡子)인 희가 뒤를 잇고 식읍(食邑)은 적지만 세수(稅收)는 의외로 많아서 대나라는 번영하고 있었다.
초대 대후 부인은 문제(文帝) 원년에 사소한 병이 원인이 되어 죽었다. 그 소식을 들은 날 주가는 부하와 식객들을 모두 모아 놓고 말했다.
"이제 내 시대도 끝났다."
그런 다음에도 뭔가 중얼중얼 말하고 있었으나 아무도 알아들을 수 없었다.

"그놈은 나처럼 은퇴할 수 있는 나이는 아닐 것이다. 자, 그러면 어떻게 할까?"

노인은 그렇게 중얼거리고 있었다. 물론 누구에게 들려주려고 하는 말은 아니었다.

전중과 극맹(劇孟)

망령이 났다고 생각되었던 주가는 은퇴한 순간부터 건강해져서 말과 행동이 모두 분명해지기 시작했다.

공상의 세계에 이별을 고했기 때문에 얻은 당연한 결과였지만 주위 사람들은 눈을 크게 떴다.

전중이 마지막으로 주가를 방문한 것은 그로부터 10년 후의 일이었다. 은퇴하고 여러 나라를 홀가분하게 여행한다고 했다.

"은퇴는 아직 빠르지 않은가?"

"저도 그렇게 생각했습니다만 사정이 있어서 말입니다."

그렇게 대답한 전중의 머리는 이미 반백이었다.

"허어, 어떤 사정인가?"

"사정이라기보다는 귀찮아졌습니다."

"무엇이?"

"낙양으로부터 극맹이라는 식객이 왔는데 좀 곤란한 사나이여서…."

"품행이 좋지 않은가? 그런 놈은 추방하면 돼. 그까짓 것 사정 보아 줄 필요가 없어. 그런 일로 두령이 은퇴하다니… 너무 지나치게 나약하군."

"아닙니다. 그 사나이에게 잘못이 있다면 일은 간단합니다. 아무것도 추방할 이유가 없기 때문에 난처할 뿐입니다."

"이상하군. 무엇이 난처하다는 말인가?"

"내 옆에 아침부터 저녁까지 달라붙어 내가 하는 짓을 그대로 흉내 내려고 한단 말입니다. 견딜 수가 있어야지요."

"뭐라고…? 하하하…!"

주가는 웃기 시작했다.

'젊었을 때의 전중과 똑같지 뭔가.'

"웃을 일이 아닙니다."

"그야 그렇지. 웃을 일이 아니야. 그건 정말 견딜 수 없어. 점점 이쪽을 닮아가니 그놈의 얼굴을 보는 것도 싫어지지. 뭐라고 표현할 수가 없지."

주가는 눈앞에 있는 전중의 젊은 날을 회상하면서 말했다.

"아니, 영감님께서도 그런 경험이 있습니까?"

전중이 물었으니 주가는 어이가 없었다.

나날이 닮아져서 이쪽을 진절머리 나게 만든 것은 다름 아닌 전중 자신이 아니었던가. 그런 그가 뻔뻔스럽게 그것을 묻다니.

주가는 물끄러미 전중을 보면서 생각했다.

'이 사나이는 모르고 있는 것이다. 잊어 버린 것도 아니다. 처음부터 모른다. 나를 닮으려고 했을 때 이 사나이는 열중하여 제 정신이 없었다. 무서운 의욕이 이 사나이의 젊음을 흔들어 움직이게 했다. 소용돌이의 한복판은 전혀 움직이지 않으니까.'

그는 그렇게 해석했다.

"쫓아낼 수도 없어서 이쪽에서 뛰쳐나오고 말았습니다. 처음에는 여행에도 따라오겠다면서 말을 듣지 않았습니다. 정말 애를 먹었지요."

"정말이야, 따라오게 되면 견딜 수 없겠지."

"저는 영감님과 헤어질 때의 전별의 말을 생각해 내고 극맹에게 말해 주었습니다. '나는 혼자 여행을 떠나고 싶단 말이다. 너에게는 전별의 말을 해 주겠다. 세상에 아무리 중요하다고 해 봤자 남의 기분이 되어서 모든 일을 생각하는 것만큼 중요한 일은 없다'라고 말입니다. 간곡하게 타일렀습니다만 그 사나이는 알아들었을까요?"

"하하, 알 턱이 없지."

"어째서 말입니까?"

"어째서라니! 옛날부터 그렇게 되어 있단 말이야."

전중은 고개를 갸웃거렸으나 주가는 목구멍 속으로 어설픈 헛기침을 두 번 하고는 화제를 바꾸었다.

"10년 전에 그 초대 대후 부인의 장례식은 대단히 호사스러웠다고 하는데 그대도 사방으로 노력했겠지?"

"네, 저에게는 주인이 되기 때문에 할 수 있는 데까지는 했다고 생각합니다. 정말로 공을 들인 장례식이었지요…. 저는 장안까지 가서 대신들에게 주선을 부탁했습니다. 선대 대후의 공적을 생각해 주십사 하고 말입니다. 그래서 황제로부터 훌륭한 법부(法賻: 상가의 부조)를 받았습니다. 동원(東原)에서 만든 세(裞: 수의)는 일월(日月), 교룡(蛟龍), 천마(天馬)에 영귀(靈龜) 등 더 이상 수를 놓을 곳이 없을 만큼 채색된 정말로 아름다운 것이었습니다."

전중은 10년 전에 있었던 성대한 장례식을 그리워하듯 잠시 눈을 감았다.

"그것 참 다행이군."

주가는 몇 십 년 만에 전중이 자기를 닮았다고 생각했다.

아니, 이번에는 주가 쪽이 전중을 닮아가는 것인지도 몰랐다.

전중은 실제로 본 광경을 그리워하고 있는데 주가는 본 일이 없는 것을 머릿속에 그리고 있었다.

극맹은 주나라의 도읍이었던 낙양에서 태어났다. 낙양은 예부터 상업이

번창했던 곳인데 극맹은 제후들 사이에서 협객으로 크게 이름을 떨쳤다.

오나라와 초나라의 난이 일어났을 때 한나라에는 주아부가 태위(군의 최고 사령관)로 있었다. 그 때 그는 즉시 말 여섯 마리가 끄는 수레를 몰고 하남군으로 달려갔는데 도중에 극맹을 만나 함께 가게 되자 몹시 기뻐하며 말했다.

"오·초는 반란을 일으키면서 극맹을 얻으려 하지 않았다. 그자들은 아무것도 할 수 없는 놈들이다."

이처럼 주아부는 나라에 반란이 일어났을 때에도 극맹 한 사람 얻은 것을 적국 점령 정도로 높이 평가했다.

극맹은 결코 주가에게 뒤지지 않는 대협객이었다. 다만 그는 도박을 좋아했다.

그의 어머니가 죽자 많은 문상객들이 각지에서 모여들어 그의 집 문 앞에는 1천 대가 넘는 마차들이 줄을 이었다고 한다.

하지만 극맹이 죽었을 때 그의 집에는 한 푼의 재산도 남아 있지 않았다.

7. 사나이 조군(趙群)의 시대

빗나간 심려원모(深慮遠謀)

조군(趙群)의 아버지 조속(趙屬)은 당대에 치부(致富)한 인물이었다. 그러니 민완가(敏腕家)였음에 틀림없겠지만 극단적으로 자신감에 가득 찬 인물이기도 했다. 자신감과 배짱 두 가지를 모두 갖춘 그 같은 성격은 돈벌이에 큰 도움이 되었는데 아내에게는 그것이 매우 엉뚱한 형태로 바뀌어 전염되었다. 그의 아내가 벼락부자의 마누라가 되자 허영심을 노골적으로 드러내기 시작했다는 이야기이다.

그의 아내는 아들인 조군에게 항상 말했다.

"너는 누구에게도 지지 않는 아이란다."

그것은 좋은 교육이 아니었다.

조군의 어머니는 주위에 좋은 옷을 입은 소년이 있으면 그것보다 더 좋은 옷을 구해서 자기 자식에게 입혔다.

조속이 벼락부자가 된 것은 그가 손을 대고 있는 양조업을 중심으로 한 사업들이 모두 성공했기 때문이었다. 특히 여름에 청량음료를 만들어서 파는 사업은 크게 성공했다. 왕실의 능실(凌室: 얼음 저장소)을 만든 목수에게 부탁해서 빙고(氷庫)를 만들어 여름에 대량의 얼음을 쓸 수가 있었기 때문에 그 분야에서는 경쟁자가 없었다.

"돈이 많아 봤자 술장수의 마누라인 주제에…."

조속의 아내에 대한 주위 사람들의 평판은 너무 좋지 않았다. 그녀는 허영 덩어리와 같은 여자로 남들에게 매우 거만하게 굴었다. 그런 그녀를 보면 모두 기분이 나빠졌다.

젊었을 때는 그녀도 가게에 나와서 땀을 뻘뻘 흘리며 술 파는 일을 거들곤 했다. 물론 벼락부자가 되고부터는 가게에 잘 나오지 않고 귀부인 행세를 했다.

그 때 그녀는 단 한 가지 일만 거들었다. 그것은 청량음료를 배달하는 일이었다. 그 무렵의 청량음료는 서민들이 즐길 수 있는 상품이 아니었다. 그것을 대량으로 소비하는 대상은 권문 명가(權門名家)뿐이었다. 조숙의 아내는 그런 저택에 드나들고 싶었기 때문에 그 일을 자진해서 떠맡았던 것이다.

일이라고 해 봤자 운반하는 인부에게 맡겼기 때문에 그녀가 하는 일은 얼굴을 보이고 간사를 떠는 것뿐이었다.

그럴 때마다 그녀는 꼭 아들 군을 데리고 다녔다.

"이 아이에게도 일을 익혀 주지 않으면 안 되니까."

그렇게 말했지만 실은 아들을 지체 높은 사람들이 기억해 주도록 하는 것이 아들을 데리고 배달을 가는 목적이었다.

청량음료라고 해 봤자 소금에 절인 매실의 즙에 불과했고 거기에 향료를 탄 뒤에 얼음은 따로 가지고 갔다.

한 통에 2백 전쯤 가는 물건이었다. 자가제(自家製)였기 때문에 원가의 두 배 정도로 팔았다. 그렇다면 한 통의 이윤은 1백 전에 지나지 않았다. 그런 데도 조속의 아내는 한 통을 배달할 때마다 5백 전 이상의 값어치가 있는 선물을 가지고 갔다.

대단한 명문 저택에 배달하러 가는 경우에는 가지고 가는 선물의 값어치가 1천 전이 넘는 경우도 있었다.

그러니 매실즙을 배달하는 이 여인이 주문한 집 사람들의 환영을 받은 것은 두말할 것도 없다.

그녀의 심려원모(深慮遠謀)는 그 선물을 대개 그 저택에서 사는 아이들에게 주었다는 것 하나만 보더라도 알 수 있었다.

명문가의 자제는 다음 시대의 권력자인 것이다. 미리 그들의 비위를 맞추어 주면서 아울러 자기 아들의 얼굴을 기억하게 해놓자는 계략이었다.

매실즙의 배달인들은 물론 저택의 뒷문으로 들어갔다. 지위가 높은 상류층 저택의 남자들은 부엌문 앞에 모습을 나타내지 않는다. 부엌문 근처에 있는 사람들은 대개 그 저택에서 고용한 사람들이나 아이들이었다. 현재의 권력자는 만날 수 없지만 미래의 권력자들은 부엌 근처에서 콧물을 흘리면서 놀고 있는 경우가 많았다. 그녀는 소년이든 소녀든 불문하고 그 아이들의 비위를 맞추어 주었다. 소년은 성장하면 묘당(廟堂:

조정)의 대관이 되고 소녀는 권력자의 아내가 될 것이었다.
"이 아이는 내 아들인데요."
그녀는 자기의 아들을 그 아이들에게 소개했다. 하지만 조군은 어머니가 그러는 것이 싫어서 견딜 수가 없었다.
어머니의 책략은 뻔히 들여다보였다.
"2백 전짜리를 팔고 어째서 5백 전짜리 물건을 주는 거지요?"
조군이 질문한 적이 있었다. 갓 10살이 되었을 때였다. 그러자 어머니가 대답했다.
"머지않아 알게 된다. 이건 너를 위해서 하는 일이란다."
머지않아 알게 된 것이 아니라 조군은 이미 알고 있었다. 알고 있으면서도 질문한 것은 일종의 짓궂음 때문이었다. 그러나 그 짓궂음이 어머니에게는 통하지 않았다.
아들이 고개를 갸웃거리자 어머니는 미소 지으며 덧붙여서 말했다.
"선물을 하면 상대가 기뻐하기 때문이다."
"하지만 그 사람들은 큰 부자잖아요. 선물을 할 바에는 가난한 사람들에게 하는 것이 더 좋지 않을까요?"
조군은 일부러 순진한 표정을 짓고 말했다. 그러자 그의 어머니는 눈살을 찌푸리며 대답했다.
"가난한 사람 따위는 상대하는 법이 아니다."
때문에 조군은 머리를 갸우뚱하며 생각했다.
'그렇다면 가난한 사람이 불쌍하지 않은가?'
당시에는 상업 활동을 하는 지역에 제한이 있었다. 관청에서 정해 준 시장 이외의 지역에서는 가게를 열 수 없었다. 조숙의 아내가 귀부인인 것처럼 행세하고 있어도 그녀의 가족이 살고 있는 곳은 시장 안이었다. 그렇기 때문에 조군도 가난한 사람들과 살을 맞대며 살고 있었다.

조군이 가난한 사람들에 대해 느끼는 동정심은 매우 구체적이었다. 부자들이 이유도 없이 귀한 선물을 받는 장소에 자기가 항상 입회하는 것을 생각할 때마다 어린 나이였지만 꺼림칙했다. 때문에 '이 빚은 언젠가 갚아 주겠다'라고 생각하게 되었다.

조군이 나중에 유협의 두목이 된 가장 큰 이유는 그런 점 때문이었다. 그의 감수성은 어머니의 의도와는 정반대의 방향으로 자라고 있었다.

만약 그가 시장에서 '도련님! 도련님!' 소리를 들으며 애지중지 자랐다면, 아니 실제로 부잣집 도련님으로 소중히 자랐지만, 만약 그것뿐이었다면 그는 아마도 유협의 길로 발을 들여놓지 않았을 것이다.

권문부실(權門富室)에 출입하면서 그는 그곳에 있을 때마다 자기는 약자라고 느꼈다. 커다란 저택에 사는 도련님 중에 개구쟁이가 있어서 그에게 심술궂은 짓을 해도 참지 않으면 안 되었다.

그에게는 그처럼 굴욕을 느낀 경험이 있고 또 '도련님! 도련님!' 하고 섬김을 받은 경험도 있었다. 그처럼 굴절된 입장에 있었던 것도 그가 임협이 된 원인이었다.

조군의 어머니는 단골의 격이 올라가면 자기의 격도 높아진 것으로 착각했다.

"드디어 황족과 인연이 생겼어. 관도공주(館陶公主)의 저택에서 주문이 왔어!"

어느 날 그녀는 그렇게 말하면서 온 방안을 빙빙 돌아다녔다. 어지간히 흥분한 모양이었다.

때는 유방이 한나라 왕조를 창건한 때로부터 반세기가 지났을 무렵이었다. 태양왕 무제의 아버지 경제의 치세였다.

관도공주는 경제의 누님이 된다. 그녀의 저택은 장안의 동남교(東南郊)에 자리 잡고 있었다.

금상 폐하의 누님 집에 출입할 수 있게 되었으니 조군의 어머니가 미칠 것처럼 기뻐한 것도 무리는 아니었다.

"자, 함께 가자. 한 번 더 얼굴을 깨끗이 씻고 말이다."

그녀는 외출할 때 조군의 얼굴을 점검한 뒤에 그렇게 말했다.

조군의 나이는 어느덧 열두 살이었다.

훗날의 그의 모습을 보면 도저히 상상할 수 없을 만큼 그 당시의 그는 내향적인 성격이었다. 어머니와 함께 부잣집 손님들을 찾아가는 것이 무척이나 싫었지만 그런 기분을 입 밖에 내어 말하지 못하는 소년이었다. 때문에 그 날도 마지못해 어머니와 함께 외출하게 되었다. 그러나 두 번째부터는 관도공주의 저택에 가는 것을 은근히 기다리게 되었다. 거기서 아름다운 소녀를 보았기 때문이다.

그 소녀는 관도공주의 딸 아교(阿嬌)였다. 아직 열 살도 되지 않은 동녀(童女)였지만 한 번 보면 잊을 수 없을 만큼 매력이 넘치는 용모였다.

관도공주가 강가(降嫁: 왕족의 딸이 신하의 집안으로 시집가는 것)한 상대는 진오(陳午)라는 인물이었다. 그와의 사이에서 태어난 아름다운 소녀는 뒤에 황태자비가 되었으며 다시 황후가 되었다.

어릴 때의 무제는 고모인 관도공주의 집에 놀러 와서 아교를 보자 이렇게 말했다고 한다.

"아교를 아내로 맞아서 황금으로 만든 집에서 살게 해 주겠다."

아교는 어릴 때부터 남의 눈을 끌었던 것이다. 조군이 아교를 보고 큰 감동을 받았을 때 그 동녀는 이미 황자 철(徹: 뒤에 즉위하여 무제[武帝]가 됨)과 혼약 이야기가 오가고 있었다.

물론 조군이 그런 것을 알 리 없었다. 아무리 마음이 끌렸다 하더라도 상대는 공주의 딸이었다. 두 사람의 신분은 너무나 달랐다.

조군의 어머니는 관도공주와 그녀의 딸인 아교에게 각각 1만 전에 상당하는 선물을 하기로 했다. 그로부터 얼마 후에 한 보석상이 조군의 어머니에게 불려왔다. 옆방에 있던 조군의 귀에 보석상과 어머니가 주고받는 말이 똑똑히 들렸다.
"이것은 어떻겠습니까?"
"더 큰 것은 없나요?"
"이것이 가장 큰 것입니다만."
"모양은 좋지만 알이 더 커야 되겠어요. 관도공주님 따님이 약혼식을 할 때 여러 가지 보석으로 치장을 많이 하시겠지요. 그중에서 가장 눈에 띄는 큰 진주를 선물하고 싶어요. 이것으론 그다지 눈에 띄지 않겠네요."
"그럼 더 큰 것을 구해 가지고 오겠습니다."
"돈은 아끼지 않을 테니까 월등히 고급인 것을 가져다주세요. 그것을 달게 되시는 분이 관도공주님의…."
조군의 어머니는 보석상에게 계속해서 '관도공주'라는 말을 연발했다.
'그렇구나. 시집을 가는구나.'
조군은 벽에 기댄 채 속으로 중얼거렸다. 당시의 상류 계급에서 자녀들의 혼약 나이는 대단히 빨랐다. 혼인 관계가 정치적으로 이용되었기 때문이다. 경제의 황후는 박 씨로 아이를 낳지 못했다. 14명의 아들들은 전부 측실의 소생이었는데 그중에서 율희(栗姬)가 낳은 영(榮)이 황태자로 책봉되어 있었다.
관도공주가 율희에게 말을 걸어 보았다.
"우리 아교를 영과 짝을 짓게 하면 어떨까? 어울리는 배필이 되리라 생각하는데."
율희는 매정하게 거절했다.
때문에 관도공주는 화가 났다.

'나를 어떻게 생각하고 있는 거지? 측실 주제에.'

그녀는 동생인 경제에게 여러 가지 말을 불어넣어 마침내 영을 황태자의 자리에서 끌어내리는 데 성공했다.

영이 황태자에서 폐위되고 임강왕(臨江王)으로 격하된 것은 경제 7년(기원전 150년)의 일이었다.

교동왕(膠東王)이었던 7세의 철이 황태자가 되었는데 철은 왕(王) 부인의 아들이었다. 관도공주가 왕부인과 연합하여 그 같은 역전극을 연출한 것이다. 아니, 왕부인의 동생도 경제의 후궁에 들어와 있었으니 아마도 3자 연합이었을 것이다. 언니인 왕 부인은 그 해에 황후가 되었다. 황후 박 씨는 그 전년에 폐위되었다. 언니 왕 부인의 황후 승격에 대해서도 관도공주의 후원이 있었던 것은 물론이다. 그것에 대한 상이 아직 나이도 차지 않은 황태자 철과 아교의 혼약이었다.

처음부터 그림의 떡 같은 소녀였지만 아교는 결국 조군의 손이 닿지 않는 곳으로 떠나고 말았다.

알 수 없는 마음

공주의 딸을 사모했다는 것으로 보면 조군은 그다지 현실적인 인간이 아니었다고 할 수 있다. 일종의 낭만적인 기분이 그를 유협의 세계로 향하게 만들었는지도 모른다. 가난한 사람들에 대한 동정심도 역시 낭만적인 정서와 결부되지 않으면 임협의 행위로 발전하는 일은 없었을 것이다.

또한 조군은 시세에 휩쓸리기 쉬운 성격을 가지고 있기도 했다.

시대의 풍조는 무제가 즉위했을 때부터 갑자기 남성적이고 진취적으로 변했다.

경제는 재위 16년 만에 세상을 떠났다. 기원전 141년의 일이었다. 황태자 철은 아버지가 즉위한 해에 태어났기 때문에 그 때의 나이는 꼭

16세였다.

철은 정부인의 아들이 아니었다. 그의 어머니가 황후가 된 것은 아들이 황태자가 된 다음이었다. 더욱이 그는 14명의 형제들 중에서 9번째였다. 영리하다고 해 봤자 7세의 어린아이에 지나지 않았다. 황태자가 된 것은 그 자신의 자질에 의한 것이 아니었다. 장모인 관도공주가 자기 어머니인 왕 부인 그리고 왕 부인의 동생과 연계해서 그 자리를 얻었던 것이다.

무제 정권은 치마 밑에서 탄생했다고 말해도 좋을 것이다. 또한 그가 즉위했을 때는 그의 뒤에 할머니인 태황태후 두(竇) 씨가 아직 건재했다.

여성들에게만 둘러싸인 무제는 단연 여성적인 것에 반발했다. 그의 천성이 세태에도 반영되었기에 세상은 남성적이 되었다.

전쟁이 가장 좋은 예지만 남성적인 세계에는 낭비가 따른다. 문제와 경제 2대에 걸친 태평 무사한 치세 덕분에 한 제국의 국고는 풍족하여 낭비할 수 있는 재원은 옹색하지 않았다.

또한 조군의 집도 아버지 조속이 돈을 많이 벌어 놓았기에 몇 대를 놀고먹어도 끄떡 없을 정도의 소봉가(素封家)가 되어 있었다. 소봉가란 작위나 영지는 없지만 재산과 수입이 왕후귀족과 같은 수준이 되었다는 뜻이다.

훈공에 의해 1천 호의 봉지(封地)을 가지고 있는 군후(君侯)는 지역 차이가 있기는 하지만 평균 1호에서 연간 2백 전의 세수가 있으므로 연수는 20만 전이었다. 그러나 황제로부터 봉해지지 않고서도 같은 수입을 올리는 부가(富家)나 명가(名家)는 소봉(素封)이라 불렀다. 당시의 금리는 연 2할이었으므로 연수 20만 전을 올리려고 한다면 1백만 전의 자본을 움직이지 않으면 안 되었다. 그런 능력이 있는 집이 소봉가였던 것이다. 약한 자에게 동정을 하더라도 힘이 없으면 협자가 될 수 없었다. 조군은 완력은 없지만 재력은 있었다.

조군은 유협의 두목이 되려는 생각이 있어서 된 것이 아니었다. 약한 자들을 돕기 위해 자기가 할 수 있는 일, 즉 금전을 뿌리고 있는 동안에 자연히 사람들이 모여들었으며 두목으로 받들어졌다.

그리고 그는 조금 한가해졌다. 무제 때 술이 전매(專賣)로 되었기 때문에 가업의 큰 부분이 없어져 다른 사람들을 돌볼 수 있는 여유가 생겼다.

그의 장점은 남을 잘 도와준다는 것뿐이지 용감하게 행동했다는 따위의 일화는 없다. 남을 도운다고 해 봤자 약한 자들에 한정되어 있었다. 자기가 사업의 책임자가 되고부터는 권문부실에 인사하러 다니는 것도 그만두었다. 약한 자를 도와주는 일만으로도 힘에 겨워서 도저히 부자들의 비위까지 맞출 수가 없었다.

그러나 한 집만은 예외였다.

바로 관도공주의 저택에는 계속해서 출입했다. 물론 아교는 이미 그곳에 없었다. '왜 그 곳에 가느냐?'고 그에게 물어도 자신도 이유를 잘 알 수 없었을 것이다. 전에 그곳에 있던 동녀의 모습을 그리워했기 때문일까? 하여튼 조군이 이처럼 순진한 사나이였다는 것에 대해서는 이론의 여지가 없다.

어머니가 그랬었던 것처럼 조군도 관도공주의 저택에 갈 때는 선물을 가지고 갔다. 그것도 어머니가 출입할 때보다 더 비싼 물건을 선물했다. 다른 집에는 출입하지 않았기 때문에 한 집에만 특히 비싼 선물을 해도 그다지 큰 부담은 되지 않았다.

그러니 관도공주의 기분이 매우 좋았을 것은 두말 할 것도 없다. 전에는 좀처럼 얼굴을 보이지 않던 관도공주가 조군이 찾아왔을 때는 반드시 직접 나타났다. 그것도 뒷문 근처가 아닌 응접실로 안내해서 조군을 만났다.

"황송하옵니다."

조군이 머리를 숙이면 그녀는 친절하게 말했다.

"그대는 이미 단골 상인이 아니오. 우리 집의 손님이란 말이에요."

유협의 두령으로서 조군의 이름이 상당히 높아졌기에 관도공주의 귀에도 그에 대한 이야기가 들어간 것 같았다. 그래서 그런지 세상 돌아가는 이야기를 해 달라고 조른 적도 있었다.

"나는 궁전 안의 일밖에 모르오. 그대는 넓은 세상일을 알고 있을 테니 가끔 이야기하러 와 주오."

무제의 재위 당시 자기 딸이 황후가 되었기 때문에 관도공주는 의기가 높았으나 그럭저럭하는 동안에 상황이 달라지기 시작했다. 버릇없이 자랐기 때문인지 나이를 먹었어도 희로 애락을 숨길 줄 몰랐다. 감정이 금방 겉으로 나타났다. 조군 앞에서도 크게 한숨을 쉬었다.

"주제넘은 것 같습니다만 무엇인가 걱정거리라도 있습니까?"

조군이 물었다. 상대가 한숨 쉬는 이유를 눈치 챘으면서도 그 이유를 묻지 않는 것은 실례일지도 모른다.

"나는 매우 노심하고 있소."

"공주님의 심기를 괴롭히는 것이 대체 무엇이옵니까?"

조군이 다시 묻자 관도공주가 대답했다.

"약을 구하고 싶어서 그런다오."

"어떤 약입니까?"

"아이를 낳을 수 있는 약이오."

협(俠)의 정도(正道)

관도공주의 딸 아교는 황후가 되었으나 어찌 된 일인지 아이를 낳지 못했다.

선제(先帝)의 황후 박 씨를 폐위시키고 무제의 어머니 왕 부인을 황후로 만든 것도 자식이 있고 없음 때문이었다.

더구나 무제는 자기를 둘러싸고 있는 여자들을 멀리하기 시작했다.

'내가 진력해서 너를 황제의 자리에 오르게 했단 말이야.'

그렇게 생각해도 이미 황제의 자리에 올라 성년에 달한 무제는 그렇게 공치사하는 여자를 일갈해서 물리칠 실력을 갖게 되었다.

아교의 지위는 불안정했다.

조군은 직업상 각지의 여러 상인들과 친하게 지내고 있었다. 관도공주는 그러한 조군을 통해 아이를 낳을 수 있는 약을 구하려고 했다.

조군은 열심히 약을 찾기 시작했다. 불임증에 좋은 약이라고만 하면 돈을 아끼지 않고 구해서 헌납했다.

아교도 다른 경로를 통해서 필사적으로 약을 구하고 의원들을 부르기도 했다. 아이를 낳기 위해 아교가 쓴 의약의 비용은 9천만 전에 달했다고 한다.

그 같은 노력에도 불구하고 아교에게는 임신의 징조가 나타나지 않았다. 때문에 조군은 자기 일처럼 걱정했다.

"촉(蜀)에는 없는 것이 없다고 들었는데 불임증에 효과가 있는 묘약도 있나요?"

자주 놀러오는 촉나라 출신인 관리에게 조군이 물었다.

그 관리는 제 고장 자랑만 하고 있었다.

"있고말고요. 그 약의 이름을 깜박 잊었습니다만."

"가지고 올 수 있습니까?"

"쉬운 일이지요. 다만 값이 비싼데 그래도 좋은가요?"

"좋습니다."

이윽고 그 사람이 수상쩍은 나무뿌리 같은 약을 가지고 왔는데 그것에는 2만 전이라는 청구서가 붙어 있었다.
 그러나 진황후 아교는 여전히 아이가 생기지 않았다.
 반년쯤 지났을 때 그 사천성 출신의 관리가 다시 찾아와서 말했다.
 "주인, 할 이야기가 있소. 단둘이서 이야기하고 싶소."
 그 사람과 시선이 맞부딪쳤을 때 조군은 눈이 부시다고 느꼈다. 그의 눈은 조군의 마음을 꿰뚫어보는 것 같았다.
 "그럼 이쪽으로 오십시오."
 조군은 정원으로 그를 안내했다.
 넓은 정원의 정자 속이라면 다른 사람의 귀를 두려워할 필요가 없었다.
 "주인, 그 약도 듣지 않았지요?"
 정자 속의 의자에 앉은 그 관리가 말했다.
 "유감스럽지만, 아직……."
 조군이 대답했다.
 친척의 딸이 아이를 낳지 못하기 때문이라는 것이 약을 구할 때의 구실이었다.
 "그만두는 것이 좋을 것이오."
 "왜요?"
 "그 약으로 듣지 않으면 어떤 짓을 해도 소용없을 것이오."
 "그렇습니까…?"
 "주인은 협객이라는 말을 듣고 있다지요?"
 "글쎄요, 소인은 일개 술장수라고 생각하고 있습니다만."
 "협은 약한 자를 돕는 법이라오. 여기에 아무런 고생도 하지 않고 남에게 떠받들어져서 자란 인물이 있다고 합시다. 물론 돈도 남아돌아갈 만큼 가지고 있기 때문에 무엇 하나 옹색하지 않소. 그런데 또 고생을 할대로 하고 가난한 생활의 밑바닥까지 알고 있는 인물이 있다고 합시다. 노래하는 것으로 간신히 생활을 해 왔소. 양쪽에서 서로 도와달라고 한다면 주인은 어떻게 하겠소?"

조군은 금세 대답하지 못했다.

'이 사나이는 어떻게 알았을까?'

무서워졌기 때문이다.

황후 아교에게 강적이 나타났다. 위(衛)라는 성을 가진 궁녀였다. 근본은 무제의 누님인 평양공주(平陽公主) 집의 구자(謳者)였다.

구자란 가수를 말하는 것이다. 가기(歌妓)나 무기(舞妓)가 개인의 재산이었던 시대였다. 그녀들의 신분은 노예이며 소유자의 의사에 따라 제멋대로 양도되었다.

무제는 누님으로부터 구자 위자부(衛子夫) 여인을 헌상받았다. 그리고 그 여자가 아이를 임신을 한 것이다.

공주의 딸로 자라 철이 들자 황태자비였다가 아무런 고생도 하지 않고 황후가 된 아교에 비한다면 노예의 처지에서 몸을 일으킨 위자부는 약자임에 틀림없었다.

그 관리는 한 번 더 되풀이해서 말했다.

"협은 약한 자를 돕는 법이오!"

조군은 속을 간파 당했다고 생각했다.

아교, 황후에게 정을 두고 있다는 것은 남에게 말할 수 없는 일이었다. 불경죄에 해당되는 것이 무서워서가 아니었다. 그런 꿈을 계속 품고 있다는 것을 다른 사람이 알게 되면 얼마나 웃을 것인가.

그렇기 때문에 조심에 조심을 거듭해서 눈치 채지 못하도록 했다. 아이를 낳지 못하는 친척 여자의 이야기만 해도 그것을 사실로 믿게 하려고 신경을 써서 꾸민 이야기였다. 그런 데도 그 사나이는 그러한 것을 간파한 모양이었다.

사천 출신의 그 사나이는 눈을 가늘게 뜨고 입술을 약간 일그러뜨렸다. 그는 근엄한 사나이는 아니었다. 조군 집안의 협기적(俠氣的)인 분위기를 좋아해서 자주 놀러 오는 것이었기에 그 인물에게도 어딘지 모르게 일탈의 분위기가 있었다.

성은 사마(司馬), 이름은 상여(相如)라고 했다.

조군이 대답하기가 곤란해서 잠자코 있었더니 사마상여는 큰 소리로 웃었으며 말했다.

"하하하, 여자들의 싸움에 협은 필요 없소. 협이 끼어들 틈이 없는 거지요. 그것은 아마도 광(狂)의 분야일 것이오!"

모정에 끌려가다

관도공주가 딸 아교의 혼담을 당시의 황태자 영의 어머니 율희(栗姬)에게 제의했을 때, 율희가 그것을 매정하게 거절했었다.

그런데 율희는 그 때 왜 관도공주에게 매정하게 대했을까? 상대는 적어도 황제의 누님이었다.

그러나 이유가 있었다.

그 무렵에 관도공주는 동생인 황제에게 자꾸만 여인들을 헌상했다. 황후 박 씨에게 자식이 없다는 이유도 있었지만 잇달아 새로운 여자를 소개하는 공주에게 황제의 측생들이 원한을 품은 것은 당연한 일이었을 것이다. 더구나 당시 율희에게는 황제의 총애가 차츰 식어가고 있었다. 그 때문에 신경이 곤두서 있었던 것이다.

경제의 시대에 관도공주가 한 역할을 무제의 시대에는 평양공주가 담당했다. 양쪽 다 황제의 동족 누님이었다.

자식이 없는 황제에게 여자를 권해 혈통이 끊어지지 않도록 하는 것은 동족인 여자의 임무일까. 평양공주는 그 때문에 젊은 여인들을 여러 가지 명목으로 키우고 있었고 그 중에서 구자 위자부가 무제의 눈에 띄었던 것이다.

무제가 위자부를 데리고 평양공주의 저택에서 나올 때 평양공주는 수레 옆까지 배웅하러 나왔다. 그리고 위자부의 어깨에 손을 얹고 '그럼 가 보아요. 몸을 소중히 하고 정신을 차려야 해요. 출세하더라도 나를 잊지 말아요' 하고 말했다.

무제는 이 구자를 얻은 대가로 황금 1천 근을 보냈다.

위자부는 잇달아 아이를 낳았다. 셋째까지는 여자였다. 위장공주(衛長公主), 제읍공주(諸邑公主), 양석공주(陽石公主)이다.

진황후 아교는 질투의 불길을 가슴 속에 피웠다. 고생을 모르는 사람이었던 만큼 분노는 격심했다. 그것을 억제하는 기술 따위는 조금도 익히지 못했기 때문이다.

어머니인 관도공주가 입궐한다든가 딸인 황후가 친정에 간다든가 할 때마다 이들 모녀는 위자부에 대한 분노를 털어놓았다.

"정말로 미운 년이다."

"얼굴을 보기만 해도 속이 메스꺼워져요."

"평양공주가 주책이야."

"죽이고 싶어요."

그런 말을 주고받고 있는 동안에 증오심은 더욱 누적되었다. 어머니의 수다로 증오심이 발산되어 풀리는 것이 아니라 더 한층 축적되어 굳어져만 갔다.

"혼내 주고 싶어요."

"어떻게 하면 좋을까?"

위험한 의논이었으나 상대는 궁중에 있으며 무제의 보호를 받고 있었기에 손을 댈 수가 없었다. 위자부의 어머니는 평양공주 저택의 하녀였지만 딸이 황제의 총애를 받게 되었기 때문에 그즈음엔 저택 안의 깊숙한 곳에서 편안하게 살고 있었다. 공주의 저택이라면 그 역시 어떻게 할 수가 없었다.

"위자부의 동생이 건장궁(建章宮)의 급사(給事)를 하고 있어요."

"붙잡아서 죽이자."

"누구에게 부탁하지요? 입이 문드러지더라도 비밀을 지켜 줄 사람이어야 해요. 그래야 이쪽의 신상이 위험해지지 않아요."

"그것도 그렇군. 어지간한 의협의 사나이가 아니면 무리겠지."

"그런 사람을 어떻게 구해요?"

진황후 아교가 맥 빠진 목소리로 말하자 관도공주가 받았다.

"아니야. 한 사람 있다."

관도공주가 고개를 갸웃거렸다.

"너를 위해서라면 목숨을 버려도 좋다고 생각하는 남자가 있단 말이다."

역시 나이를 먹으면서 얻은 경험의 힘으로 관도공주는 아교에 대한 조군의 모정(慕情)을 오래 전부터 눈치 채고 있었다.

"내가 알고 있는 사람인가요?"

"글쎄…."

아교는 어릴 때 황태자비로 입궐했기 때문에 친정의 뒷문으로 드나들고 있던 사람들과 그다지 낯이 익지 않았다.

"짐작되는 사람이 없는데 무슨 일을 하는 사람인가요?"

"조군이야. 거 있잖아, 매실즙 통을 배달해 오던 여자의 아들. 언제나 어미와 함께 있던 아이…. 물론 이젠 다 컸지만 말이야. 그 사람이 지금은 장안의 협객이 되었어. 이름도 꽤나 알려졌어."

"폭력배 따위를 고용하면 문제가 생기지 않을까요?"

아교는 세상 물정을 몰랐다.

"협객은 폭력배와는 다르다. 게다가 조군이라면 믿어도 될 거야."

관도공주는 그렇게 단언했다.

그녀의 심복인 몸종이 조군의 집으로 가서 공주가 만나서 부탁하고 싶은 일이 있다고 알렸다.

출입은 계속하고 있었지만 이런 식으로 요청을 받았던 일은 일찍이 없었다.

'보통 일이 아니겠지.'

조군은 순간적으로 그렇게 생각했다.

밤에 은밀히 저택으로 오라고 했다.

아니나 다를까 위자부의 동생을 유괴해서 살해하라는 대단한 청부였다.

조군은 난처했다.

"황후의 간절한 부탁이오."

관도공주는 협박조로 말했다.

그렇게 말하면 조군이 거절하지 못하리라는 것을 교활하기 짝이 없는 공주는 간파하고 있었던 것이다.

"네."

대답하면서 조군은 고개를 숙였다. 난처했지만 진심으로는 기쁘기도 했다. 그런 대사를 부탁 받았으니 그 신뢰의 깊이는 이만저만 아니라고 볼 수 있었다.

"목숨과 바꾸더라도…."

그는 대답했다.

계책으로 체면을 세우다

'그 때 청(青)은 건장(健章)의 급사(給事)를 하다.'

〈사기〉의 '열전'에는 이렇게 쓰여 있다.

건장궁은 한나라 무제 태초(太初) 원년(기원전 104년)에 백량대(柏梁臺) 터에 세워진 궁전이다. 위청은 2년 전에 이미 죽은 때이다.

그러므로 이 때의 '건장'은 황궁 내에 있는 다른 건장궁을 말하는 것일 것이다. 위청은 거기서 잡역을 하고 있었다.

후에 대장군이 된 위청도 그 때는 아직 젊었으며 궁전의 잡역부로 일하는 것에 만족하고 있었다. 일반 노예들에 비하면 자기는 마치 천국에 있는 것 같았다. 그 때까지 그는 노예와 같은 생활을 하고 있었다.

'나는 참으로 별난 어머니를 가졌단 말이야.'

대기실에서 퇴근 준비를 하면서 위청은 문득 그렇게 생각했다.

자기가 노예처럼 혹사당한 것도 자기를 낳아 준 어머니의 탓인가 하면 그렇게 궁전에서 일하게 된 것도 따지고 보면 어머니의 덕택이었다.

'사랑스러운 여인이다.'

자기 어머니였지만 위청은 그렇게 생각하지 않을 수가 없었다. 그의 어머니는 남자들의 마음을 끄는 매력을 가지고 있었으며 남자들에 대한 경계심이 없었다. 때문에 위청의 어머니는 여러 남자와 친밀했다.

형인 군장(君長)과 세 누님 군유(君遊), 소아(小兒), 자부(子夫) 그리고 청까지 네 남매는 아버지가 같은 사람인 것 같다. '같다'는 것은 어머니가 그렇게 말했을 뿐이지 그 아버지라는 사람의 이름도 모르기 때문에 '같다'고 표현할 수밖에 없었다. 동생인 보광(步廣)의 아버지는 다르다고 했다. 6남매 중에서 아버지의 이름을 알고 있는 것은 청 혼자였다.

위청의 아버지의 이름은 정계(鄭季)라고 했다.

정계는 평양후(平陽候)의 집에서 집사 비슷한 일을 하고 있었다. 평양후 조수(曹壽)는 건국 공신 조참(曹參)의 후예였다. 평양공주가 그 사람에게 강가(降嫁)했으며 위청의 어머니는 그 집의 하녀였다. 집사와 하녀

사이에 태어난 것이 그였다.

위청은 아버지가 떠맡았으나 정실의 아이들은 그를 형제로 생각하지 않고 노예처럼 혹사했다. 그는 양을 방목하는 일을 했으며 나중에 평양공주의 집에 들어가 머슴이 되었다.

같이 평양공주 집에 있던 누님인 자부가 무제의 부름을 받아 갔기 때문에 3명의 아버지를 가지고 있는 6남매에게도 겨우 봄이 찾아왔다.

궁전의 급사라는 것은 하급 장교에 지나지 않지만 누님의 출세 여하에 따라 그의 장래도 약속되어 있는 것이나 마찬가지였다.

원칙대로 하면 그는 정 씨 성을 따라야 했지만 아버지의 일가가 그를 가족의 일원으로 인정하지 않았기 때문에 하는 수 없이 어머니의 성인 위(衛)를 쓰고 있었다. 다른 형제들도 모두 그랬다.

어쨌든 누님 덕택에 위청은 하급이긴 하지만 근위 장교가 되었다.

그는 체격이 건장하고 무예에도 뛰어난 사나이였다. 아직 부하를 데리고 다닐 신분은 아닌 데다가 완력에는 자신이 있었기 때문에 통근은 언제나 혼자서 했다.

한대(漢代)의 장안은 당대(唐代)의 장안과는 달랐다. 당나라의 장안처럼 계획적으로 정연하게 만든 도시가 아니었다. 만리장성이나 아방궁을 조영했다가 망한 진나라의 교훈이 있었기 때문에 수도 장안도 고조(高祖) 때는 성벽을 만들지 않았다. 울타리를 만들고 도시를 만든 것이 아니라 도시가 생긴 다음에 울타리로 둘러쳤다. 따라서 후대의 수도와 같은 바둑판 모양의 도시가 아니었기에 별로 균형이 잡혀 있지 않았다.

때문에 쓸쓸하게 느껴지는 장소들이 여기저기에 있었다. 특히 대저택들이 늘어서 있는 지역은 낮에도 사람들의 왕래가 적었다.

하지만 위청은 건장한 몸을 가지고 있었기 때문에 그런 장소를 두려워하지 않았다. 하루의 근무를 마치고 돌아올 때는 긴장이 풀리기 때문에 때로는 콧노래를 부르기도 했다.

그 때도 그는 양을 치고 있었던 시절에 배운 흉노의 노래를 흥얼거렸다. 후년에 그는 흉노 정토(征討)에 큰 공을 세웠는데 소년 시절의 방목 생활로 인해 흉노에 대해 잘 알고 있었던 것이 그런 전공을 세우게 된 원인이었을지도 모른다.

"후, 호, 호오, 후야, 야아······."

그는 미목(眉目)이 수려했으며 목소리도 좋았다.

그는 커다란 저택의 담을 따라서 천천히 걷고 있었다.

무예에 소양이 있는 위청이었지만 머리 위에서 시작된 갑작스러운 공격에는 속수무책일 수밖에 없었다.

커다란 녹나무 가지 위에서 검은색 옷을 입은 사나이가 칼을 든 채 그의 앞으로 뛰어내렸다. 이어서 위청의 복부를 발로 차 땅바닥에 쓰러뜨렸다. 동시에 그 부근에서 10여 명의 사나이들이 뛰어나왔다.

"이놈들, 너희들은 누구냐?"

위청은 그렇게 외쳤으나 그의 입은 곧 닫히고 말았다. 위청을 위에서 깔고 앉은 사나이가 그를 꼼짝 못하게 했다. 어느 틈엔가 재갈도 물려 있었다.

5명의 사나이들이 위청의 몸을 들어 올리고 나머지 사람들은 그 주위를 둘러싸더니 어디론가 달려가기 시작했다.

그 길의 끝에 수레 한 대가 서 있었다. 두 마리의 말이 끄는 화물 수송용 수레였다. 그 옆에도 10명 정도의 사나이들이 서 있었다.

위청의 몸이 덮개가 있는 수레 안으로 던져지자 일행은 얼굴을 가리고 있던 헝겊을 떼어냈다. 그들은 항상 조군의 집에서 빈둥거리고 있던 유협의 무리였다. 그들은 곧 어디론가 사라졌다.

짐마차 옆에 서 있는 패거리들은 서두르지 않았다. 일부러 사람의 왕래가 많은 곳으로 짐마차를 끌며 천천히 나아가기 시작했다. 서두르면 지나가는 사람들이 수상하게 생각할 것이기 때문이었다.

그런데 그들이 얼마쯤 갔을 때 뒤로부터 10여 기의 기마 무사들이 달려왔다.

그것을 알아차린 짐마차 일행은 안색이 달라졌다. 아무도 모르게 위청을 붙잡았다고 생각하고 있었는데 어딘가에서 목격하고 있던 사람이 당국에 알렸는지도 몰랐다. 그렇지 않다면 예사 기마대의 시중 통과에 지나지 않는 것일까?

그러나 양쪽 무리의 거리가 10보 정도의 거리로 좁혀졌을 때 기마대의 선두에 있는 새빨간 얼굴을 가진 사나이가 외쳤다.

"수레를 세워라! 나는 기랑(騎郎) 공손오(公孫敖)다! 그 수레가 수상하니 조사를 해야겠다!"

그 순간 수레를 에워싸고 있던 패거리는 날렵하게 움직여 사방으로 흩어졌다. 골목으로 도망쳐 들어가기도 하고 담을 넘어 남의 집 안으로 사라지기도 하고 혹은 군중들 속에 숨기도 했다.

"덕택에 체면이 섰습니다. 고맙습니다."

조군은 사마상여를 보며 깊숙이 머리를 숙였다.

"양쪽 다 인명의 손실이 없어서 다행이군."

"손실은 짐수레 한 대였습니다."

"하하하! 그것을 공손오가 차지했단 말이지. 빈틈이 없는 놈이야. 어차피 주인은 자기 것이라고 주장하지는 않을 것이고…."

"선생의 지혜를 빌리지 않았더라면 어떻게 되었을지 모릅니다."

조군은 땀을 닦았다.

"전에도 말했잖소. 여자들의 싸움에 협객이 나설 자리는 없다고…."

그렇게 말하고 사마상여는 또 다시 크게 웃었다.

관도공주로부터 위청을 유괴해 달라는 부탁을 받고 조군은 망설였다.

아교를 위해서라고는 하더라도 조군은 위청에게 아무런 원한이 없었다. 약한 자를 돕는다는 협객의 도로 말하자면 사마상여도 말했듯이 구자 출신인 위자부가 약자의 입장이었다. 그래서 고민하던 조군은 결국 사마상여를 찾아가 의논했다.

사마상여는 그에게 책략을 가르쳐 주었다.

위청을 붙잡아서 관도공주의 부하들에게 넘겨주면 그것으로 조군은 의뢰받은 일을 다 한 셈이 된다. 짐수레와 함께 있던 자들이 관도공주 측의 사람들이었다. 그러니 조군의 일당은 틀림없이 위청을 넘겨 준 것이다.

그렇게 해 놓고 근처에서 사는 위청의 친구 공손오에게 위청이 납치당했다고 통보했다.

그 다음에 벌어질 일은 사건의 내막을 조금도 모르는 공손오에게 맡겨 두면 되었다.

"그렇지만 이렇게 하는 것만으로 충분할까요?"

조군은 그 때까지도 납득할 수 없다는 표정이었다.

"이것으로 충분하오. 암, 충분하고말고. 끝이 좋으면 모든 것이 좋지."

사마상여는 그렇게 딱 잘라 결론지었다.

"그렇습니까….."

"그렇다니까. 바로 여기에 있는 내가 좋은 예가 아니오."

사마상여는 사천의 성도(成都) 사람으로 자를 장경(長卿)이라고 했다. 독서와 격검(擊劍)을 좋아했기에 부모로부터 견자(犬子)라고 불렸다. 견(犬)은 검(劍)과 동음(同音)이다.

그가 성장했을 때 사마의 집안은 몰락해서 무일푼이 되었다.

그는 한 가지 계책을 생각해 냈다.

임공(臨邛)의 현령인 왕길(王吉)과 친했기 때문에 그를 꾀어 들여 그 지방의 대호부 탁왕손(卓王孫)의 딸 문군(文君)을 낚으려고 했던 것이다.

탁가(卓家)에는 노복이 8백 명이나 있었으며 문군은 17세 때 과부가 되었다.

왕길이 일부러 사마상여에게 공손히 머리를 숙이자 탁왕손은 사마상여를 대가나 명문가의 젊은이로 생각했다. 또 거문고를 타게 해서 탁문군의 마음을 끌도록 해 주었다. 사마상여는 마침내 그녀를 자기 것으로 만들었다.

그러나 사마상여가 빈털터리라는 것이 들통 나자 문군의 아버지는 격노하여 딸에게 단돈 한 푼도 재산을 물려주지 않겠다고 선언했다.

그러자 사마상여는 있는 것 없는 것 모두 팔아 만든 돈을 밑천 삼아 임공에서 술집을 열었다. 선술집이었다. 탁문군이 선술집의 안주인이고 사마상여는 잠방이만 입고 접시를 닦는 일을 했다.

탁왕손은 자기 집 코앞에서 딸이 그런 모양을 하고 있으니 속이 상해서 견딜 수가 없었다. 아는 사람들 보기가 부끄러워 집에 틀어박혀 외출도 하지 않게 되었다.

그러자 친척이나 친구들이 그를 달랬다.

"가난하기는 하지만 인물도 나쁘지 않으며 재능도 뛰어난 사람이다. 게다가 현령의 빈객이 아닌가."

줄곧 중재를 했기 때문에 겨우 생각을 고쳐 딸에게 노속 1백 명과 1백만 전을 주었다.

감쪽같이 계책을 성공시키자 사마상여는 문군과 함께 자기 고향인 성도로 돌아와 논밭과 집을 사서 장자(長者)의 생활을 했다.

뿐만 아니라 '자허지부(子虛之賦)'라는 명문을 지어 인정받아 그즈음에는 문학으로 무제를 섬기고 있었다. 확실히 그는 '끝이 좋으면 모두 좋아'의 표본 같은 인물이었다.

장문지부(長門之賦)

진황후 아교는 위청 모살(謀殺)에 실패하자 더욱 더 위자부를 증오하는 마음이 깊어졌다.

당시에 미워하는 상대에게 주는 가장 가혹한 처사는 미도(迷道)를 하는 것이었다. 미도는 저주술(詛呪術)이다. 짚으로 만든 인형에 대못을 박아 넣는다든가 화상을 그려 놓고 활로 쏜다든가 하는 것이었다.

이 미도는 엄금되어 있었으며 만약 발각되는 날에는 극형에 처하는 것이 당시의 규칙이었다.

진황후가 미도를 했다는 사실은 곧 발각되었다. 그러나 신분이 높기 때문에 극형은 면했지만 황후를 폐하고 장문궁(長門宮)에 유폐되었다.

장문궁이란 진황후가 옛날에 살았던 관도공주의 옛 저택이었다.

진 씨가 폐위된 것은 원광(元光) 5년의 일이며 그로부터 2년 후에 위자부는 대망의 아들을 낳아 떳떳하게 황후의 자리에 올랐다.

여자들의 싸움도 겨우 승부가 난 것 같았다.

그 이듬해에 위황후의 동생 위청은 장평후(長平侯)에 봉해졌다.

누님의 후광(後光) 덕분이 아니었다. 위청은 총사령관이 되어 흉노 싸움에 출정하여 빛나는 무훈을 세웠다.

자기 딸이 황후의 자리에서 쫓겨나자 관도공주가 몹시 화를 낸 것은 두말 할 것도 없었다.

"철(무제)이 황제가 될 수 있었던 것은 내 덕택이다. 그렇지 않았으면 지금쯤 율희의 아들 영이 황제란 말이야."

그녀는 친척들에게 이렇게 말하고 다녔다.

무제는 그 귀찮은 고모를 그대로 내버려두었다. 무제도 어느덧 30세가 가까워졌기에 모든 일에 대해 차차 자신을 갖게 되었기 때문이다.

관도공주는 율희와의 싸움에는 이겼지만 평양공주와 위자부의 연합군에게는 패배하고 말았다. 이 할머니는 결국 여자끼리의 싸움을 단념하고 손자 같은 미소년을 총애하는 것으로 시름을 풀었다.

평양공주는 남편인 조수가 나쁜 병에 걸려 이혼하고 새 신랑을 얻게 되었다. 황제의 자형은 한 제국 최고의 인물이 아니면 안 되었다.

사람들은 위청을 권했다.

"청이 말이야? 그 사람은 우리 집에서 일하던 사람이란 말이야. 언제나 나를 모시고 다녔는데 그런 사람을 남편으로 삼으라는 거야?"

평양공주는 우울한 얼굴로 말했다. 나이 차이도 상당히 있었다. 그렇지만 상대가 젊다는 점은 좋다고 하더라도 옛날에 부리던 하인의 아내가 된다는 것은 아무래도 겸연쩍은 일임에 틀림없었다.

"위청은 이제 옛날의 위청이 아닙니다. 천하의 대장군이고 황후의 동생입니다. 그의 부귀는 어느덧 천하에 진동하고 있습니다."

이 말을 듣자 평양공주는 이윽고 그와 재혼하겠다고 결단을 내렸다.

겸연쩍다고 하면 위청 쪽이 더 겸연쩍었을 것임에 틀림없었다. 일설에 의하면 남자를 바치는 위 할머니는 평양후 조수의 첩이었다고 한다. 만약 그것이 사실이라면 위청은 어머니의 남편의 정실과 결혼한 셈이 된다.

조군은 한 번 더 사마상여를 만났다.

"진황후의 입장이 되어서 주상에게 호소하는 부(賦)를 만들어 주십시오."

유협의 두목이 천하의 문호에게 그렇게 부탁했던 것이다.

"좋아, 만들어 주지. 그렇지만 이것은 여자들의 싸움에 사용하는 무기는 아니오."

사마상여는 그렇게 말하고 그 일을 떠맡았다. 그는 아내인 탁문군과 함께 장문궁에서 근신 중인 폐후 아교를 찾아가 그녀의 기분을 듣고 '장문지부(長門之賦)'를 지었다. 사례금은 황금 1백 근이었으며 폐후는 친히 사마 부부의 술잔에 술을 따라 주었다. 이 '장문지부'는 양나라 소명태자가 편찬한 시문집 〈문선(文選)〉에 수록된 명문이었으며 후세에 많은 사람들이 애독했다.

'사마상여, 글을 지어 주상을 깨우쳤다. 황후는 다시 행복을 얻었다.'

사마상여의 명문에 무제의 마음이 움직여 진황후는 다시 총애를 되찾았다. 〈한서(漢書)〉의 '유협전'에 이렇게 나와 있다.

'구원(仇怨)을 갚고 자객을 가르는 자.'

이런 설명과 함께 협객 두목의 이름들을 열거하고 있는데 그 속에 있는 '주시(宙市)의 조군도(趙君都)'라고 하는 것은 조군의 손자를 이르는 말이다.

8. 운 좋은 협객 곽해(郭解)

유언을 숨기다

"해(解)는 아직도 안 왔느냐?"
허부(許負)가 숨을 몰아쉬면서 묻자 16세인 손자 허충(許忠)이 임종이 가까워진 할아버지의 귓전에 입을 대고 속삭였다.
"안 왔습니다. 하지만 충(忠)은 여기 있습니다."
"그래? 충이라고? 해(解)에게 하고 싶은 말이 있는데…."
기운이 떨어진 허부의 목소리는 쉬어 있었다.
그곳은 하남(河南)의 지(芝)라는 지방에 있는 어느 집의 안방이었다.

허부라는 이름은 천하제일의 관상가로 당대에 널리 알려져 있었다.

관상을 잘 보는 사람이라고 사마천도 〈사기〉에 적고 있다.

사람들 중에는 험담을 하는 사람도 있었다.

"이상한 일도 다 있군. 허부가 왜 곽운(郭運) 같은 자를 사위로 골랐을까? 그 사람도 믿을 수 없군."

하지만 그것은 자세한 사정을 모르는 사람의 말이었다.

20년쯤 전에 허부가 군의 태수(郡太守)에게 초대받고 가서 없는 동안에 그의 딸이 협객인 곽운(郭運)과 부부가 되었던 것이다. 그전부터 허부가 하던 말이 있었다.

'내 딸이지만 좋은 상(相)이 아니다. 배우자가 살해당할 흉상이야.'

그런데 딸의 상대가 곽운이라는 말을 듣자 딱 잘라 말했다.

"그 사나이라면 살해되어도 좋아."

그는 이상하게도 사위인 곽운은 싫어했지만 그의 아들인 외손자 곽해는 익애(溺愛)라고 해도 좋을 만큼 귀여워했다.

맏손자인 허충과 외손자인 곽해, 이들 두 사람 내외종형제는 동갑이지만 성격은 전혀 달랐다. 허부는 두 손자를 사랑해 마지않았으며 임종이라고 하는 데도 외손자 곽해가 오지 않는 것이 마음에 걸렸다.

언젠가 허부가 두 손자의 상을 보고 말한 적이 있었다.

"충은 말로 사람을 움직이고 해는 행동으로 사람을 움직인다. 해의 진도는 평탄하지 않지만 그것을 극복해 나간다. 해는 행운아다. 해를 돕는 자는 복을 얻지만 해를 해치는 자가 있으면 그 자는 3년 후에 죽을 것이다."

곽해는 어릴 때부터 난폭한 성격을 가진 아이였으며 12세가 되자 나쁜 짓은 물론 싸움판에 가는 아버지를 반드시 따라갔다. 몸집이 작지만 배짱이 있었기에 언제나 패거리의 선두에 서서 상대방을 떨게 만들었다.

'작은 흉한(小兇漢).'

그것이 폭력배들의 세계에서 얻은 곽해의 별명이었다.

한 해 전에 곽운이 관가에 체포되었다. 공갈, 강도, 살인 등 못된 짓만 골라서 하는 악당이었기 때문이다. 그러니 일당들과 함께 처형된 것은 당연한 일이었다.

하지만 그의 아들인 곽해에게도 문제가 많았다.

15세 때에 있었던 일이다.

젊기는 하지만 그는 두목의 대행 노릇을 하며 모든 못된 짓에 관계하고 있었다. 때문에 관가에서는 용서하면 안 된다는 의견이 강했다.

그러나 당시의 어사대부(御史大夫)인 도청(陶青)은 곽해의 나이가 어리다는 이유로 죄를 묻지 않았다.

풀려난 곽해는 외갓집에 맡겨졌다.

그러나 품행은 좋아지지 않았다. 외조부의 생명이 위험한 지경인데 그 날도 어디를 싸돌아다니고 있는지 아침부터 모습이 보이지 않았다.

"추… 충아……."

"예, 말씀하세요, 할아버지."

허충은 할아버지가 자기에게 유언을 할 모양이라고 생각하고 귀를 가까이 가져갔다. 노인의 목소리는 입에 귀를 대어야만 겨우 들릴 정도로 가냘프고 작았다. 때문에 그 방에는 친척들이 많이 있었지만 아무도 허부의 마지막 말을 알아들을 수 없었다.

허충은 할아버지가 죽은 다음 친척 어른들이 유언 내용에 대해서 묻자 대답했다.

"도무지 알아들을 수 없었습니다. 뭔가 말씀하시려고 입을 움직이고 계시긴 했습니다만."

그것은 거짓말이었다. 허충은 할아버지의 유언을 정확하게 알아들었다. 하지만 왠지 모르게 공개하지 않는 것이 좋겠다는 생각이 들었다.

분명한 이유는 없었으며 그것은 직감이라고 할 수밖에 없었다.

관상의 명인으로 천하에 널리 알려진 그의 할아버지는 이렇게 말했다.

"충아, 너는 내가 말한 그대로의 상이다. 알겠느냐, 절대로 스스로 무엇을 하겠다고 생각해서는 안 된다. 하고 싶은 일이 있으면 말로 사람을 움직여라. 그 사람에게 시키는 것이다. 알겠지? 그리고 해에게 마지막으로 말해 주려고 생각했지만 아직까지 나타나지 않았다. 이젠 늦었다. 그러니 네가 전해 다오. 해의 상을 보고 '그를 돕는 자는 복을 얻고 그를 해치는 자는 3년 후에 죽는다'고 말한 것은 진실이 아니었다. 지난해에 어사대부가 그를 구해 준 것은 내 말을 두려워했기 때문일 것이다. 그것은 나의 계략이었다. 어디까지나 나의 배려인 것이지 해의 인상에 그런 것은 나타나 있지 않다. 그것을 해가 오해하고 '나야말로 천하제일의 행운아다, 어떠한 위험도 극복할 수 있다'고 믿게 되면 매우 곤란해질 것이다. 내 이런 계략은 언제까지나 효력을 가질 수 없다. 알았지? 알았지? 그러니 해에게 꼭 말해 주어라. '행운은 없으니 조심하라'고 말이다."

허충은 어른들뿐만 아니라 당사자인 곽해에게도 할아버지의 그 말을 전해 주지 않았다. 비밀을 독차지하고 보니 말할 수 없이 큰 기쁨을 느꼈다. 그는 그러한 유혹을 이기지 못했다.

만학으로 미래를 설계하는 사람

진(秦)나라는 전국(戰國)을 통일했지만 천하를 20년도 유지하지 못했다.

유방과 항우가 후계자 자리를 놓고 다투었는 마침내 유 씨의 승리로 돌아갔다. 그리하여 한(漢)나라 왕조가 창건되었다. 전한과 후한을 통산하여 유 씨의 천하는 400년 이상 계속되었다. 그리고 '한(漢)'이라는 명칭은 이제까지도 중국의 대명사가 되었다.

한나라의 창업 시대에는 그 때까지도 전국 시대의 기풍이 농후하게 남아 있어 주가를 비롯하여 전중, 극맹 등의 협객들이 배출되었다.

곽운도 그 중의 한 사람이며 아들인 곽해가 태어난 해인 문제(文帝) 4년은 한나라 창업으로부터 계산한다면 30년째가 된다. 문제와 그 다음의 경제(景帝) 치세(治世)는 2대를 합쳐서 40년이었다. 그 40년은 경제 다음으로 제위(帝位)에 오른 태양왕 무제(武帝)의 황금기를 준비한 시대라고 말할 수 있다.

문제도 경제도 무리한 대원정이나 대공사를 삼가고 오로지 국력 축적에만 힘썼다. 그 때까지 남아 있던 전국 시대의 살벌한 기풍을 될 수 있는 대로 불식시키는 것이 그들 두 황제의 사명이었다. 그런 시대였으니 협객 따위가 환영받을 리가 없었다.

전국 시대의 협객은 전쟁이라는 해면(海綿)에 흡수되는 수도 있었지만 태평 시대의 협객은 시민 생활을 위협하는 불량배에 지나지 않았다.

화평의 황제라는 평판이 높은 이 두 황제도 협객을 잡아서 죽이는 일만은 매우 열심히 했다.

곽운이 살해된 것은 문제의 후원(後元) 3년(기원전 161년)의 일이었다. 그 후에도 이름이 있는 부리(符離) 사람 왕맹(王孟), 제남(濟南)의 간씨(瞷氏), 진(陳)의 주용(周庸) 등 협객들이 잇달아 잡혀서 처형당했다.

협객들의 수난 시대였다.

'그러나 나는 다르다. 내가 살해되다니 말이 되는 이야기인가.'

곽해는 그렇게 생각했다.

관상에 관해서는 천하에 둘도 없다는 말을 듣던 외할아버지가 비길 데 없는 행운아라고 보증해 주었기 때문이었다. 그러니 세상에 두려워할 것이라고는 없었다.

외할아버지가 죽자 곽해는 외갓집에서 뛰쳐나왔다. '슬슬 자립해야겠다'라고 생각해서였다.

'네까짓 놈이 무엇을 하겠다고.'

내외종간이지만 서로 마음이 맞지 않는 허충은 속으로 그를 비웃었다. 하지만 곽해는 순식간에 아버지의 부하들을 손아귀에 넣었다.

불량배들이 살기 어려운 세상이었기 때문에 그들도 두목을 가릴 수가 없었다. 곽해는 젊지만 몇 번이나 싸움판에서 위험한 고비를 넘기며 부하들을 지휘한 경험이 있었다. 배짱이 좋기로는 이미 정평이 나 있었다. 의지해도 좋을 만한 두목이었기에 그들은 그의 부하가 되었다.

허충도 곧 고향을 버리고 외지로 떠났다. 그곳에 있을 수 없게 되어서였다. 혼례 날짜까지 정한 설(設)이라는 처녀를 곽해에게 빼앗겼기 때문이었다.

곽해는 20명 가량의 부하들을 거느리고 백주에 버젓이 나타나 그 처녀를 집에서 데리고 나갔다. 물론 그 처녀가 허충의 약혼자라는 것을 알고 있었다. 아니, 그 처녀가 외사촌 형제의 약혼자이기 때문에 약탈할 생각이 들었는지도 모른다.

허충으로서는 더할 나위 없는 수치감을 맛본 것이다.

상심한 허충은 산동의 설(薛) 땅으로 갔다. 할아버지가 관상술을 가르친 공손홍(公孫弘)이라는 인물이 그곳에서 살고 있었다.

공손홍은 가난해 돼지를 기르면서 계모를 섬기고 있었다. 그는 난처해했다.

"허부 선생님은 애석하게 돌아가셨습니다. 한 번 더 친히 가르침을 받겠다는 생각을 하고 있었는데 그의 손자 되는 분이 이렇게 나에게 의지하러 오리라고 어찌 생각이나 했겠습니까. 나에게는 돼지 기르는 기술 정도밖에 가르칠 것이 없는데 어떡하지요."

"돼지 기르는 기술을 배우든 다른 일을 하든 나를 여기에 있게만 해 주십시오."

허충의 어조는 자포자기적이었다.

"젊은이답지 않군요, 아무래도 좋다니."

"우스운 세상입니다. 그러니 아무래도 좋지 않겠습니까?"

"우스운 세상이라니요?"

"협객들이 뽐내고 있습니다."

"협(俠)을 이기고 싶은가요?"

"가능하면…. 그렇지만 불가능하겠지요."

"아닙니다. 유(儒)는 협을 이긴다고 들었습니다."

"유의 선생은 있습니까?"

"〈춘추〉에 밝은 분이 근처에 계시는데 한번 가르침을 청해 볼까요?"

"네."

"나도 옆에서 함께 공부하기로 하지요."

공손홍은 그렇게 말하면서 웃었다.

농담이 아니었다. 그 때 그는 이미 40을 넘었는데 자기 나이의 반밖에 안 되는 허충과 책상을 나란히 하고 학문에 힘쓰기 시작했다.

어느 날 밤에 허충이 공손홍에게 물었다.

"실례지만 어째서 갑자기 학문 따위를 하시는 것입니까?"

"그것은 말이오, 계모가 이제 오래 사시지 못할 것 같습니다. 나는 계모를 위해 모든 것을 희생했습니다만 이제부터는 내 자신을 위해 살지 않으면 안 된다는 생각이 들었습니다. 그래서 공부를 하려는 것이지요. 그런데 당신은 어째서 그토록이나 협을 미워하십니까?"

그러나 허충은 대답하지 않았다. 미운 것은 협이 아니라 곽해라는 인간이었다. 곽해를 이기기 위해서라면 협에게 도움을 받아도 좋다고 생각하고 있었다.

함께 공부를 하면서 허충은 문득 공손홍의 학문이 전부터 상당히 깊지 않았을까 생각했다. 그만큼 공손홍의 공부 속도는 경이적이었다.

허충이 감탄할 때마다 공손홍은 웃음으로 얼버무리고는 했다.

"그야 40이 넘어서부터 시작하는 것이니까 서둘러야지요. 당신처럼 장래가 길지는 않으니까요. 지금까지 공부하지 않았던 몫까지 한꺼번에 머릿속으로 들어오는 것이겠지요."

성은 공손, 이름은 홍, 자(字)는 계(季)라고 했다.

그 인물은 보통내기가 아니었다. 허충의 물음에도 진실을 말하지 않았다.

공손홍은 역시 젊었을 때부터 학문을 했었다.

그러나 그것으로 입신(立身)하기에는 경쟁이 너무나도 심하고 경쟁자들이 많았다. 보통 지식으로는 두각을 나타낼 수 없을 것이라고 판단한 그는 자기를 돋보이게 하는 방법을 생각해 냈다.

'만학(晚學)의 사람.'

그것이 괜찮을 것 같았다.

40부터 읽고 쓰기를 배우고 50쯤 되어서 젊을 때부터 공부하고 있는 사람들과 어깨를 나란히 한다면 희유(稀有)한 인물로 칭송을 받을 것이다.

참을성 있게 그는 자신의 학문을 숨겼다.

허충이 찾아온 것은 공손홍에게는 다시없는 기회였다. 그가 만학도라는 사실을 증명할 사람이 생겼기 때문이다.

"탄복할 따름입니다."

허충은 몇 번이나 감복했는지 모른다.

유학의 선생도 눈을 둥그렇게 뜨고 격찬했다.

"젊은 사람들과는 마음가짐이 다르군요."

그렇게 되어 공손홍이라는 이름은 차차 가까운 이웃에 알려지게 되었다. 게으름뱅이 아이를 꾸짖을 때는 으레 공손홍의 이름을 들먹였다.

무엇보다도 경쟁자다운 경쟁자가 없었다. 만학하는 사람이 그렇게 흔해 빠진 것이 아니었기 때문이다.

이윽고 그는 장안으로 가서 벼슬길에 오르면 어떠냐는 권유를 받게 되었다. 그렇지만 고개를 저으면서 정중히 사양했다.

"나이가 나이인지라…. 게다가 벼슬을 하기 위해 공부를 하는 것이 아닙니다."

그러자 사람들은 더욱 더 감탄했다.

들려오는 이야기가 점점 좋아지기 시작했다. 그리고 상당히 높은 지위에까지 추천받게 되었다.

하지만 그는 자기 자신을 눌렀다.

'욕심대로 덤벼들면 안 된다. 먹이는 점점 더 커질 것이다. 여기까지 애써서 참지 않았는가.'

그런 그의 속을 아는 사람이 아무도 없었다.

신앙으로 변한 점괘

곽해는 죽음을 두려워하지 않는 천하의 난폭자였다.

그것은 천성이라기보다는 아버지를 따라 난투하는 곳에 몇 번씩이나 갔지만 긁히는 상처 하나 입지 않았기 때문에 '나는 행운아'라는 강한 암시를 거듭해서 받은 탓이었다.

결정적이었던 것은 외할아버지의 말이었다.

외할아버지가 그의 인상을 보고 점친 말은 일찍이 빗나간 적이 없었다.

자기가 행운아라는 것은 암시의 단계를 넘어 곽해의 신앙이 되고 말았다. 그렇게 되면 이미 그 이유를 물을 필요가 없어진다.

곽해 두목이 한창 팔린 진짜 이유는 그가 그 같은 믿음으로 두려워하지 않는 용맹을 떨친 결과 적이 무서워하고 부하들이 믿음직스러워하여 폭력배들의 세계에서 더욱 명성이 높아졌기 때문이다.

대체로 마음껏 설치고 다니면 오히려 덜 다치게 된다. 기분이 느긋해지면 반사 신경도 둔해지지 않는다.

관헌들도 의식적으로 곽해를 무서워했다.

"곽해를 해치는 자는 3년 후에 죽는다."

유명한 관상쟁이 허부의 예언은 폭력배들을 단속하는 당국의 관리들에게는 커다란 두려움의 대상이었다. 때문에 일부러 긁어서 부스럼을 만들 필요는 없다고 생각했다.

곽해는 20세 때 전(田) 씨라는 부호를 죽인 일이 있었다.

전 씨의 집안은 궁정의 유력자와 친척이었기 때문에 군대를 움직여 곽해를 체포해 버렸다.

"쳇, 너는 3년 후에 저승으로 간다."

사형을 판결한 재판관을 보고 곽해는 그렇게 악담을 했다.

대단한 행운아도 이제는 끝장이라고 많은 사람들이 생각했는데 그 해에 황제가 죽고 황태자가 즉위했다. 바로 경제(景帝)였다.

'경제 원년 4월 을묘(乙卯)에, 천하에 사(赦)함.'

〈사기〉에 이렇게 쓰여 있다.

즉위의 대전(大典)에 의해 널리 덕을 베풀기 위한 은사(恩赦)가 있었으며 곽해도 그 덕분에 목숨을 건졌다.

"과연 운이 좋은 사나이군."

사람들은 새삼스럽게 허부의 예언을 생각하며 서로 고개를 끄덕였다. 하지만 곽해는 오히려 큰소리를 쳤다.

"운이 좋았던 것은 내가 아니라 그 재판관이야. 3년 후에 있을 죽음을 면했으니까 말이야."

　다른 폭력단들이 관헌의 탄압을 받은 것도 젊은 곽해를 부상(浮上)시키는 원인이 되었다. 그의 이름은 암흑세계뿐만 아니라 천하에 알려졌다.

　따르는 부하들의 수가 늘면 그들을 기르기 위한 돈도 더 많이 필요하다. 그 돈을 염출하기 위해서는 일의 양을 늘리지 않으면 안 된다.

　강도질이나 몸값을 노린 납치 따위는 곽해의 패거리들이 일상적으로 하는 짓이었다.

　곽해는 새로운 수법의 못된 짓을 생각해 냈다. 그것은 바로 도굴(盜掘)이었다.

　당시에는 장사(葬事)를 후하게 지내는 풍습이 있었기에 귀인(貴人)이 죽었을 때는 엄청나게 많은 재보(財寶)를 무덤에 함께 묻었다.

　유교 윤리가 확립되어 가던 시대였으므로 분묘(墳墓) 도굴은 가장 못된 짓으로 여겼다. 그런 죄는 죽음으로 씻어야 한다고 논할 정도였다.

　하지만 곽해는 태연했다.

　소문난 귀인의 무덤들을 차례로 파헤쳐 부장품을 강탈했다. 도굴이라고 하지만 백주에 당당히 작업을 하는 때도 있었다. 하지만 사람들은 보고도 못 본 체했다.

　관리들도 마찬가지였다. 상대가 너무나 무서운 인간이었기 때문이었다. 누구나 3년 후에 죽고 싶지는 않았다.

　그러나 진덕(陣德)이라는 검찰관이 나서서 곽해를 검거했다. 그가 하는 짓이 두고만 볼 수 없을 만큼 심했기 때문이었다.

　사람들은 진덕을 대담한 사람이라고 평했지만 그는 이렇게 말했다.

　"곽해도 이젠 마지막이다. 그를 처벌한 자는 3년 후에 죽을지도 모른다. 아무튼 명관상가인 허부의 말이니 틀림없겠지. 하지만 생각해 보라. 처벌하는 자는 해를 입은 사람이어야 한다. 지금 곽해에게 해를 입은 자는 누군가. 금은보석을 뺏긴 자는 누군가. 무덤 속에서 자고 있는 사람이 아닌가. 그러므로 이번에 곽해를 처벌하는 자는 고인들인 것이다. 3년 후에 죽기는커녕 벌써 오래 전에 죽었다. 이미 죽음을 두려워할 필요가 없어진 사람들이 아닌가."

그것도 일리가 있는 말이었다.

곽해가 두 번째로 체포된 경제 7년의 일이었다.

곽해의 나이는 그 때 27세였다.

그러나 또다시 은사가 있었다.

전년에 황후 박(薄) 씨가 폐위되고 박 씨가 낳은 황태자 영(榮)도 폐위되어 임강왕(臨江王)으로 강등되었다. 황후와 황태자의 자리가 빈 셈이지만 그것은 물론 경제가 가장 총애하는 부인 왕(王) 씨를 황후로 삼고 그의 아들인 철(徹)을 황태자로 만들기 위한 전제 조치였다.

경제는 폐후 소동(廢后騷動)의 열기가 식은 다음에 책봉할 작정이었으나 왕 씨가 조르는 바람에 그 해 4월에 부인 왕 씨를 황후로 책봉하고 그의 아들인 7세의 교동왕(膠東王) 철을 황태자로 책봉했다.

경제의 심경은 약간 복잡했다.

폐후·폐태자를 한 다음이기 때문이 입후(立后)·입태자(立太子)라고 하지만 그들은 첫째가 아니라 둘째인 셈이었다. 왕 씨의 비위를 맞추기 위해 성대하게 행사를 치르고 싶었지만 모든 일에는 정도가 있었다. 재혼 혼례 같은 것이었기에 너무 화려하게 할 수는 없었다. 하지만 새 아내를 위해서 할 수 있는 데까지 해 주고 싶었다.

그 때의 은사도 역시 지나치게 화려하게는 할 수 없었다. 때문에 부모를 죽인 자나 주인을 죽인 자는 물론 싸움질하다 생긴 살인자도 사면 대상에서 제외되었다.

"분묘 도굴범도 안 되겠습니다."

어사대부인 유사(劉舍)가 진언했다.

"그래?"

경제가 시들해진 목소리로 중얼거렸다.

그러자 옆에 있던 승상(丞相) 주아부(周亞夫)가 황제의 기분을 헤아려 제안했다.

"도굴범들 중에서도 정상을 참작할 수 있는 자는 사면해도 좋지 않겠습니까?"

"분묘 도굴꾼 따위의 패거리에게 정상 참작의 여지는 없습니다. 보십시오, 이 악당들의 소행을."

말하면서 유사는 도굴죄로 사형 판결을 받은 자들의 기록을 승상 쪽으로 내밀었다. 당시의 문서는 죽간(竹簡)이나 목간(木簡)이기 때문에 상당한 부피였다.

"으음, 과연 구제하기 어려운 놈들이로군."

승상은 거기에 쓰여 있는 도굴범들의 기록을 읽고 한숨을 쉬었다.

그 기록들에는 죄인들에 대한 자세한 경력도 첨부되어 있었는데 승상은 문득 그 중 한 사람은 구할 수 있을지도 모른다고 생각했다.

'한 사람이라도 좋다.'

어쨌든 한 사람이라도 특별히 구명할 수 있다면 황제도 새 황후도 체면이 서는 것이다. 그래서 승상은 다시 진언했다.

"이번의 은사는 입후(立后)와 입태자(立太子)의 두 가지 경사 때문에 베푸시는 것입니다. 그런데 지금 보았던 바 분묘 도굴범 중에 황송하옵게도 태자와 생일이 같은 사나이가 있습니다. 꼭 20년 차이가 나는 곽해라는 자이옵니다. 이 죄인만은 사면하셔도 좋을 것입니다."

그렇게 되자 곽해가 행운아라는 것을 의심하는 사람들은 없어졌다.

임협의 신사로 변하다

자유로운 몸이 된 곽해가 새로 시작한 일은 돈을 사주(私鑄: 동전 따위를 사사로이 주조하는 것)하는 것이었다.

그것은 엄청난 이익을 보는 일이지만 발각되면 사형은 면할 수 없는 대죄였다. 더구나 사주하는 자를 적발하기 위해 거액의 상금이 걸려 있었다.

곽해 일당도 극비로 일을 하고 있었는데 주장(鑄匠: 놋갓장이)과 아는 사람이 그 사실은 물론 동전 은닉 장소를 알고서 욕심에 눈이 어두워져 곽해에게 관에 밀고한다고 겁을 준 적이 있었다.

그러나 관리들이 그 곳을 덮쳤을 때는 사주전(私鑄錢)이 한 닢도 없었다. 밀고자는 무고죄로 처벌받고 곽해는 무사히 풀려났다.

그렇게 된 내막은 그들이 일하는 건물의 기둥이 썩어서 곧 무너질 지경이라 개축하지 않을 수 없게 되어 사주전을 담은 엄청난 양의 상자들을 바로 전날 밤에 다른 장소로 모두 옮겼던 것이다.

그 때는 아무도 그 일을 우연이라고 말하지 않았다. 곽해가 재액(災厄)을 면피하는 것은 당연한 일이라고 생각했다.

경제가 죽고 무제가 즉위한 것은 곽해가 두 번째로 체포된 날로부터 꼭 10년이 되는 해였다. 기원전 140년이다.

곽해는 이미 37세가 되어 있었다.

그 무렵부터 그는 임협의 신사로 변신했다.

천벌을 받을 정도로 낭비를 하던 그가 오로지 검약을 결심하고 허술한 옷차림을 했으며 발끈하던 성격이 기분이 나빠질 정도로 온화해졌다. 박정하기 짝이 없었던 사람이 따뜻하게 사람들을 대접했다.

'덕으로 원한에 보답하였으며 후하게 베풀고 적게 바라다.'

그 때의 곽해를 〈사기〉의 '유협열전'은 이와 같이 적고 있다.
한편 무제 즉위 때에 만학의 시골 유생이었던 공손홍은 벌써 나이 60을 지나고 있었다.
새 황제 즉위 때의 항례이지만 천하에 널리 숨은 현인을 천거하라는 포고가 나왔다.
그것은 명령이었다.
설 지방의 뛰어난 인물이라면 40세가 넘어서부터 학문을 시작했다는 괴짜 공손홍밖에 없었다. 지방 당국은 그를 '현량(賢良)'으로 중앙에 추천했다.
그렇지만 등용된 공손홍의 업적은 그다지 훌륭하지 못했다. 사절(使節)로 흉노에 파견되었으나 결과는 황제의 뜻에 부합되지 않았다.
무능하다는 말을 들었기 때문에 공손홍은 병을 이유로 사표를 제출하고 귀향하기로 했다.
'욕심이 없는 사람이다.'
공손홍과 행동을 함께하고 있던 허충은 그렇게 생각했다.
감탄이 나오기도 하고 화가 나기도 했다. 안타까워 견딜 수가 없었던 것이다.
그러나 공손홍은 속으로 계산을 하고 있었다.
'지금은 퇴직의 처신을 깨끗하게 하자. 다음 등용 때까지 기다리자.'

도읍의 고관들은 시골에서 나온 늙은 유생을 무조건 백안시하는 경향이 있었다. 하지만 아무런 반응도 보이지 않고 깨끗이 물러난다면 그들의 멸시를 동정심으로 바꿀 수 있다. 공손홍이 보통내기가 아니라는 것은 이 같은 계산으로도 알 수 있다. 확실히 주어진 지위에 집착하여 반감을 사고 증오의 눈길을 받으며 진흙투성이가 되기보다는 그런 점을 깨끗이 씻어 내는 편이 유리하다.
"또다시 돼지를 기를 수 있게 되었다."
장안을 출발하여 동쪽으로 돌아갈 때 공손홍은 매우 기쁜 듯이 허충을 돌아다보며 말했다.
동행하는 사람은 허충 한 사람뿐이었다.
하지만 허충은 실망하고 말았다.
공손홍이 중앙에서 높은 지위를 얻는 날 그의 힘을 빌어 얄미운 곽해를 적발해 처벌하고 말겠다는 생각을 가지고 있었기 때문이었다.
그는 문득 할아버지가 했던 말이 머릿속에 다시 떠올랐다.
"말로 사람을 움직인다."
그것이 그의 운명이었다.
스스로 하겠다고 생각해서는 안 된다. 하고 싶은 일이 있으면 다른 사람을 설득해서 시키지 않으면 안 된다. 그래서 허충은 많은 생각 끝에 자기 마음대로 움직일 수 있는 사람으로 공손홍을 택했던 것이다.
허충은 다른 사람들과는 달리 곽해를 해치워도 뒤탈이 없다는 것을 잘 알고 있었다. 그를 해치는 자가 3년 후에 죽는다는 것은 사실은 곽해의 상(相)에 나타나 있지 않다. 할아버지가 분명히 그렇게 말했었다.
물론 곽해 자신도 그 같은 진상을 모른다. 허충은 할아버지의 유언을 일부러 곽해에게 전하지 않았다. 따라서 곽해는 자신이 행운아라고 과신하며 멋대로 설치다가 언젠가 파멸의 구렁텅이로 전락할 것이다. 허충은 그것을 기대하고 있었다.
약혼자를 빼앗긴 그의 증오심은 오랫동안 추상화되었다가 어느덧 철학적인 것으로 변해 있었다. 그는 '곽해를 매장시키는 것은 하늘로부터 받은 나의 사명이다'라고 생각하게 되었다. 그것은 막연하게 마음에 자리하고 있는 떨떠름한 응어리가 아니었다. 문자로 분명하게 표현할 수 있는 삶의 철학이었다.

예를 들면 '악역무도한 무리를 천하를 위해 주살한다'라고 목간(木簡)에 깊이 새길 수 있을 정도로 분명한 것이었다.

공손홍 때문에 실망했지만 그는 참기로 했다. 참는 일에 이골이 난 공손홍과 함께 오래 있다 보니 그의 성질도 자연히 느긋해진 것이다.

공손홍의 재등장

공손홍이 재등장한 것은 그로부터 5년 후였다.

원광(元光) 원년, 그 해 5월에 무제는 친히 각지의 현량과 문학의 선비들을 고시(考試)하겠다고 말하기 시작했다.

그러자 지방 관리들은 고개를 저으면서 서로 말했다.

"요즈음 세상에 우수한 인재가 시골에 묻혀 있을 리가 있나?"

무제 치세의 초기는 약동하는 시대였다. 인재라면 너나없이 어디에선가는 지위를 차지하고 있었다.

따라서 설 땅에는 역시 공손홍 이외에는 두드러진 인물이 없었다.

그의 만학에 대한 미담은 세상이 전해지는 과정에서 과장되기도 했지만 공손홍은 그런 명성에 둘러싸이고 그 명성 위에 올라 서 있어서 아무래도 관리들의 눈에 띄었다.

황제가 직접 고시하기 때문에 아무 인물이나 추천할 수는 없었다. 그러니 제일인자이고 안전패(安全牌)이기도 한 공손홍을 추천한 것은 당연한 결과일 것이다.

공손홍은 일단 사양했다.

"나는 이미 명령에 응해 장안에 한 번 갔었으나 무능하다고 했기 때문에 사직했던 사람입니다. 아무쪼록 다른 사람을 천거해 주시기 바랍니다."

"시험만이라도 쳐 보시오. 여하튼 이것도 칙명이니까요."

그러나 관리들이 하도 권하는 바람에 마지못해 움직이는 것처럼 천천히 일어나 다시 서쪽의 장안으로 향했다. 하지만 사실은 반가워서 펄쩍 뛰고 싶은 심정이어서 그것을 억누르느라 애를 써야 했다.

노인의 마음은 20년 이상 사제 관계를 맺은 허충도 정확하게 읽을 수 없었다. 그 정도로 이상했다. 물론 노인 쪽에서도 허충이 자기를 수행하고 있는 본심을 몰랐다. 그러니 피장파장이었다.

어쩌면 두 사람 모두 강렬한 뜻을 가지고 있었기 때문에 상대의 마음을 읽을 만한 여유가 없었는지도 모른다.

장안으로 올라간 공손홍은 태상(太常: 의례와 교육을 관장하는 관청)에서 예비 시험을 치렀으나 1백여 명 중에서 꼴찌에 가까운 성적을 얻었다. 하지만 그의 답안지를 읽은 무제는 내용을 고쳐서 그것을 제1위로 하고는 그를 궁중으로 불렀다.

나이는 먹었지만 공손홍은 용모가 매우 좋았다. 얼굴로 득을 보는 인물이었다.

무제는 그를 박사로 임명했다.

공손홍은 관직에 오른 다음에도 설 땅에 있을 때의 주의를 관철했다. 그것은 아주 조용히 지냄으로써 눈에 띄게 하려는 역수(逆手)였다.

사마천의 〈사기〉는 그에 대해 이렇게 표현하고 있다.

'그 단(端)을 개진(開陳)하여 인주(人主)로 하여금 스스로 택하게 하고 면절정쟁(面折廷爭)하지 않았다.'

단(端)이라는 것은 '좋다, 나쁘다'의 양단을 말하며 그것을 말할 뿐이지 최후의 재결(裁決)은 황제에게 맡겼다는 뜻이다.

'면절정쟁'이란 조정에서 특히 임금 앞에서 그의 덕행이나 정사에 대하여 쟁론(爭論)하는 것을 말한다. 공손홍은 그런 일은 일체 하지 않았다. 그는 또한 검소한 생활을 했으며 식사 때는 고기 요리를 한 접시 이상 내놓지 않도록 했다. 그리고 허술한 삼베옷 입고 조회에 나갔다.

원삭(元朔) 3년(기원전 126년)에 공손홍은 마침내 어사대부에 임명되었다. 승상, 어사대부, 태위(太衛), 이 셋을 3공(三公)이라 불렀는데, 각각 행정, 사법, 군사의 장관이었다. 당시는 어사대부가 된 다음에 승상으로 임명되는 경우가 매우 많았다.

그 때 공손홍의 나이는 어느덧 70대 중반이었다.

주작도위(主爵都尉)인 급암이라는 자가 황제 앞에서 탄핵한 적이 있었다.

"공손홍이 3공의 높은 지위에 있어서 봉록이 많은 데도 삼베 상의를 입고 있는 것은 위선입니다."

공손홍은 황제로부터 하문을 받자 바로 대답했다.

"바로 그대로이옵니다. 급암의 말은 저의 결점을 정확하게 찌르고 있습니다. 저는 외면을 꾸며 명성을 낚으려고 했던 것입니다."

그것은 그의 장기인 역수의 전법이었다.

무제는 그를 겸양한 인물이라고 생각했으며 그 후 더욱 신임했다. 공손홍의 작전은 멋지게 들어맞았다.

그런데 허충은 이 공손홍의 막료로서 뜻을 이룰 기회를 노리고 있었으나 신사로 변신한 곽해에게는 찌를 틈이 없었다.

곽해는 이미 옛날의 난폭자가 아니라 온후하고 의협심이 많은 데다, 만천하 젊은이들의 우상으로 변해 있었다.

변신한 후의 곽해에 대해서는 사마천이 수많은 일화를 〈사기〉에 소개하고 있다.

곽해의 누님의 아들이 곽해의 세력을 믿고 어떤 사람과 술을 마시면서 계속해서 술잔을 비우게 했다. 그의 주량이 약한 데도 무리하게 술을 권했다. 결국 그 사람이 노하여 칼을 뽑아 누님의 아들을 찔러 죽이고 도망갔다. 곽해의 누님이 노해서 말했다.

"옹백(翁伯: 곽해의 자)은 의리의 사나이라고 하면서 생질이 살해당했는데도 그 상대를 붙잡는 것조차 못 한다."

그러면서 아들의 시체를 길에 버리고 장사를 지내지 않았다. 곽해를 욕되게 하려는 짓이었다.

곽해는 사람들을 시켜 살인한 자가 숨은 곳을 알았다. 살인한 자는 궁지에 몰리게 되자 스스로 돌아와 사실대로 자세하게 곽해에게 고했다. 그러자 곽해는 그 사나이를 돌려보냈다.

"공이 그 아이를 죽인 것은 진실로 당연한 일이다. 우리 아이가 옳지 않았다."

누님의 아들의 잘못을 인정하고 시체를 거두어 장사 지내니 사람들은 그 이야기를 듣고 곽해는 의리가 많다 하며 더욱 따랐다.

곽해가 출입할 때는 사람들이 모두 길을 피해 주었는데 한 사람이 홀로 두 다리를 뻗고 앉아서 그를 노려보았다. 곽해가 사람을 시켜 그의 이름을 알아오게 했는데 곽해의 객이 그 사람을 죽이려고 했다. 그러자 곽해가 만류했다.

"내가 이 마을에 살면서 존경을 받지 못하는 데에 이른 것은 내가 덕을 닦지 않았기 때문이다. 그에게 무슨 잘못이 있단 말인가."

그리고 비밀리에 위사(尉史: 형법을 관장하는 관리)을 만나 부탁했다.

"이 사람은 내가 소중히 여기는 바다. 병역이 교체될 때 그가 벗어나게 해 주기 바란다."

때문에 병역이 여러 번 교체됐지만 그 때마다 그 사나이는 차출되지 않았다. 그것을 이상하게 여긴 사나이가 위사를 찾아가 까닭을 물었더니 곽해가 자기를 병역에서 벗어나게 해 주었다는 대답을 들었다. 두 다리를 뻗고 앉아 있었던 그 사나이는 마침내 곽해를 찾아가 사죄했으며 그 이야기를 들은 소년들은 더욱 곽해의 행동을 사모하였다.

또 이런 일도 있었다.

낙양의 유력한 두 집안이 어떤 일로 서로 싸우게 되어 도읍 안의 현자 호걸 10여 명이 중재에 나섰으나 양쪽 다 실패했다.

곽해가 어떤 사람의 부탁을 받고 밤에 그들의 집을 찾아가 권고했더니 양쪽 집안사람들이 다 뜻을 굽히며 화해하는 것에 동의했다. 그러자 곽해가 이렇게 부탁을 했다.

"내가 들으니 낙양의 여러 분이 중재에 나섰어도 말을 듣지 않았다고 하오. 이제 당신들이 다행스럽게도 나의 말을 받아들이셨소. 하지만 내가 어찌 다른 고을의 사람으로서 남의 고을 안 어진 대부(大夫)들의 권위를 빼앗겠소이까. 그러니 얼마 동안 화해했다는 사실을 숨겨 두고 다른 기회에 낙양의 유력자에게 중재를 의뢰하여 그 사람의 말에 따른 것으로 해 주기 바랍니다."

곽해는 그 날 중으로 낙양을 떠났다.

항상 그런 식으로 행동했기 때문에 곽해의 못된 짓을 폭로해서 고발하는 것은 쉬운 일이 아니었다.

허충은 초조해졌다. 성질이 느긋한 그도 드디어 안달하면서 혼잣말을 했다.

"영감님은 벌써 75세다. 여생이 얼마 남지 않았다. 서둘러야 한다."

허충은 스스로는 아무것도 하지 못하는 운명이었다. 믿는 것은 늙은 공손홍뿐이었다. 하긴 그 공손홍이 벌써 오래 전에 고희(古稀)를 지났으니 그가 안달하는 것도 무리는 아니었다.

흔들리는 신앙심

곽해만 그랬던 것은 아니다. 무법자들의 두목은 나이를 먹으면 점점 온후해져서 '부처님 같은 아무개'라는 말을 듣게 된다.

조직이 확립되면 부하들을 기르기보다는 부하들이 벌어들이는 것의 일부를 가로채 유유히 살아갈 수 있다. 그러니 두목 스스로가 수라장에 나갈 필요는 없다.

나쁜 짓은 부하들에게 맡기고 곽해는 부처님처럼 어진 인간이 되었다.

부하들은 부하들대로 그런 곽해의 명성을 자기들의 면죄부처럼 생각했다.

공손홍의 막료로 있는 허충의 귀에 부처님 같은 곽해에 대한 소문이 계속해서 들어왔다. 그러니 허충이 이를 갈고 팔을 걷어붙이며 분해한 것은 두말 할 것도 없다.

곽해처럼 상징적 인간이 되면 허상은 부풀어 오르기만 한다.

나쁜 놈은 일부 부하들이라는 말과 함께 곽해 본인은 성자(聖者)가 되어 가고 있었다. 때문에 그를 고발하기는 더욱 곤란해졌다.

원삭 2년, 공손홍이 어사대부에 취임하기 1년 전의 일이었다.

그 해에 여러 지방의 부호와 명가(名家)들이 무릉(茂陵)으로 옮기게 되었다.

황제들은 살아 있을 때 자기의 능묘를 조영(造營)하는 일이 많았다. 무제는 꼭 30세가 되었을 때 장안 교외에 능묘를 만들기로 했다. 능묘의 이름은 무릉이라 했다.

그 곳은 일망천리(一望千里)의 고원 지대였다. 지상(地相)은 좋지만 너무나 쓸쓸해 보이는 곳이었다. 때문에 화려한 것을 좋아하는 무제는 이것을 보완하기 위해 명령을 내렸다.

"이곳에 큰 도시를 만들어라."

나라에서는 방방곡곡의 부호와 3백만 전 이상의 재산을 가진 자들을 뽑아 강제로 무릉으로 이주시켰다.

뽑힌 부호들의 심경은 매우 복잡했다. '천하의 부호'로 선정된 것은 확실히 영광이었다. 그러나 오래 살아 정든 본거지를 떠나지 않으면 안 되었으니 '귀찮기 짝이 없다'는 것이 솔직한 심경이었다.

어쨌든 이 일에 대해서 장군 위청(衛靑)이 황제에게 진언한 적이 있었다.

"곽해라고 하는 자는 그 명성은 하늘에 널리 알려져 있습니다만 아무래도 재력에서 자격이 없는 것 같습니다."

재력은 미흡하나 천하의 부호 중 하나로 선정해 주었으면 좋겠다는 뜻이었다. 황제는 위청의 표정을 보기만 해도 그가 무슨 말을 하고 싶어 하는지 금방 헤아릴 수 있었다.

지난해에 황제는 위청의 누님인 위자부를 황후로 삼았다. 위청은 황제가 가장 사랑하는 여성의 육친이었다. 그러나 무제는 이렇게 대답했다.

"평민의 몸인 데도 그 권력이 장군으로 하여금 이런 진언을 할 정도에 이르렀다면 그는 가난한 사람이 아니다."

황제가 친히 곽해에게 자격을 부여한 셈이 되었다.

위청이 그런 진언을 한 이유는 그의 부하가 곽해를 다루는 문제로 고심하고 있었기 때문이었다. '천하의 호걸'인 곽해가 '천하의 부호들' 중의 하나로 뽑히지 않으면 그의 부하들이 가만히 있지 않을 것이 분명했다. 어쩌면 귀찮은 일이 일어날지도 몰랐다.

그렇기 때문에 그의 고향인 지(軹)의 관리들은 곽해가 뽑히도록 운동을 했다.

그중에서도 현의 속관(屬官)인 양(楊)이라는 자가 열심이었다. 그러자 위청의 부하가 이러지도 저러지도 못해 곤란해 하고 있었던 것이다.

곽해가 무릉을 향해 출발할 때 부근의 신사들이 준 전별금만도 1천만 전에 달했다.

그것으로 자격은 충족된 셈이었다.

곽해가 무릉으로 떠난 다음 지의 공기는 미묘해졌다. 매우 경사스럽다는 경축 일색이 아니었다는 이야기이다.

단순한 부하들은 기뻐했는지도 모른다. 그러나 곽해는 많은 사람들의 밥줄이기도 했다. 따라서 곽해가 그 곳을 떠나 버리면 매우 곤란해지는 사람들도 많았다.

곽해의 무릉 이주 운동에 열심히 움직였던 양이라는 현의 속관이 어느 날 아침 관청 앞에 피투성이가 되어 쓰러져 있었다. 출근 도상의 동료가 발견하고 놀라서 안아 올렸을 때 양은 마지막 숨을 헐떡이며 말했다.

"곽요(郭要)에게 당했다."

그 말을 마지막으로 그는 숨을 거두었다.

곽요라는 자는 곽해의 조카(형의 아들)인데 숙부가 떠나면 금세 제대로 생활을 하기가 곤란해질 위인이었다.

몇 사람의 관리가 그 자리에 있었으나 서로 말했다.

"이 일은 듣지 않았던 것으로 하자."

쓸데없는 일에 관련되고 싶어 하지 않은 것은 예나 지금이나 다름없는 관리들의 본능적인 근성이다.

그런데 누군가가 그 일을 양가(楊家)에게 말했다. 양가도 지방의 명문이었다. 그 일로 인해 양가와 곽가가 원수 관계가 된 것은 두말 할 것도 없다. 살해당한 양가의 아들은 곽해의 명예를 위해 열심히 운동해 주었던 사람이니까.

두 집안의 불화는 급속도로 확대되어 갔다.

그러던 어느 날 양가의 주인 양계주(楊季主)가 그의 아들이 살해당한 곳과 같은 장소인 관청 앞에서 목이 잘려 죽어 있었다.

양가에서는 긴급 친족회의가 열렸다.

곽해 일가의 죄를 폭로하기 위해 소장(訴狀)을 도읍으로 보내자고 결정했다.

양가의 막내 동생은 지혜가 뛰어난 사람이었다. 목간을 짊어진 사자가 출발한 이튿날 그는 백포(白布)에 똑같은 내용의 소장을 적어 다른 사자에게 맡겼다. 사자는 그 백포를 배에 감고 다른 길로 도읍으로 향했다.

그런데 목간을 짊어진 사자는 장안의 궁문 앞에서 누군가에게 참살을 당했다. 목간을 뺏긴 것은 두말 할 것도 없었다. 친족회의의 내용이 누설되었던 것이다. 그렇지만 백포에 적은 소장은 무사히 당국에 제출되었다.

소장의 내용들을 전적으로 믿어도 좋은지 어떤지는 알 수 없지만 어쨌든 당국에서는 곽해를 잡아서 조사하기로 결정하였다.

"때가 온 것 같다."

허충은 한숨을 쉬면서 중얼거렸다.

곽해 일가의 붕괴

무릉으로 이주하기 위해 곽가가 관중(關中)으로 들어가자 그 지방의 유력자들이 앞을 다투면서 면회하기를 청했으며 교제를 맺으려고 했다.

대두목 곽해의 명성은 그만큼 천하에 널리 퍼져 있었던 것이다.

때문에 곽해는 의기양양했다.

'나는 천하의 부호다.'

뽐내고 싶어지는 것을 억제하고 그는 부호답게 겸허한 체했다.

그런 판에 체포령이 내려졌다는 정보가 들어왔으니 그것은 아닌 밤중에 홍두깨 같은 일이었다.

자세한 내용은 알 수 없었지만 그는 어머니와 아내를 하양(夏陽)에 남겨 두고 자기는 일단 자취를 감추기로 했다.

그러는 동안에 자세한 소식이 들어왔다.

'나는 전혀 모르는 일이 아닌가.'

곽해는 사정을 알고 안심했다.

고향에서 일어난 사건은 그가 무릉을 향해 출발한 후에 일어난 일이었다. 그에게는 확실한 증거가 있었다. 더구나 관청에서도 양가의 부자를 살해한 것은 곽해 일가의 소행이라고 확신하지 못했다.

곽해는 그런 일로는 처벌당하지 않는다는 자신감이 있었다. 때문에 '주의에 주의를 거듭하자' 생각하며 심복 부하에게 명해서 요인들에게 공작을 했다.

곽해는 무죄라고 취조 법관이 판결을 내리도록 이면공작을 했던 것이다. 전별금만으로도 1천만 전이나 들어와 있었으니 공작 자금은 넉넉했다. 더구나 공작을 하기 쉬웠던 것은 일부러 사실을 숨기려고 한 것이 아니었기 때문이다. 사실 곽해는 사건이 일어난 것조차도 알지 못하고 있었다.

법관 쪽에서 사실대로 심리하면 곽해는 당연히 무죄가 된다. 어느 법관도 틀림없이 무죄라고 보증을 해 주었다.

'이젠 아무런 문제도 없다.'

이런 전망이 선 다음에 곽해는 모습을 나타냈다.

하지만 곽해는 자기가 출두할 무렵에 고향에서 다른 사건이 일어나려하고 있다는 것을 알지 못했다.

체포령이 내려졌기 때문에 중앙의 관리는 곽해의 출신지인 지 땅으로 가서 수사의 정석대로 그 근처에 곽해가 잠복하고 있지 않은지 조사했다.

그 때 그 관리는 사건의 중심에 있는 사람들을 관청에 모아서 '집단 사정 청취'를 했다. 그러자 곽해의 사람됨에 대해서 부하들은 이구동성으로 말했다.

"말도 안 됩니다. 우리 두목님은 황제 폐하의 어명으로 무릉으로 가실 만한 분이란 말입니다."

"그렇습니다. 게다가 그분은 현인입니다. 아무것도 나쁜 일을 하시지 않았습니다. 체포령 따위는 뭔가 잘못된 것이겠지요. 이 근처에서 두목님의 평판을 들어 보면 금방 알 수 있습니다."

"두목님 욕을 하는 사람이라고는 아무도 없습니다. 그 양가 사람들을 제외하고요. 목을 걸어도 좋습니다."

"확실히 그러냐?"

도읍에서 온 관리는 거기에 모인 시골 유지들을 보고 다짐을 했다.

이 때 광유생(狂儒生)이라는 사나이가 큰 소리로 말했다.

"곽해가 현인이라니 당치도 않다. 그는 간악한 인간이며 법을 어기고 있다. 현인이라고는 도저히 말할 수 없단 말이다!"

나이는 벌써 60이 되었을까. 나이에 비해서 힘찬 목소리였다.

광유생의 말이 끝날까 말까 했을 때였다. 목을 걸어도 좋다고 말한 부하가 날렵하게 덤벼들어 광유생을 붙잡았다.

"이 늙어빠진 거짓말쟁이! 혀를 뽑아 주겠다!"

그는 정말로 광유생의 입 속에 손을 집어넣어 혀를 잡아 꺼내더니 가지고 있던 단도로 잘라 버렸다.

광유생은 기절해 쓰러지고 말았다.

눈 깜짝할 사이에 벌어진 일이었다. 도읍에서 온 관리가 너무나도 어처구니없는 일이어서 멍해 있는 사이에 가해자는 재빨리 뒷문으로 달아나 버렸다.

양가의 부자를 살해한 것은 십중팔구 곽해 일당의 소행이라는 심증이 갔으나 증거가 없었다. 그런데 이번에는 범인은 달아났지만 그가 곽해의 부하라는 것을 다른 사람도 아닌 중앙의 관리가 확실히 두 눈으로 보았다.

이 사건은 즉각 장안으로 보고되었다. 가증스러운 흉악 범죄이지만 곽해는 그 때 이미 멀리 떨어진 장안에 출두해 있었기 때문에 그에게 누(累)는 미치지 않았다. 더구나 만일을 위해서 법관에게 선물을 해 두었기 때문에 예상했던 판결이 내려졌다.

"곽해의 구악(舊惡)은 모두 은사 전의 것뿐이며 그것은 이미 소멸되었다. 새로운 못된 짓은 발견되지 않았다. 따라서 무죄다."

서류가 공손홍에게 돌아온 것은 그가 어사대부가 된 이듬해인 원삭 4년의 일이었다. 어사대부는 대법원장과 검찰총장을 겸한 사법의 절대권을 가지고 있는 지위였다.

노령인 그는 그 무렵에는 거의 모든 일을 막료에게 맡겼다.

허충은 곽해의 서류를 훑어보고 판단했다.

'이것을 그냥 넘기면 평생 내 뜻을 이룰 기회는 없다.'

그는 공손홍 앞으로 나가서 말을 꺼냈다.

"이 곽해는 젊었을 때부터 협명(俠名)을 떨쳤습니다만…."

"허어, 젊었을 때부터 말인가?"

공손홍의 눈썹이 꿈틀 움직였다.

60세가 될 때까지 기다리고 기다렸던 공손홍이었다. 아니, 60세가 지나 기회를 한 번 그냥 보내고 기다렸던 공손홍이었다. 이런 인물이 증오심을 품은 대상은 어떤 사람일까? 그것은 젊은 나이에 이름을 떨친 놈들이었다.

오랫동안 측근으로서 섬기고 있기 때문에 허충은 공손홍의 그러한 열등감을 간파하고 있었다. 그렇기 때문에 우선 이 노인에게 곽해에 대한 적의를 불러일으키기 위해 그렇게 말했다.

공손홍은 노안을 깜박거리면서 서류를 읽어보았다.

"늙은 유생을 죽였다고?"

산동에서 돼지를 기르고 있던 늙은 유생인 자기의 원통함이 졸때기 폭력배에게 살해당한 지 땅의 늙은 유생의 원념(怨念)과 겹쳐졌다.

"그 노인의 원수는 꼭 갚아 주지 않으면 안 된다. 그런 데도 법관의 판결은 무죄로 되어 있다. 이것은 부당하다."

공손홍은 중얼거리듯이 말했다.

허충은 그 때까지 공손홍 앞에서 자기 의견을 구사한 일이 좀처럼 없었다. 일단 유사시에 자기 생각을 반드시 채용해 주도록 하기 위해서였다.

그런데 공손홍 쪽에서 먼저 말을 꺼낸 것이다.

"이상하다, 이상해. 이 판결은 이상해."

"그러하옵니다. 제가 보아도 이것은 이상하옵니다."

허충은 맞장구를 치기만 하면 되었다.

곽해 문제에 대해 어전에서 최종 결정을 논했을 때의 공손홍의 발언을 〈사기〉는 다음과 같이 적고 있다.

> '곽해는 포의(布衣: 평민)인 데도 임협으로 권력을 휘두르고 사소한 원한으로 사람을 죽였다. 해는 모른다 하더라도 이 죄는 해 자신이 죽인 것보다 오히려 중대하다. 대역무도하다고 하지 않으면 안 된다.'

대역무도에 상당한 형은 일족을 모조리 주살하는 지극히 가혹한 것이었다.

곽해 일가는 이렇게 하여 붕괴되었다.

몸집이 작고 술도 마시지 않았던 곽해의 장점이라면 오로지 자기의 행운을 믿은 것뿐이었다.

처형은 여러 사람이 보는 앞에서 공개적으로 집행되었다. 망나니가 도끼 같은 칼을 쳐들었을 때까지도 뒤로 결박당한 곽해는 두리번두리번 주위를 구경하듯 둘러보고 있었다.

무엇을 찾고 있었을까? 그것은 행운이었다.

곽해는 끝까지 기적이 일어나서 자기는 구제되리라고 믿고 있었다.

그렇기 때문에 마지막 순간까지 그 표정에 공포의 빛은 나타나지 않았다.

"과연 천하의 대협이다. 대담하군. 침착하지 뭐야."

구경꾼들은 그렇게 격찬했다.

중국에서는 만물이 소생하는 봄과 여름에는 사형이 집행되지 않았다. 정식으로 곽해의 사형이 결정된 것은 원삭 5년 봄이지만 처형은 가을에 집행하게 되었다.

그 때 공손홍은 어사대부에서 승상으로 승진되어 관료의 최고 지위에 올랐다 그리고 평진후(平津侯)로 봉해져 신하로서 가장 높은 지위에 오른 것이다.

공손홍이 죽은 때는 3년 후인 원수(元狩) 2년이었다. 그는 승상 재임 중에 죽었다.

사람들은 허부의 예언을 공손홍의 죽음과 결부시켜서 생각하지는 않았다.

여하튼 공손홍은 그 때 80세였다. 누구나가 천수(天壽)라고 생각했다.

하지만 허충만은 등줄기가 오싹해지는 것을 느꼈다.

"할아버지는 내가 그 말을 곽해에게 하지 않을 것을 알고 있었는지도 모른다. 곽해는 역시 행운아다. 처형되었다고는 할망정 그 정도 기량의 사나이가 거기까지 갔으니까 말이야."

허충은 혼잣말을 했다.

사마천은 곽해를 만난 일이 있다고 하면서 그에 대해서 다음과 같이 기술하고 있다.

내가 곽해를 보건대 외관은 보통 사람에 미치지 못하고 언어도 족히 취할 것이 없었다. 그러나 천하에서 착한 자와 착하지 못한 자, 아는 자와 알지 못하는 자의 구별이 없이 모두 그 이름을 사모하였으며, 유협에 대해서 말하는 자들은 모두 그를 끌어서 이름하였다. 속담에 이리 일렀다.

'사람이 영예로운 이름을 얼굴로 한다면 어찌 궁진함이 있겠는가.'
아아! 아깝도다.

한 권씩으로 엮은 中國 古典 十五選 ❿
유협전(遊俠傳)

- **지은이 사마천(司馬遷)**
  중국 전한(前漢)시대의 역사가. 자는 자장(子長)이며, 아버지인 사마담(司馬談)의 관직이었던 태사령(太史令) 벼슬을 물려받아 복무하였다. 흉노 전쟁에서 진 이릉(李陵) 장군을 변호하다 무제(武帝)의 노여움을 사서 궁형(宮刑)을 받았다. 〈사기(史記)〉의 저자로서 동양 최고의 역사가로 꼽히며 중국 '역사의 아버지'라고 일컬어진다.

- **평역 김영진**
  '책은 재미있어야 한다'는 소신을 갖고 있는 작가 겸 칼럼니스트. 쓰고 엮은 책으로는 〈징기스칸〉〈연개소문〉〈황진이〉〈인간 경영 십팔사략〉〈이야기 한국 야사〉〈이야기 중국 야사〉〈신의 유산 고조선〉〈날아라 한글아〉〈만화가는 진짜 못 말려〉 등 여러 작품이 있다.

2019년 7월 31일 1쇄 발행
2022년 12월 10일 3쇄 발행

펴 낸 곳 | 학술편수관
펴 낸 이 | 조점숙
기획·편집·제작 | 그린하우스(GREEN HOUSE)
총　　괄 | 방효균
표지 디자인 | 이관일
편　　집 | 김 성·김미숙·이관일
디 자 인 | 세일포커스(주) (02)2275-6894~6
인　　쇄 | ㈜한빛인쇄 (031)906-8591

등록번호 | 제388-2008-00022호
주　　소 | 경기도 부천시 소사구 소사본동 181
전　　화 | (02) 2618-0700
팩　　스 | (032) 348-1240

ISBN 978-89-93039-32-0
ISBN 978-89-93039-38-2(전15권)

값 12,000원(전15권 260,000원)